内蒙古发展报告(2019)

DEVELOPMENT REPORT OF
INNER MONGOLIA（2019）

内蒙古自治区社会科学院

主　编　包思勤
副主编　于光军　双　宝　焦志强

远方出版社

编 委 会

主　　　任　刘少坤　李春林
副 主 任　毅　松　金　海　包思勤
编　　　委　刘少坤　李春林　毅　松　金　海
　　　　　　包思勤　王关区　于光军　图　雅
　　　　　　双　宝　焦志强　天　莹　范丽君
　　　　　　张　敏　朱　檬　武振国
主　　　编　包思勤
副 主 编　于光军　双　宝　焦志强

积极探索生态优先、绿色发展为导向的高质量发展新路子
——推动建设草原绿色经济试验区
（代序）

包思勤

习近平总书记关于内蒙古工作重要讲话、重要指示批示精神，是新时代内蒙古经济社会发展的根本遵循和科学指南。我们要切实把总书记的重要指示和殷殷嘱托变为建设我国北方重要生态安全屏障和内蒙古经济高质量发展的生动实践和实际成效。进入新时代，我国经济已由高速增长阶段转向高质量发展阶段。高质量发展是体现新发展理念的发展，是绿色发展成为普遍形态的发展。推动建设草原绿色经济试验区，应该成为内蒙古贯彻落实总书记"探索以生态优先、绿色发展为导向的高质量发展新路子"这一重要指示的重大战略举措。

一、建设草原绿色经济试验区的重大意义

草原绿色经济，是指以草原为底色，践行绿色发展理念，构建绿色发展模式，打造绿色产业体系，建设绿色家园，以适应新时代的经济发展形态。党的十九大明确提出，推进绿色发展。绿色发展是新发展理念的重要组成部分，是新时代中国特色社会主义现代化建设的主旋律。草原绿色经济是对我国区域经济板块的丰富和拓展。建设草原绿色经济试验区，对推动全国绿色发展具有示范引领作用，对建设祖国北疆万里绿色长城和内蒙古经济社会发展全局具有重大战略意义。

（一）建设草原绿色经济试验区是顺应我国社会主要矛盾变化的需要

党的十九大报告指出，我国社会主要矛盾已经转化为人民日益增长的美好生活需要和不平衡不充分的发展之间的矛盾。这一重大政治论断为制定党和国家大政方针、长远战略提供了重要依据。新时代，人民群众对干净的水、清新的空气、安全的食品、优美的生态环境等要求越来越高，只有大力推进生态文明建设，提供更多优质生态产品，才能不断满足人民日益增长的优美生态环境需要。建设草原绿色经济试验区，有利于解决生产、生活和生态三者之间不平衡的问题，有利于更好满足人民日益增长的从求温饱到求环保、从求生存到求生态、从求数量到求质量等美好生活需要。

（二）建设草原绿色经济试验区是贯彻新发展理念的需要

创新、协调、绿色、开放、共享的新发展理念，作为习近平新时代中国特色社会主义经济思想的主要内容，深化和拓展了我们党对中国特色社会主义经济发展规律的认识。建设草原绿色经济试验区，就是要以新发展理念为统领，科学把握高质量发展的基本内涵，坚持改革创新，大胆探索，先行先试，大力推动各领域改革开放前沿政策措施落实落地、见行见效，为全国草原绿色经济发展提供可复制、可推广的经验。

（三）建设草原绿色经济试验区是探索以生态优先、绿色发展为导向的高质量发展新路子的需要

推动建设草原绿色经济试验区，就是要践行习近平生态文明思想，加强内蒙古生态文明建设，坚持绿色发展，改变传统的"大量生产、大量消耗、大量排放"的生产模式和消费模式，与资源、生产、消费等要素相匹配、相适应；推动草原绿色经济试验区建设，是内蒙古构建高质量现代化经济体系的必然要求，是实现经济社会发展和生态环境保护协调统一、人与自然和谐共生的根本之策。

二、建设草原绿色经济试验区的机遇和挑战

当今世界，正处于百年未有之大变局，世界经济整体发展环境虽然面临诸多风险和不确定性，但绿色低碳发展日益成为各国普遍共识，绿色发展大潮势不可挡。当今中国，正处于"两个一百年"奋斗目标的历史交会期，经济发展步入高质量发展的轨道，绿色发展的新理念日益深入人心，绿色已成为人们无限向往的一抹亮色。我们应该牢牢把握绿色发展的时代潮流，顺应人民群众对美好生活的需求，发挥内蒙古大草原得天独厚的绿色优势，守护好祖国北疆这道亮丽风景线，建设好草原绿色经济示范区。

内蒙古地处祖国北疆，地域辽阔，东西狭长，横跨"三北"，具有重要战略地位。内蒙古拥有大草原、大森林、大沙漠、大河流、大湖泊、大湿地等多种自然形态，是典型的生态大区，在全国具有举足轻重的生态地位。正如习近平总书记所指出的那样："内蒙古生态状况如何，不仅关系全区各族群众生存和发展，而且关系华北、东北、西北乃至全国生态安全。把内蒙古建成我国北方重要生态安全屏障，是立足全国发展大局确立的战略定位，也是内蒙古必须自觉担负起的重大责任。"但是，由于内蒙古长期以来的数量扩张型的粗放式发展方式，导致森林、草原、河流、湖泊等自然资源被过度开采利用，生态环境遭到巨大破坏。虽然国家实施了若干重大生态建设工程，实现了"总体遏制、局部好转"，但内蒙古生态环境依然脆弱。生态环境的好坏，归根到底取决于经济发展方式。内蒙古经济属于典型的资源依赖型经济，产业结构单一，产业素质低，产业竞争力弱，"四多四少""挖煤卖煤、挖土卖土"的基本格局没有得到根本扭转。

机遇和挑战并存。我们要紧紧抓住千载难逢的战略机遇，迎接挑战，按照总书记重要讲话、重要指示批示精神，积极争取和推进全国草原绿色经济试验区建设。

三、建设草原绿色经济试验区的战略设想

（一）总体要求和基本原则

以习近平新时代中国特色社会主义思想为指导，深入贯彻党的十九大和十九届二中、三中、四中全会精神，坚决落实习近平总书记对内蒙古重要讲话、重要指示批示精神和党中央、国务院决策部署，紧紧围绕统筹推进"五位一体"总体布局和协调推进"四个全面"战略布局，以新发展理念为指导，按照高质量发展要求，牢牢把握打造祖国北疆这道亮丽风景线这个初心，坚持世界眼光、国际标准、草原特色、高点定位，坚持生态优先、绿色发展，坚持节约优先、保护优先、自然恢复为主的方针，加快形成节约资源和保护环境的空间格局、产业结构、生产方式、生活方式，还草原以绿色、宁静、和谐、美丽，打造推动草原绿色经济高质量发展的全国样板。

建设草原绿色经济试验区，要坚持生态优先，绿色发展；坚持深化改革，创新发展；坚持系统思维，协调发展；坚持登高望远，开放发展；坚持不忘初心，共享发展。

（二）战略定位

建设草原绿色经济试验区，必须突出草原的特色，明确战略定位，即全国草原生态文明建设先行区、全国草原绿色经济发展核心区。

（三）战略目标

建设草原绿色经济试验区，总体战略目标是草原恢复原生态，产业实现现代化，打造生态优美、生产先进、生活富裕"三生"统一的绿色家园。

到2025年，草原绿色经济试验区框架基本形成，草原生态文明建设取得重大进展，绿色发展方式初步形成。

到2035年，草原绿色经济试验区基本建成，体制机制进一步完善，草原生态文明建设取得决定性进展，绿色发展方式成为普遍形态。

到2050年，草原绿色经济试验区进入成熟期，体制机制完备，治理体系和治理能力实现现代化，草原生态文明建设取得决定性胜利，全面形成更高级形态的绿色发展方式。

四、建设草原绿色经济试验区的战略重点和举措

（一）优化绿色发展空间布局

按照生态优先、绿色发展的要求，科学划定"三区三线"，完善国土空间开发保护配套政策。细化主体功能区划分，按照主体功能定位划分政策单元，对重点开发地区、生态脆弱地区、粮食主产区、能源资源地区等制定差异化政策，分类精准施策，推动形成主体功能约束有效、国土开发有序的空间发展格局。重点开发地区要坚持走集中集聚集约的路子，大力培育新产业、新动能、新增长极，着力提高资源要素配置利用效率，推动新型工业化、城镇化、信息化和农牧业现代化内涵式发展。西辽河流域、河套灌区等粮食主产区大力发展现代农牧业，优化调整区域布局和内部结构，提高农畜产品质量，增加优质产品供给。大兴安岭林区、呼伦贝尔草原等重要生态功能区，首要任务就是保持并提高生态产品供给能力。

（二）实施一批生态环境保护与建设重大工程

按照习近平总书记重要讲话、重要指示批示精神，保持加强生态文明建设的战略定力，加强生态环境保护建设，统筹山水林田湖草沙治理，在继续实施京津风沙源治理、"三北"防护林建设、天然林保护、退耕还林、退牧还草、水土保持等重点工程的基础上，精心组织一批事关全局的重大生态工程。

1.以国家公园为主体的自然保护地体系建设工程

积极开展国家公园体制试点，推动建设呼伦贝尔国家公园。建设以国家公园为主体的自然保护地体系，是贯彻落实习近平生态文明思想的具体实践，体现的是尊重自然、顺应自然、保护自然的国家文明，体现的是坚持生态优先、绿色发展的国家意志。内蒙古是我国北

方重要生态安全屏障，应以建立国家公园为依托，推动形成生态保护的新体制、新模式，促进生态环境治理体系和治理能力现代化，为保障国家生态安全和实现高质量发展做出新贡献。国家公园是我国自然保护地的最重要类型之一，属于全国主体功能区规划中的禁止开发区域，纳入全国生态保护红线区域管控范围，实行最严格的保护。呼伦贝尔市拥有我国保存最完好的天然草原生态系统和森林生态系统，辖区内生物品种丰富多样，自然景观独特，具备建立以国家公园为主体的自然保护地体系的自然条件。

2.沿黄生态保护工程

巩固和加强黄河生态保护。把保护"母亲河"、修复黄河生态摆在首要位置，加强黄河流域生态系统修复和环境综合治理，严守资源环境生态红线，建设沿黄绿色生态廊道。习近平总书记强调，治理黄河，重在保护，要在治理。黄河生态系统是一个有机整体，必须坚持山水林田湖草综合治理、系统治理、源头治理。要把推进水资源节约集约利用放在优先位置，强化水资源消耗总量和强度双控，重点加强河套灌区等地区农田节水改造和沿黄城镇供水管网改造。大力推广库布其治沙模式，推进荒漠化治理重点生态工程建设，突出抓好沿黄生态廊道建设和乌梁素海、岱海等重点湖泊综合治理，全面提升生态系统质量和稳定性。沿黄地区既是内蒙古经济社会发展的核心区，又是推进污染防治攻坚战的主战场。必须打好打赢蓝天、碧水、净土保卫战，强化沿黄重点地区大气污染、水污染联防联控。

3.恢复建设重点生态功能区工程

生态功能区主要提供清洁空气、清洁水源、宜人气候、优美环境等生态产品，更多的国土空间将还给大自然。建议将呼伦贝尔垦区和乌拉盖草原作为"恢复建设重点生态功能区"试点区域，加快组织实施已垦林地草原退耕还草工程和乌拉盖草原退耕还草专项行动计划，力争"十四五"期间取得明显成效。

4.沙地治理和湿地生态保护与恢复工程

争取在"十四五"期间立项启动科尔沁沙地治理工程、乌珠穆沁沙地治理工程和呼伦贝尔沙地治理工程，并取得初步治理成效。加快推进浑善达克规模化林场建设。加强根河湿地、黄河湿地、乌拉盖湿地等重点湿地保护，启动濒临消失和已消失重点湿地抢救性恢复保护工程。

5.草原牧区网围栏电子化工程

争取国家支持，"十四五"期间逐步拆除违反草原生态自然规律和草原畜牧业生产规律的牧区铁丝网围栏，以电子网围栏取而代之，建设"智慧草原"，培育壮大新型生产经营主体，发展现代游牧经济为标志的现代草原畜牧业，从而彻底解决草原严重碎片化问题，恢复草原一望无际的原生态，还草原以完整的生物链，真正实现草原生态、生产、生活"三生"统一，人与自然和谐共生。

6."东水西调"生态水利枢纽工程

加快推进"引绰济辽"调水工程建设，继续推动"引哈济锡"调水工程科学论证及立项工作，适时启动嫩江、额尔古纳河"东水西调"工程的前期研究论证工作。

7.化工企业搬迁及工业园区循环化改造工程

将中国石油呼和浩特石化、中海石油天野化工搬迁到武川县，在合适地点规划建设化工园区。呼和浩特市区及周边其他化工企业也集中迁入该园区。重点推进化工园区、高载能园区的循环化改造，加快转型升级步伐。

（三）构建体现内蒙古优势特色的绿色产业新体系

1.现代能源产业体系

坚决贯彻落实习近平总书记"要把现代能源经济这篇文章做好"重要指示，加快构建内蒙古高质量的现代能源产业体系。要深刻把握国际能源清洁化、低碳化发展态势和我国能源产业转型升级的大趋势，加快发展充分体现内蒙古优势和特色的现代能源经济。坚持煤电油气风光并举,提高能源综合利用效率和供应保障能力,构建安全、绿色、集约、高效的清洁能源供应体系,打造国家现代能源经济示范区。加快构建智慧能源系统,促进互联网、大数据、人工智能与能源产业深度融合,推进能源技术革命,增创能源经济发展新优势。

2.先进制造业产业体系

把握制造业全球价值链重构与国际分工格局大调整的历史机遇,重塑内蒙古制造业竞争新优势。内蒙古制造业企业应摆脱传统的依赖要素投入的发展模式,以更高的环境、安全、质量等标准来倒逼产业和企业实现转型升级,推动实现绿色增长。运用新技术新业态新模式改造提升资源型产业,瞄准国际标准提高装备技术水平,延长产业链条,推动资源型产业向高端化、智能化、绿色化、服务化、终端化发展。支持煤电、煤化、煤电冶、探采选冶加一体化发展,提高资源综合利用率和产业精深加工度。推进煤化工产业链向下游延伸,实现合成纤维、合成树脂、合成橡胶、涂料、特种建材等高分子新材料生产规模化、应用终端化、价值高端化。扩大稀土高端应用,提高稀土资源综合利用水平。大力发展基于"互联网+"的新型轻工业。推动互联网、物联网、大数据、人工智能同传统轻工业深度融合,重点促进食品工业、皮革工业、毛纺工业转型升级,做大做强做优乳肉绒、粮薯饲等深加工特色产业集群。

3.战略性新兴产业体系

加快摆脱内蒙古战略性新兴产业"小、散、弱"的困境,加大研发投入力度,培育壮大新动能、新增长点。着力培育新材料、生物医药、节能环保、人工智能、电子信息、装备制造、军民融合等特色产业集群。加强装备制造业配套能力建设,推动运输设备、工程机械、新能源汽车等产业高端化、智能化。建立健全"政产学研金服用"相结合的自主创新体系,加快建设自治区蒙药中药、生物医药、石墨(烯)新材料制造创新中心。

4.现代服务业产业体系

推动国际贸易、现代物流、大数据、大健康等产业优质高效发展，提升生产性服务业和生活性服务业体系整体素质和竞争力。重点培育发展数据、研发、设计、咨询、互联网金融、商务等生产性服务业和教育、培训、健康、养老、家政等生活性服务业。强化服务业对现代农牧业和先进制造业的全产业链支撑作用，支持发展以服务为主体的一、二、三产业融合型龙头企业。大力发展数字经济，促进大数据开发应用。加快低碳化、智能化、网络化、信息化发展，鼓励发展平台经济、分享经济、体验经济等新业态新模式，满足消费者日益增长的多样化、专业化、精细化、个性化、高端化需求。发展壮大文化旅游产业。把绿色发展理念融入旅游业规划、建设和管理全过程。实施"旅游+"战略，高起点规划、高强度投入、高标准建设、高效能管理。重点突破季节的限制，开发四季旅游资源，推进旅游新业态发展。切实推进全域旅游、跨境旅游。加强文化旅游基础设施和公共服务建设，推动文化旅游深度融合发展。着力发展新业态、新模式，重点培育健康养老、休闲度假、文化娱乐等新增长点。

5.现代农牧业产业体系

优化农牧业区域布局，科学划定粮食生产功能区和重要农产品生产保护区。坚持量水而行、节水优先，持续加强高标准农田建设，大力发展生态节水型农业。着力减少农业面源污染，在落实农药化肥使用量零增长的基础上，自治区要尽快确定投入品减量使用的行动目标和时间表。推进一、二、三产业深度融合发展，拓展现代农牧业多种功能。利用互联网等新技术提升农牧业生产、经营、管理和服务水平，强化物联网技术在农牧业领域的应用，大力发展智慧农牧业。提高农牧业产业化和农畜产品精深加工水平，重点推动乳业提标升级，振兴羊绒服装业，做强做优草原肉羊全产业链、玉米全产业链和马铃薯全产业链。

（四）建立健全最严格的生态环境保护制度

建立有利于保护生态环境、打击破坏生态和污染环境行为的体制机制和法律法规等规则性的安排，包括生态环境管控、生态环境经济、生态环境法制等在内的一系列完善的制度体系。构建高效统一的规划管理体系，率先建立现代生态环境和资源保护监管体制。落实国家重点生态功能区产业准入负面清单。纳入国家重点生态功能区旗县市区，严格按照主体功能定位推动发展。深化体制机制改革，创新自然保护地管理体制，破解"九龙治水"藩篱，构建高效的现代治理体系。树立绿色政绩观。要完善以生态优先绿色发展为导向的考核评价体系，把资源消耗、环境损害、生态效益等指标纳入经济社会发展评价体系，建立体现生态文明要求的目标体系、考核办法、奖惩机制。

（五）探索生态产品价值实现路径

建立反映市场供求和资源稀缺程度、体现生态价值和代际平衡的资源有偿使用制度与生态补偿制度。完善纵向生态补偿机制，加大对森林、草原、湿地和重点生态功能区的转移支付力度；建立健全市场化、多元化生态补偿机制，在内蒙古开展生态产品价值实现机制试点。建立归属清晰、权责明确、监管有效的产权制度，培育形成多元化的生态产品生产、供给主体；培育生态产品及其衍生品交易市场，建设有效的价格发现与形成机制，形成统一、开放、竞争、有序的生态产品市场体系。

推动建设草原绿色经济试验区，不但是内蒙古要走的新路子，而且对确保国家生态安全、探索我国草原生态文明建设经验、促进全国绿色经济高质量发展都具有全局意义。建议自治区尽快启动试验区建设的前期研究论证和总体规划编制工作，争取中央早日批准建设草原绿色经济试验区。

目　录

积极探索生态优先、绿色发展为导向的高质量发展
新路子（代序）……………………………………包思勤（1）

总报告

2019年内蒙古经济形势分析与预测
　　………………………………内蒙古自治区社会科学院课题组（3）
2019年内蒙古经济形势分析及2020年走势……………张晶（33）

经济篇

内蒙古农牧业发展形势 ………………………………………（49）
内蒙古工业发展形势 …………………………………………（60）
内蒙古重点领域改革形势 ……………………………………（71）

内蒙古对外经济贸易形势 …………………………………………（78）

社会篇

内蒙古教育事业发展形势……………………………………………（89）
内蒙古人力资源和社会保障事业发展形势…………………………（100）
内蒙古卫生健康事业发展形势………………………………………（109）
内蒙古文化事业发展形势……………………………………………（120）
内蒙古科技事业发展形势……………………………………………（131）
内蒙古政府法治建设形势……………………………………………（139）

热点篇

内蒙古脱贫攻坚形势…………………………………………………（151）
内蒙古生态环境保护形势……………………………………………（159）
内蒙古民营经济发展形势……………………………………………（170）

专题篇

关于构建人类命运共同体　开创中蒙睦邻友好合作新局面的研究
　　………………………………………内蒙古自治区社会科学院课题组（187）
内蒙古高质量发展水平评价及路径选择………………………乔瑞（209）

内蒙古现代能源经济高质量发展的区域合作路径
....辛倬语　鲍海峰　毛伟华（218）
2020年后扶贫政策接续及其解决相对贫困战略重点　………双宝（224）
草原生态赤字产生的原因及其消减的对策　………王关区　陈晓燕（230）
增强内蒙古农牧业转移人口就业服务的对策建议
....天莹　史主生　山丹（235）
高质量发展背景下内蒙古人才队伍建设研究
....包娜娜　高国青　张晓莺（246）
内蒙古蒙古语言文字标准化法律问题研究　………白永利　白双成（255）

调查篇

推动现代马产业高质量发展的调查与思考
....包思勤　文明　其其格（269）
乡村振兴战略下持续增强脱贫内生动力问题调查研究
............................双宝　武振国　苏文　史主生　党敏恺（277）
牧区发展中亟待解决的几个问题调查
....额尔敦乌日图　图雅　花蕊（283）
锡林郭勒盟部分旗草原生态补奖政策实施情况调查
....文明　永海（289）
阿拉善地区岩画资源保护及研究利用存在的问题调查……杜芳（295）
加快甘其毛都口岸经济发展　推动中蒙合作交流………王启颖（301）
呼和浩特市县域就地城镇化问题调查与路径建议…………史主生（310）

总报告

2019年内蒙古经济形势分析与预测

内蒙古自治区社会科学院课题组

摘要：2019年，内蒙古经济运行总体平稳，稳中有进、稳中向好。一方面传统产业领域市场环境、政策环境相对稳定，影响煤炭、电力、化工、建材、食品制造等领域的市场因素回归常态，价格波动是行业效益的主要关联因素。伴随我国市场需求日趋稳定，作为产业链基础环节，影响上述领域产品价格的因素走势亦渐趋明朗。另一方面，新经济发展动力源日益清晰，内蒙古新经济、新动能走势较为明朗，未来短时期新经济对内蒙古经济增长的推动作用较弱，内蒙古经济依然以传统支柱产业为基本支撑点。据此预测，2020年内蒙古经济将保持上年稳中有进、稳中向好的基本态势，支柱产业产业链水平稳健提升，新动能培育、新经济发展处于不断酝酿中。

关键词：经济运行；合理区间；稳健转型

2019年，受我国能源需求回暖、基础建设与房地产投资增加带来的基础原材料需求增加等因素带动，内蒙古固定资产投资增速加快，房地产开发投资高速增长，内蒙古经济保持了稳定增长、新旧动能转换有所进展的基本态势。制造业产值利润增长水平好于上一年度，民间投资占固定资产投资比重和对固定资产投资贡献率提升，交通运输、仓储和邮政业投资大幅增加，工业用电量、公路货运量大幅增长，房地产开发投资持续增长，经济活跃度提升，成为2019年内蒙古经济发展亮点。

伴随我国新兴产业对经济增长的拉动效应不断释放，能源、基础原材料的消费保持稳定，支撑内蒙古经济的主导产业煤炭、电力、冶金等领域运行平稳。2019年，内蒙古高新技术行业固定资产投资下降，投资理性虽对补齐"创新短板"有所不利，但据中央财经委员会2019年8月26日会议释放出的政策信号，如果内蒙古能够就能源转型、制造业绿色化发展等领域的进展，获得能源消费总量控制弹性，受"双控"影响的能源、化工领域投资有望迎来政策利好，悬置项目落地会改善内蒙古固定资产投资状况，从而冲抵国内市场能源消费、原材料价格平稳等对2020年经济增长的不利影响。预计2020年内蒙古经济运行将继续保持稳中有进的态势，经济增速、工业经济增速、经济效益等指标虽然可能会出现小幅波动，但仍会保持平稳增长。

一、2019年内蒙古经济运行分析

（一）2019年内蒙古经济运行特点

一是经济运行稳中有进。1—11月，全区规模以上工业增加值同比增长6.3%；全区社会消费品零售总额6868.9亿元，同比增长4.1%，较1—10月提高0.1个百分点。前三季度，全区生产总值同比增长5.6%，比上半年提高0.1个百分点，比上年同期提高0.5个百分点；规模工业企业利润总额增长2.8%，比全国平均水平高4.9个百分点。虽然地区生产总值增速低于全国平均水平，但总量以及增速在全国的排名逐步上升，呈现转好势头。固定资产投资、进出口也都有较为稳定的增长。全区固定资产投资同比增长6.7%，比1—10月增速提高0.2个百分点。全区进出口总值达到1000亿元人民币，同比增长6.5%。

二是新经济发展持续增强。1—10月，全区现代煤化工产业增加值同比增长6.1%；非煤产业增加值增长7.6%，快于规模以上工业0.6个百分点；全区累计新能源发电量平稳增长，同比增长11.4%。通过网络实现的限额以上单位商品零售额增长66.6%；全区限额以上单位书报杂志类零售额增长53.1%；智能电视同比增长1.1倍，光电子器件增长19.4%，单晶硅增长71.8%，稀土化合物增长35.8%。

三是民生领域保障水平提升。1—11月,全区一般公共预算收入1868.5亿元,同比增长9.7%;一般公共预算支出4226.4亿元,同比增长4.8%。1—10月,一般公共预算支出同比增长5.5%。民生等重点领域支出得到优先保障。全区民生支出占一般公共预算支出的65.8%,财政支出结构不断优化。

四是民营经济发展状况改善。1—11月,全区民营经济规模以上工业增加值同比增长9.0%,快于规模以上工业2.7个百分点,占规模以上工业增加值的比重49.1%,对规模以上工业增加值的贡献率为66.3%,拉动规模以上工业增加值增长4.2个百分点。1—10月,全区民营经济规模以上工业增加值同比增长9.8%,快于规模以上工业2.8个百分点,对规模以上工业增加值的贡献率为65.2%。在消费市场上,1—10月,全区民营经济社会消费品零售额占社会消费品零售总额的比重达94.2%,同比增长4.0%。

五是房地产市场十分活跃。全区房地产开发投资1026.1亿元,同比增长17.2%,较1—10月提高1.4个百分点。全区商品房销售面积为1802.4万平方米,同比下降1.7%。商品房销售额为1120.7亿元,增长9.5%。

(二)2019年内蒙古经济运行存在的主要问题

一是固定资产投资不足,金融投资有待提升。内蒙古从2001年开始至2010年全社会固定资产投资高速增长,其中2002—2005年的年平均增长高达52.8%,直到2016年,增长率依然保持在两位数以上。2017年出现负增长,2018年则出现了20年来罕见的低点。2019年1—10月,缘于基数较小,全区固定资产投资同比增长6.5%,但第二产业和第三产业投资的贡献率较小,有效投资的增速与其对新经济和新动能拉动作用不成正比。1—8月,内蒙古金融业的投资增长为-46.6%,金融投资严重不足(详见表1)。

表1　2001年至2019年11月内蒙古全社会固定资产投资增长率[1]

年度	增长率（%）	年度	增长率（%）
2001	15.30	2011	21.50
2002	44.00	2012	20.30
2003	69.13	2013	18.40
2004	49.57	2014	15.60
2005	48.59	2015	14.50
2006	26.75	2016	11.90
2007	29.31	2017	−6.90
2008	27.24	2018	−27.30
2009	34.44	2019（1—10月）	6.50
2010	19.06	2019（1—11月）	6.70

二是消费市场增速减缓，内需动力不足。1—10月，内蒙古社会消费品零售总额同比增长4.0%，比去年同期回落2.8个百分点，增速低于全国平均水平。3月，内蒙古居民消费价格指数上升到2.0以上；10月，食品烟酒类价格指数上升到7.8。消费趋缓与物价不断上升、新消费点带动率低、汽车等大宗消费持续回落、区内资金外流现象严重有关。整体而言，内蒙古经济增长内需动力有待提高。

三是传统产业稳居主导地位，绿色经济发展不足。煤炭、电力等传统产业仍是工业经济的支柱和提升工业增加值的主力军。生态农业、旅游、环保产业、服务业等绿色产业对地区生产总值的拉动作用依然有限。

四是政策对培育新动能的导向有所偏移。1—10月，新能源汽车零

---

[1]　资料来源：内蒙古自治区统计局官网。

售额增长32.2%，智能电视、光电子器件、单晶硅等新产品产量增长较快。其动力来源于国家和自治区鼓励新能源经济发展出台的补贴政策。政策实行后，厂商大多以高额补贴为目标，并未把精力和财力放在研发和提高市场竞争力上，这与设立补贴政策的初衷相左。

（二）内蒙古重点支柱产业发展稳定

1.电力市场活跃度提升，煤炭市场价格、销售量波动

1—11月，全区全社会用电量3320.9亿千瓦·时，同比增长9.2%。其中，工业用电量2898.6亿千瓦·时，增长9.9%，在工业中制造业用电量2196.4亿千瓦·时，同比增长10.1%。1—10月，全区6000千瓦及以上电厂完成发电量同比增长9.6%。其中，火电同比增长9.2%，风电同比增长6%，太阳能同比增长28%，水电同比增长35.6%。受全区化学原料和化学制品制造业、蒙东铝冶炼用电量增速下降等因素影响，用电量增速回落。

从全年价格变动情况分析，1—10月，蒙西地区原煤坑口均价295元/吨，同比下降9元/吨；鄂尔多斯高热值动力煤坑口均价370元/吨，同比上涨1元/吨；蒙东地区原煤坑口均价188元/吨，同比上涨10元/吨。价格上涨的效应小于产销量增加。11月，全国煤炭价格下行加速，鄂尔多斯全市综合平均价格283元/吨，同比下跌20元，跌幅6.6%。其中，原煤平均价格270元/吨，同比下跌21元，跌幅7.2%；块煤平均价格340元/吨，同比下跌3元，跌幅0.8%；混煤平均价格257元/吨，同比下跌28元，跌幅9.8%。1—10月，全区煤炭产量占全国煤炭总产量28%，同比增长6.4%。其中，蒙西地区产量占全区73%，同比增长6.1%。全区煤炭销量同比增长6%，成为拉动内蒙古经济增长的重要动力。

2.化学工业平稳发展，稳中有忧

11月，化学工业增加值增速6.7%。1—11月，主要化工产品产量呈增长态势，其中洗煤产量9849.9万吨，同比增长8.6.%；焦炭产量3469.6万吨，同比增长11.1%；石墨及碳素制品产量222.1万吨，同比增长

13.1%；化肥产量468.5万吨，同比增长26.2%；精甲醇产量941.9万吨，同比增长6.8%；水泥产量3206.9万吨，同比增长11.1%。但1—10月的统计数据显示，化学工业企业经济效益121.2亿元，同比下降27.8%。化学工业是重污染的行业，与生态环境保护和人民的身体健康息息相关，化学工业的持续健康绿色的高质量发展之路任重而道远，其中能源、材料、医药、环境等方面是未来"十四五"时期的主要发展方向。内蒙古化学工业发展存在的问题是行业无序发展、环境承载力紧迫、人员流失严重。在发展高效、节能、清洁的化学工业产业的同时，要重视化学工业企业经济效益的提升。

3.冶金建材快速增长，效益下降

1—11月，冶金建材工业增加值同比增长13.0%。1—10月，冶金建材工业产业增速13.3%。截止到10月，粗钢产量225.5万吨，同比增长5.2.5%；钢材产量215.6万吨，同比增长8.0%；电解铝产量42.9万吨，同比增长21.8%；平板玻璃产量88万重量箱，同比下降2.1%；水泥产量449.3万吨，同比增长10.1%。但从规模以上工业企业经济效益来看，冶金建材工业1—10月的经济效益是126.5亿元，同比增长-31.4%，出现了较大幅度的负增长，显示出行业利润率水平在下降，这与内蒙古冶金建材行业处于产业链低端，亟须提高产业链水平有直接关系。未来，要努力打破资源环境约束，推动工业经济转型升级，按照国家、自治区产业政策调整原则，坚持清洁发展、安全发展、循环发展，鼓励企业扩能发展特种钢铁、特种铁合金、镁合金；大力发展真空玻璃、汽车玻璃、非晶硅薄膜电池玻璃等，引导特色冶金建材行业企业加大技改投入，加快提升自主创新能力。

4.装备制造发展快速，发展质量有待提升

1—11月，内蒙古装备制造业增加值同比增长20.5%。1—10月，装备制造工业产业增速20.4%，铁路、船舶、航空航天和其他运输设备制造业增加值同比增长37.0%。装备制造业的发展水平既是一个国家综合国力的重要体现，又是一个地区工业化水平的体现。装备制造业是内蒙古重点支柱产业之一，近年来，内蒙古一直以打造装备制造产业基地为目标，取得了显著的成绩。2019年，国内外经济发展环境更趋复杂，影响制造业发展的不确定性因素增多，对内蒙古制造业发展而言机遇与挑战共存。在连续三年（2017—2019年）中国制造业协会公布的"中国装备制造业100强排行榜"中，内蒙古无一家企业上榜，这也说明了一个问题，没有自己的龙头企业、品牌企业，虽然工业增加值在增速、盈利能力全面改善，但在营业收入利润率、人均净利润方面都处于劣势，与全国总体水平和其他发达省份还有很大差距。未来，轨道交通装备、建材制造、通用航空等将成为新增长亮点，汽车及零部件制造行业是收入与利润的最大贡献者，机械工业运行延续分化走势，船舶工业将持续好转，智能制造加速发展，高端装备创新发展。内蒙古制造业应在《中国制造2025》强国战略等相关产业政策的引导下，积极抓住国内经济转型升级的机遇以及政府给予制造业的一系列政策支持，开拓创新，不断提高市场竞争力，努力向全球价值链高端环节攀升，走技术融合、产业融合、管理融合的信息化和工业化融合发展之路，打造龙头和品牌，让内蒙古的制造业真正跻身于制造业强区、强企之列。

5.农畜产品加工业运行平稳，农畜产品加工转化率提升

1—11月，全区农畜产品加工业增加值同比增长2.0%。1—10月，农畜产品加工业规模以上工业企业经济效益156.1亿元，同比增长21.8%，企业农业精细化、集约化程度持续提升，表现为蔬菜播种面积及产量均实现增长。前三季度，全区蔬菜及食用菌播种面积和产量同比分别增长4.2%和4.4%。同时受全国猪肉价格上涨的影响，牛、羊、肉、蛋、奶等农畜产品的价格也在上涨。农畜产品加工转化率虽然在进一步提升，目前为65%左右，但仍低于全国水平。存在的问题是产业链条短、产品附加值低，成为制约农牧民增收的一个重要因素。虽然内蒙古的羊肉、牛肉、马铃薯、大米、奶制品、面粉及杂粮杂豆等农畜产品有较高的产品品质，但产品的辐射面不广、影响力不大，这

其中除了全国同类产品竞争导致的意外，还有一部分原因是没有实现优势产区和优质市场的无缝隙对接，没有实现"内蒙古味道，让世界共享"的全方位营销战略理念，线上线下平台基础建设、品牌集聚效应，集优质、绿色、高附加值于一体的特色农牧农畜产品生产营销体系建设还有很多需要补齐的短板。

6.高新技术产业发展困难

1—11月，内蒙古高新技术产业增加值同比下降3.3%，持续10月以来的负增长局面。其中稀土磁性材料产品产量8069.3万吨，同比增长0.3%；新能源汽车生产1531辆，同比下降84.1%，实现工业效益18.6亿元，同比下降30.6%，是内蒙古六大支柱产业中唯一一个出现增加值负增长的产业。高新技术产业发展出现困境的原因，首先在于国内外经济环境的影响，我国高新技术的国际竞争力与发达国家相比有很大的差距，由于缺乏具有自主知识产权的核心技术，我国高新技术产业产值占世界的份额较低。我国高新技术发展的核心区域在东南沿海，在人才、技术、营商环境等方面，内蒙古都处于劣势。其次，高新技术产业是需要投入大量发展资金与研究，并以迅速的技术进步为主要标志的产业，而从2019年1—10月的统计数据来看，整个金融业的投资增长为-50.1%，金融投资严重不足。第三，内蒙古高新技术产品附加值较低、产业集群优势不明显是造成内蒙古高新技术产业负增长的因素。促进高新技术产业的发展，制度安排、社会环境和文化氛围是必要条件，需要营造有利于发挥个人和集体创造性的创新机制，加大研发投入，加强保护知识产权的力度等，借鉴国内外成功经验，以市场为导向，以产业化为重点，建立以企业为主体的技术开发体系。

7.文旅产业作为内蒙古主导产业的支撑作用得到加强

旅游业已成为内蒙古的主导产业。地处北疆，得天独厚的旅游资源，为内蒙古旅游业发展增添了独特的多彩魅力。统计数据显示，1—10月，内蒙古旅游业保持平稳增长，全区接待国内外游客16354.43万人次，实现同比增长9.72%；实现旅游业综合收入3727.38亿元，实现同比增长11.31%；全区接待国内旅游者16189.31万人次，实现国内旅游收入3866.94亿元；全区接待入境旅游者165.12万人次，比2018年增加7.4万人次，同比增长4.69%；实现旅游创汇11.31亿美元，同比增长0.64%。可见，旅游产业为内蒙古经济发展的重要力量。目前，全国文旅产业正值大发展时期，各省、自治区、直辖市都在文旅产业发展上做文章，内蒙古的文旅产业先天条件优厚，后天发展不足，文化和旅游融合不够深入，多数旅游者都是慕"天苍苍，野茫茫，风吹草低见牛羊"之名而来的，除了草原，内蒙古更多的优质的旅游目的地和内蒙古丰富的多元文化尚未成为旅游热点，甚至存在着"固式"的"内蒙古印象"。这与内蒙古的对外营销宣传不无关系，草原色彩过于浓重。此外，公共基础设施、公共服务、监管体系、人才等都是制约内蒙古旅游业向更高层次发展的因素。文旅产业是与生态优先、绿色发展、高质量发展理念最契合的一个产业，未来拥有更广阔的发展格局和空间，高新技术、人工智能（AI）和人工环境（VI）将被普遍应用于文旅产业，把内蒙古的绿水青山和深厚底蕴的文化融合，变成更大一座吸引世界目光、屹立不倒的金山银山，是内蒙古文旅产业大发展应予以重视的课题。

二、2019年内蒙古盟市经济发展状况

2019年前三季度，各盟市坚持新发展理念，持续深化供给侧结构性改革，积极推动高质量发展，前三季度各盟市经济基本保持平稳运行态势。

（一）各盟市经济运行状况

1.各盟市经济总量保持平稳增长

前三季度，全区地区生产总值增长率为5.6%。各盟市地区生产总值增长率基本保持在6%左右。增速最高的是乌海市，地区生产总值增长率达到10.1%，高于全区水平4.5个百分点。增速最低的是呼伦贝尔市和锡林郭勒盟，地区生产总值增长率均为2.8%，低于全区水平2.8个

百分点。在12个盟市中，地区生产总值增长率高于全区水平的有5个盟市，巴彦淖尔市的增长率与全区水平持平，有6个盟市的增长率低于全区水平。增长率排在前三位的是乌海市、阿拉善盟和乌兰察布市，增速分别为10.1%、8.4%和7.7%；增长率排在末三位的是呼伦贝尔市、锡林郭勒盟和鄂尔多斯市，分别为2.8%、2.8%和4.7%。

2.西部盟市规模以上工业增加值增速较快

前三季度，全区规模以上工业增加值增长率为7.7%。各盟市规模以上工业增加值增长率差距较大。增速最快的是乌海市，增速达26.5%；增速最慢的是锡林郭勒盟，为负增长，即增速比2018年同期下降2.7个百分点。增速居12个盟市前三位的是乌海市、乌兰察布市和兴安盟，增速分别为26.5%、17.6%和13.1%；增速居12个盟市末三位的是锡林郭勒盟、呼伦贝尔市和呼和浩特市，增速分别为-2.7%、-0.3%和4.5%。规模以上工业增加值增速高于全区水平的有6个盟市，低于全区水平的也有6个盟市。总体来看，西部盟市规模以上工业增加值增速较快，东部盟市规模以上工业增加值增速较慢（详见表2）。

表2　各盟市地区生产总值与规模以上工业增加值情况[1]

盟市	地区生产总值（1—9月）		规模以上工业增加值（1—9月）	
	增长率（%）	位次	增长率（%）	位次
全　　区	5.6	—	7.7	—
呼和浩特市	4.8	8	4.5	9
包　头　市	6.4	5	13	4
呼伦贝尔市	2.8	11	-0.3	10
兴　安　盟	7.4	4	13.1	3
通　辽　市	4.8	9	4.5	9
赤　峰　市	5.3	7	5.5	8

---

[1]　资料来源：内蒙古自治区统计局官网。

续表

盟市	地区生产总值（1—9月）		规模以上工业增加值（1—9月）	
	增长率（%）	位次	增长率（%）	位次
锡林郭勒盟	2.8	12	-2.7	11
乌兰察布市	7.7	3	17.6	2
鄂尔多斯市	4.7	10	6.1	7
巴彦淖尔市	5.6	6	7.8	6
乌 海 市	10.1	1	26.5	1
阿 拉 善 盟	8.4	2	12.6	5

3.各盟市固定资产投资增速明显回升

2019年，各盟市固定资产投资增速由负转正。前三季度，有10个盟市固定资产投资均比2018年同期增加，只有巴彦淖尔市和阿拉善盟固定资产投资下降。而2018年同期，12个盟市的固定资产投资增速均为负，均呈大幅下降的态势，尤以鄂尔多斯市固定资产投资下降幅度最大。2019年前三季度，中部盟市的固定资产投资比东部盟市和西部盟市增长幅度大（详见表3）。

表3 各盟市固定资产投资增长率[1]

盟市	固定资产投资增长（1—9月）		2019年位次
	2018年（%）	2019年（%）	
全 区	-32.6	4.8	-
呼和浩特市	-35.4	10.4	2
包 头 市	-25.7	0.1	9

---

[1] 资料来源：内蒙古自治区统计局官网。

续表

盟市	固定资产投资增长（1—9月）		2019年位次
	2018年（%）	2019年（%）	
呼伦贝尔市	-36.9	2.2	8
兴安盟	-22.9	6.3	5
通辽市	-27.5	5.6	6
赤峰市	-19.1	4	7
锡林郭勒盟	-14.7	13.6	1
乌兰察布市	-24	2.2	8
鄂尔多斯市	-55.7	9	3
巴彦淖尔市	-28.5	-1.3	10
乌海市	-12.4	7.3	4
阿拉善盟	-24.6	-7	11

4.各盟市社会消费品零售总额增长均衡

2019年前三季度，全区社会消费品零售总额比2018年同期增长4.0%。赤峰市增长幅度最大，比2018年同期增长了7.1%；呼和浩特市增长幅度最小，只比2018年同期增长了2.5%；有8个盟市的增长幅度高于全区。呼和浩特市和包头市的社会消费品零售总额遥遥领先，分别为1183.25亿元和1131.68亿元，几乎为赤峰市的2倍。总体来看，12个盟市社会消费品零售总额增长幅度较为均衡，增速没有太大的差距（详见表4）。

表4 各盟市社会消费品零售总额情况[1]

盟市	社会消费品零售总额		
	1—9月（亿元）	增长率（%）	位次
全　　区	5419.33	4	—
呼和浩特市	1183.26	2.5	10
包　头　市	1131.68	4.4	5
呼伦贝尔市	497.29	2.8	9
兴　安　盟	193.32	4.2	6
通　辽　市	402.77	3	7
赤　峰　市	629.93	7.1	1
锡林郭勒盟	200.79	2.9	8
乌兰察布市	274.14	5.7	2
鄂尔多斯市	514.75	4.4	5
巴彦淖尔市	218.094	4.6	4
乌　海　市	112.27	4.4	5
阿拉善盟	60.18	4.9	3

5.各盟市财政收入基本呈增长态势

前三季度，除呼和浩特市、呼伦贝尔市和巴彦淖尔市，其他盟市财政收入均呈增长态势。兴安盟的财政收入增长速度最快，达47.6%；其次是乌海市、阿拉善盟和鄂尔多斯市，增速分别达15%、12.6%和12.5%。各盟市财政收入增长速度差异较大。在12个盟市中，鄂尔多斯市财政收入最高，占全区的24.95%，其次是呼和浩特市和包头市，分别占全区的9.46%和7.27%；呼和浩特市、包头市、鄂尔多斯市三市的

---

[1]　资料来源：内蒙古自治区统计局官网。

财政收入占全区的41.7%（详见表5）。

表5 各盟市财政收入情况[1]

盟市	一般公共预算收入			
	1—9月（亿元）	增长率（%）	增长率位次	占全区比例（%）
全　　区	1510.92	9.8	-	100
呼和浩特市	142.88	-5.1	12	9.46
包　头　市	109.78	5.6	5	7.27
呼伦贝尔市	59.47	-4.3	11	3.94
兴　安　盟	38.55	47.6	1	2.55
通　辽　市	55.37	2.8	8	3.66
赤　峰　市	82.88	0.8	9	5.49
锡林郭勒盟	54.74	4.5	7	3.62
乌兰察布市	35.53	4.8	6	2.35
鄂尔多斯市	377.03	12.5	4	24.95
巴彦淖尔市	38.39	-2.5	10	2.54
乌　海　市	39.36	15	2	2.61
阿拉善盟	21.87	12.6	3	1.45

6.各盟市城乡居民收入增长均衡

前三季度，全区城镇居民人均可支配收入增长率为6.6%，各盟市城镇居民人均可支配收入增长率均在6.3%~7.2%之间，各盟市增长率差距较小。全区农村牧区人均可支配收入增长率为9.3%，各盟市农村牧区人均可支配收入增长率均在8.5%~10.8%之间，呼和浩特市、包头

[1] 资料来源：内蒙古自治区统计局官网。

市、鄂尔多斯市三市的农村牧区人均可支配收入增长率均在9%以下，偏低于其他盟市。总体来看，2019年城乡居民人均收入增长率较为均衡。农村牧区人均可支配收入增长率高于城镇居民人均可支配收入增长率（详见表6）。

表6 各盟市城乡居民收入情况[1]

盟市	城镇常住居民人均可支配收入			农村牧区常住居民人均可支配收入		
	1—9月（元）	收入位次	增长率（%）	1—9月（元）	收入位次	增长率（%）
全区	30808	-	6.6	10153	-	9.3
呼和浩特市	37305	2	6.4	12729	5	8.8
包头市	38182	1	6.5	13277	4	8.7
呼伦贝尔市	27258	7	6.3	10832	8	9.2
兴安盟	23034	12	7.2	7728	12	10.8
通辽市	25850	9	7	9934	9	9.5
赤峰市	26309	8	6.9	8395	10	9.4
锡林郭勒盟	30429	6	6.6	11774	7	9.3
乌兰察布市	24135	11	6.8	7812	11	10.2
鄂尔多斯市	36346	3	6.4	13343	3	8.6
巴彦淖尔市	24519	10	7	12549	6	9.3
乌海市	34333	4	6.5	13938	2	9
阿拉善盟	32211	5	6.5	15052	1	8.5

（二）内蒙古盟市发展中存在的问题

1.各盟市间发展存在较大差距

从2019年前三季度来看，各盟市间在增长速度、投资、财政收入

---

[1] 资料来源：内蒙古自治区统计局官网。

等方面存在较大差距。在经济总量增长率方面，增速最高的乌海市，地区生产总值增长率达到10.1%，比增速最低的呼伦贝尔市和锡林郭勒盟高7.3个百分点。规模以上工业增加值增速最高的是乌海市，增速高达26.5%，比增速最低的锡林郭勒盟高29.2个百分点。在固定资产投资方面，锡林郭勒盟增速最高，达13.6%，而阿拉善盟增速为-7%，相差20.6个百分点。在财政收入方面，差距更大，兴安盟的财政收入增长率最高，为47.6%，而呼和浩特市的财政收入增长率最低，为-5.1%，相差52.7个百分点。

2.东西部发展不平衡问题仍较为突出

在内蒙古的12个盟市中，东部盟市和西部盟市在发展上存在较大的差异。从地区生产总值和规模以上工业增加值上看，除了兴安盟，东部盟市的增速普遍低于西部盟市的增速。在固定资产投资方面，锡林郭勒盟投资增长排在第一位，东部其他盟市排第五、六、七、八位，属于中等偏下的水平。在财政收入方面，东部5个盟市的财政收入占全区的19.26%，不足1/3。在城乡居民收入方面，包头市的城镇居民人均可支配收入为38182元，是东部兴安盟23034元的1.66倍。农村牧区人均可支配收入方面，东部5个盟市分别排在第七、八、九、十、十二位，处于落后水平。东西部盟市在经济发展的各个方面都存在不同程度的差异，东部盟市的发展明显慢于西部盟市的发展。

3.各盟市财政收入水平较低

从2019年前三季度的数据来看，12个盟市中有9个盟市的财政收入不足100亿元，只有呼和浩特市、包头市和鄂尔多斯市的财政收入超过了100亿元，这3个市的财政收入占全区的比例达到41.68%，其余9个盟市的财政收入占58.32%，表明内蒙古绝大多数盟市的财政收入水平较低（详见表5）。

4.首府呼和浩特市的集中集聚效应不足

作为首府的呼和浩特市，地区生产总值增长率在12个盟市中排第八位，规模以上工业增加值增长率排第九位，社会消费品零售总额增长率和财政收入增长率排在末位。为此,对全国省会城市近5年来的首位度进行了梳理,发现作为内蒙古首府的呼和浩特市,2018年首位度为16.79%,在27个省会城市(除去4个直辖市)中排倒数第三位,而且5年来,呼和浩特市的首位度略有下降,并且一直在全国省会城市中排在倒数第三位,没有变化,在西部省会城市中排最末位(详见表7和表8)。

表7 2014—2018年全国各省会城市首位度一览表[1]

省会城市	2018年	2017年	2016年	2015年	2014年
石家庄	16.89	18.99	18.48	18.25	17.57
太原	23.1	21.78	22.65	21.43	19.83
呼和浩特	16.79	17.05	17.51	17.33	16.29
沈阳	24.86	25.05	24.93	25.37	24.8
长春	47.6	43.7	40.51	39.32	38.7
哈尔滨	38.51	39.96	39.66	38.13	35.51
南京	13.85	13.64	13.57	13.86	13.55
杭州	24.04	24.35	23.94	23.43	22.92
合肥	26.07	26.7	25.71	25.72	24.74
福州	21.94	22.07	21.51	21.62	21.49
南昌	23.99	25.01	23.54	23.92	23.34
济南	10.27	9.92	9.61	9.68	9.71
郑州	21.11	20.49	20.05	19.76	19.4
武汉	37.72	37.8	36.47	36.91	36.78
长沙	30.21	31.08	29.66	29.44	28.94
广州	23.5	23.97	24.18	24.86	24.64

[1] 资料来源:根据《中国统计年鉴》计算。

续表

省会城市	2018年	2017年	2016年	2015年	2014年
南宁	19.79	22.24	20.22	20.29	20.09
海口	31.26	31.16	31.03	31.38	31.19
成都	37.72	37.56	36.95	35.94	35.24
贵阳	25.65	26.13	26.81	27.53	26.95
昆明	29.12	29.66	29.08	29.14	28.97
拉萨	36.60	36.56	36.91	36.70	37.73
西安	34.17	34.11	32.25	32.19	31.05
兰州	33.14	33.83	31.45	30.87	29.27
西宁	44.90	48.95	48.52	46.82	46.27
银川	51.32	52.37	51.05	51.30	50.46
乌鲁木齐	25.41	25.21	25.48	28.22	26.54

表8 2018年全国各省会城市首位度级排位[1]

省会城市	省会城市首位度	排序	省会城市	省会城市首位度	排序
银川	51.32	1	乌鲁木齐	25.41	15
长春	47.44	2	沈阳	24.86	16
西宁	44.90	3	杭州	24.04	17
哈尔滨	38.51	4	南昌	23.99	18
武汉	37.72	5	广州	23.50	19
成都	37.72	6	太原	23.10	20

[1] 资料来源：根据《中国统计年鉴》计算。

续表

省会城市	省会城市首位度	排序	省会城市	省会城市首位度	排序
拉 萨	36.60	7	福 州	21.94	21
西 安	34.17	8	郑 州	21.11	22
兰 州	33.14	9	南 宁	19.79	23
海 口	31.26	10	石 家 庄	16.89	24
长 沙	30.21	11	呼和浩特	16.79	25
昆 明	29.12	12	南 京	13.85	26
合 肥	26.07	13	济 南	10.27	27
贵 阳	25.65	14			

近年来，在人口等资源向中心大城市、都市圈集聚的过程中，省会城市作为省域经济发展的引擎，所起的作用越来越大。因此，作为自治区首府的呼和浩特市，近年来在全区经济发展中的引擎作用有限，集中集聚效应不足。

三、影响内蒙古经济的因素分析

（一）中央经济工作会议给出了进一步强化市场作用的政策稳定信号

中央经济工作会议确定了2020年6个领域重点工作，提出了坚持稳中求进工作总基调，坚持新发展理念，坚持以供给侧结构性改革为主线，坚持以改革开放为动力，推动高质量发展。作为国家发展导向，中央经济工作会议传递的政策信号是要保持经济政策环境的稳定性。

中央经济工作会议在贯彻新发展理念、打好三大攻坚战、确保民生特别是困难群众基本生活得到有效保障和改善、实施积极的财政政策和文件的货币政策、推动高质量发展和深化经济体制改革6项重点工作中，都布置了具体工作内容。回顾党的十九大以来中央历次会议和习近平总书记重要讲话精神，本届中央经济工作会议对重点工作的具体部署，都是既定的方针、路线、策略、政策内涵的细化，是中央重大部署贯彻、落实、落细的关键领域和深化工作。

中央再次强调要坚定不移地贯彻新发展理念，强调遵循经济社会发展规律必须更加突出新发展理念，把注意力集中到解决各种不平衡、不充分的问题上，并提出"要把坚持贯彻新发展理念作为检验各级领导干部的一个重要尺度"。

中央经济工作会议面对复杂的经济形势，在国内经济增速持续减缓的压力下，不断强化政策的稳定性。打好三大攻坚战、实施积极的财政政策和稳健的货币政策等重点工作，各项具体部署主要体现了对中央部署落实、落细的要求，对新政策出台科学化要求等，传达出中央对政策稳定性连续性的高度重视。2020年1月1日，央行宣布，为支持实体经济发展，降低社会融资实际成本，决定于2020年1月6日下调金融机构存款准备金率0.5个百分点，释放长期资金，增加金融机构营业规模8000多亿元。保障和改善民生，推进生态建设和环境保护，扶持民营和中小微企业发展，包括提高中心城市和城市群承载能力、建设养老服务体系、发展普惠托育服务、推进体育健身产业市场化发展，房地产稳地价、稳房价、稳预期以及建设市政管网、城市停车场、冷链物流等等都是聚焦在提高百姓生活质量，为百姓福祉提供更好更多的保障。民生经济持续成为中央的重大关注。

近年来，伴随新旧动能转换，出现了以行政手段调整经济运行的社会思潮，力图通过公共建设领域投入，补齐基础设施短板，拉动地方经济增长。而中央经济工作会议将市场体系建设列入2020年的重点工作。建设高标准市场体系，用市场化手段提高社会服务供给质量，打造世界级创新平台和增长极等，都是在强化市场配置资源的主体地位。首先，需要予以高度重视的是中央经济工作会议在深化经济体制改革的部署中，强调要完善产权制度和要素市场化配置，完善资本市场基础制度，对外开放要继续往更大范围、更宽领域、更深层次的方向走等，对完善市场体系，摆布市场与政府之间的关系，要求更为清晰明了。其次，我国实施外商投资法，对850余项商品实施低于最惠国税率的进口暂定税率，市场开放水平进一步提升。在国际市场需求增长全面放缓的环境下，对国内市场需求会产生连带反应，持续加大国内供给侧高质量发展的压力，也会压缩部分对能源原材料等产业链基础端的需求。第三，同期实施的优化营商环境条例，对减税降费、降低市场主体运营成本给予了更为严格的要求，在中央严格要求下，各地方政策执行、公共服务之间的差距将进一步缩小，区域之间对新经济发展的支撑和对社会资本的竞争将转向更为基础的社会服务、市场体系建设水平等领域。

在稳定的政策环境下，内蒙古在转变发展方式上要有所突破，需要自治区内部加力。近年来，内蒙古自治区党委高度重视贯彻落实中央深化改革的各项部署，高度重视贯彻落实习近平总书记对内蒙古重要讲话、重要指示批示精神，但实际效果不尽理想。发展方式、新动能培育、创新体系建设、产业链提升、新增长极培育等方面与先进地区差距继续拉大，长期制约内蒙古发展的问题没有得到有效解决。2020年是内蒙古向现代化新征程迈进的战略规划确立之年，也是内蒙古在转变发展方式上应该有所突破、有较为明显的进展之年。需要在以往的发展战略上有所变革，在国家深化改革取得巨大成效的背景下，深化对中国经济社会发展规律的认识，深入分析内蒙古发展问题的各类现象，认清导致内蒙古发展问题的客观因素、政策因素、发展中的战略和策略问题，寻找从根本上消除发展制约的战略突破点，立足内蒙古区情，走出内蒙古高质量发展之路。

（二）内蒙古内部因素

1.新旧动能转换的方向和路径尚未清晰

国家给予内蒙古探索以生态优先绿色发展为导向的高质量发展新路子、转变经济发展方式、提升产业链水平、发展现代能源经济等任务没有落实、落细，给予内蒙古的发展机遇没有释放出来；对现有优势产业如何实现发展方式转变的政策指引、制度配套等落实、落细的工作有待推进；政府与优势产业、支柱企业、行业骨干企业协同探索创新发展方式的决策机制尚未形成。方向模糊导致民间资金缺少落地途径，面向百姓的理财产品汇集的资金等金融资金流向区外获利稳定的行业。

2.支柱产业转型发展滞后的状况没有改善，能源产业链水平提升势头不明显

一是路径依赖较为严重。目前内蒙古保持着能源资源为依托的经济体系，能源产业和能源产品高度依赖传统能源，政府和企业也较熟悉能源资源相关产业项目。各地方和重点企业对能源清洁低碳发展、能源产业增值增效的效益型发展重视不足，能源发展尚未摆脱一味扩展产能的惯性思维。

二是产业体系全而不强。能源矿产资源开发利用方式粗放，初级原始材料生产占比高，产业链条短，产品层次低；能源衍生产业发育不足；能源装备制造规模小、技术含量低，能源物流、能源金融和能源生产性服务等配套产业发展明显滞后。

三是创新创业活力不足。能源领域科技创新能力不强，能源关键核心技术和新技术应用不足；对科研机构、技术团队和技术人才的培育不足，科研人数、科研投入均有不同程度下降。

四是集群效应尚未形成。央企占据自治区能源行业绝对主导地位，其物资采购、物流运输、运营服务与本地市场的嵌入配套不强；本土企业发展粗放，同质化经营、低水平重复建设、无序竞争问题突出，缺乏在国内外具有较强竞争力和影响力的一流企业。

3.缺乏带动全区发展的增长极，缺少"首位"城市发展理念，首府城市要素汇集能力不足

面对日益加剧的城市间竞争，首府城市没有发挥出对经济发展辐射带动作用。城市治理、营商环境、对外宣传等方面对新经济发展的负面影响较大。在全国城市"抢人"竞争中，呼和浩特等主要城市处

于竞争失利状态，导致教育等领域公共投入流失，家庭购房储备资金等流出；本地面向民间闲散资金的投资领域不明朗，投资项目难寻，社会对养老、低幼儿童服务等领域支持产业化发展条件差等问题，使得民间资金转向区外城市，在区内主要城市转向房地产市场。资金流出的压力进一步增大的同时，区内的民间资金沉淀于房地产市场。

4.对"双控"等政策性因素反应不足，制约新增"补链""延链"

由于2017年、2018年"挤水分"等因素作用，内蒙古能源消费总量和强度控制未能完成国家下达的目标任务。其中，虽然有内蒙古作为能源生产大区的产业结构所决定的缘由，但长期以来内蒙古能源行业转型发展进展不快，产业链水平和价值链提升效果式微仍是主要原因。从对主要地区调研的情况分析，影响发展的因素，有内蒙古对重化工业领域和重点园区新上项目在"双控"指标的灵活运用、新上"补链"项目给予的支持不足、约束过度等。

（三）外部因素中的趋势性因素逐步明朗，竞争性因素增加

1.宏观经济环境变化较大，以加大贸易保护为总态势的不确定因素增多，经济逆周期显现

世界经贸增长放缓态势明显，美、欧、日等主要经济体增速普遍回落，全球制造业增长动能减弱，各国对本国经济的保护带来的不确定因素增多，中东局势和韩日、美欧贸易争端问题冲击全球经济金融和大宗商品市场稳定增长。从国内看，经济结构性矛盾亟待解决，市场需求走弱，企业利润下降，居民消费意愿稳定住了消费升级势头，实体经济困难增多，经济下行压力较大。

2.宏观经济逐渐远离能源重化工时代

市场对原材料、能源等产品需求增长平稳，新兴产业的低投资强度、智力资源作用明显、服务领域空间限制降低等特性，会稳定对能源原材料的需求，使以往拉动经济的汽车制造、机电等产业全面进入竞争加剧、产业集聚度提高、规模扩张收缩、产业整体利润率水平调整的时期。

3.城市化整体进程放缓,城市之间竞争加剧

从全国"新一线"城市的实际状况分析,各城市提高城市承载能力的空间还没有进一步发挥出来,城市提高基础设施建设水平和完善城市功能会持续,并代替空间规模的扩张转向内在的高质量发展。提高中心城市集聚度,布局吸引更多资源、人口进入"首位"城市成为省区布局调整新趋势。

四、2020年内蒙古经济增长预判及应关注的重点

(一)有关机构对2020年中国经济增长的预测

近期,国内许多机构均对2020年中国经济走势做了预测。如中国社会科学院提出,2019年中国经济运行总体平稳,下行压力有所加大,预计2020年中国经济增长6%左右;中行研究院预测2020年中国经济自然增长率很可能会低于6%;海通证券宏观团队预计2020年中国经济增长会稳定在6%以上区间;招商证券预计2020年中国国内生产总值增速为6.1%左右;中金公司预计2020年中国实际国内生产总值增速可能放缓至5.9%;亚洲开发银行预测2020年中国经济增长5.8%;野村证券中国首席经济学家陆挺、评级机构穆迪、安盛投资管理、法国巴黎银行、瑞银财富管理等券商机构预测2020年中国经济增长低于6%。

各机构对2020年中国经济增长预测主要基于4点原因:一是外部环境不稳定不确定因素增加;二是中国国内周期性问题与结构性矛盾叠加,经济运行风险挑战仍然较多;三是居民消费价格指数走高,实体经济需求低迷;四是地产、汽车销售量增速一升一降,发电耗煤、粗钢产量增速回升。针对中国经济发展面临的短期和长期问题,各个机构提出应采取积极财政政策与稳健的货币政策,货币政策以定向降低法定存款准备金率和降低利率为主。

(二)2020年内蒙古经济增长呈现稳中趋缓的基本态势

内蒙古经济结构转型与产业技术升级是实现高质量发展的必然。基于当前国际国内宏观经济环境及国内经济增长面临的问题,2020年

内蒙古面临的经济形势压力可能会更加突出，经济增长将呈现稳中趋缓态势。预计2020年内蒙古地区生产总值增速会低于2019年水平，稳定在5%以上。

经济增长趋缓的原因具体体现在以下几个方面。

1. 国内经济结构加速调整给2020年内蒙古经济转型带来一定压力

"六稳"即稳就业、稳金融、稳外贸、稳外资、稳投资、稳预期，相对内蒙古来说是巨大挑战。

一是新经济结构催生的高新技术产业在内蒙古表现得并不乐观，2019年1—10月，全区高技术制造业投资降低35%，传统产业经营困难，新增就业岗位难度加大。

二是内蒙古金融贷款主要流向地产和大规模企业，在2019年内蒙古房地产业大幅回暖和土地供给增加的趋势下，释放的资金流向房地产业的概率增大，对调整经济结构将产生不利影响。

三是内蒙古投资动力不足，对外开放投资多数是引进，外投能力和比重较低。

四是市场活力不足，内蒙古仍是公有制经济占主导的发展格局，受国际国内大环境影响加深。

2. 投资增长乏力

从支出法看，内蒙古地区生产总值增长主要来源于投资，近三年内蒙古固定资产投资逐渐降低，2018年全社会固定资产投资比2017年下降27.3%，其中民间投资比2017年下降17.4%，占全社会固定资产投资的比重为50.6%，由于经济不景气、人们对经济增长预期信心不足，出现民间投资大幅回落；2019年1—10月，国定资产投资总额增长6.7%，其中中央投资增长48.6%，地方投资增长4.5%，基础设施投资和工业投资分别增长0.6%和10.4%，个体经营投资降低24.8%，表明内蒙古财政压力仍然较大，基础设施投资和工业投资能力不足，受宏观经济环境、投资回报率低的影响，民众对投资信心依然不足，短期内拉动投资的动力仍显乏力。

3.消费潜能不足

从消费看,受居民可支配收入持续降低、新型消费供给滞后、物价上涨尤其是房价上涨等因素影响,居民消费主要用于投资类,消费类持续降低。1—10月,服装鞋帽针纺织品类、家具类和汽车类消费同比分别下降3.7%、9%和12%。受市场活力不足、企业经营困难、居民增收渠道收窄、购买力下降等因素制约,居民消费动力不足。

4.工业品价格上涨空间有限

当前,内蒙古经济发展仍以能源、冶金建材、化工、装备制造业为主导,2018年以来,煤炭、钢材、有色金属等主要工业品价格上涨带动了相关产业回暖,支撑了经济增长。但是,全国基础设施建设和房地产市场回稳态势以及汽车消费持续走低的态势,钢材、水泥需求逐渐降低,用煤发电比重降低。根据2019年12月12日金投网数据显示,天津港、曹妃甸港、京唐港、宁波港等的动力煤价格环比均出现下降趋势,Q5000和Q5500煤价环比分别降低4%和1%。主要工业品价格的降低将对内蒙古经济增长产生深远影响。

五、未来内蒙古经济的重点关注

(一)内蒙古资源富集区、支柱产业集聚区与生态脆弱区、国家生态治理战略重点区重叠,为内蒙古支柱产业转型升级带来紧迫性

内蒙古"沿黄沿线"布局煤基产业形成的支柱产业群集聚在沿黄河地区,黄河流域生态保护和高质量发展战略实施后,产业生态化、绿色化升级换代紧迫性空前。全区中度以上生态脆弱区域占自治区面积的60%以上,呼伦贝尔市、锡林郭勒盟等地生态地位重于经济地位。探寻在生态保护环境治理中巩固内蒙古优势产业途径的任务十分迫切。

(二)内蒙古及呼和浩特的服务业发展质量同为营商环境的重要构成

导致内蒙古营商环境口碑不好的因素不仅在公共服务领域,还在内蒙古整体和首府呼和浩特的服务业普遍落后，养老育儿、运输、物流、信息、互联网、中介服务等服务水平和质量低，与人才引进等优惠政策兑现难、首府城市负面口碑较多等汇聚一起，严重影响招商引资和人才引进。

（三）国内新兴产业趋势对内蒙古主导产业各行业的影响日趋明确

轨道交通装备、建材制造、通用航空、汽车及零部件制造行业、船舶工业、智能制造、高端装备、新能源汽车、人工智能等成为我国产业增长新亮点，将会影响内蒙古优势产业的下游市场。内蒙古不具有新兴产业发展优势，但能否占据这些产业的前端市场，对内蒙古产业转型升级影响巨大。

（四）重视内蒙古现有优势产业支柱企业的创新发展

内蒙古现实的创新能力蕴藏于优势产业的支柱企业之中，创新发展需要资金投入，现有的支柱企业必然是内蒙古创新发展的主力军。伊利"智慧谷"建设、建材企业产品转型升级、煤化工企业无污染溶剂开发等源自于现有支柱企业的创新发展，在有效加快内蒙古新旧动能转换的进程。

（五）重视社会资金外流、沉淀现象

储蓄、金融理财产品汇集的资金向区外投资，百姓资金向房地产沉淀，与内蒙古企业、小微企业融资难形成较强对比。以源于内蒙古大学毕业生区外就业为代表的劳动力流出与随之而来的居民储蓄流出，既损失内蒙古的公共投入，消减内蒙古能力，又流失了未来发展动力。

六、2020年促进内蒙古经济高质量发展的几点建议

（一）把握好国家对内蒙古生态建设予以高度重视的战略机遇，着手调整社会发展布局，从探索发挥生态治理多种效益的角度，推动生态化、绿色化发展

内蒙古作为祖国北方生态屏障，既有生态环境资源富集的优势，又有生态环境脆弱，生态建设任务艰巨、烦琐的约束，生态环境建设

也因此成为内蒙古长期要做的重要工作任务之一。又正因如此，国家对生态环境建设高度重视，给予了内蒙古产业生态化、生态产业化发展的空间。内蒙古推进绿色化、生态化发展，有3个着力点。

一是传统优势产业、支柱产业的绿色化、生态化提质升级。即全面推进绿色矿山、绿色制造、循环经济体系、生态农牧业生产体系，巩固优势产业基础，奠定内蒙古稳定经济发展、提升产业链水平、提高现有优势企业竞争力和发展能力的坚实基础。

二是构建绿色产业体系，优化内蒙古经济结构。即充分挖掘内蒙古生态环境资源优势，发展"生态+清洁能源""生态+文化+旅游""生态+现代农牧业""生态+大健康产业"等新产业、新业态、新模式。

三是探索生态建设产业化的新路子，将生态建设、环境保护与产业发展、现代农牧业发展有机结合。即在生态建设的具体项目上，重视选择形成可利用的生态资源的生态建设、治理方式，在生态建设过程中重视培育社会力量，形成稳定的生态建设与环境保护产业，保护、扶持生态环保企业发展壮大等。

（二）明确产业发展方向，巩固能源资源优势，发挥生态资源优势，着力提升支撑新经济发展的服务能力，聚焦现代能源经济、绿色生态经济、城市服务业发展

内蒙古产业结构优化的目标是给予传统优势产业以新的发展动能和发展方式，即提升产业链水平，完整、完善产业体系，延长产业链。同时，推进符合新时代市场需要的新兴产业发展，构建新经济下的现代产业体系。实现这一目标，需要对内蒙古的区情有清醒认识，要在发挥内蒙古能源资源优势、生态环境资源优势的同时，认识到面对新经济以智慧化发展为基本动力的情形下，内蒙古智慧资源薄弱，且汇集能力低于发达地区；在我国已经进入城市化带动工业化的背景下，内蒙古城市功能还需要大力完善，城市运营管理能力不足制约城市服务水平提升，要着力补齐短板。加快煤炭、电力及煤炭深加工等关联产业绿色化升级改造，推动清洁能源产业与生态治理有机结合，加快转变资源开发利用方式，提高资源转化增值水平。发展能源衍生产业、能源装备制造、能源物流、能源金融和能源生产性服务，形成现代能源经济发展格局。探索生态建设、环境保护与产业创新、经济发展结合的途径，整合生态环境资源、农牧业资源、旅游资源发展绿色生态经济。将发展城市服务业提升到提高百姓生活质量、改善营商环境、提升发展软实力的战略高度，聚焦于提高城市承载能力，为城市居民补齐服务供给短板，提供优质服务，发展城市服务业。

（三）立足区情，巩固做强存量，着力扶持支柱企业、行业骨干企业创新发展方式，促进经济高质量发展

要充分发挥"存量优势"，激励、扶持、引导内蒙古现有优势企业、支柱企业，将帮助内蒙古有能力投资于新经济、新模式的企业等社会力量，调整产品结构、探索新领域的发展，使之成为内蒙古调整和优化产业结构的核心力量。以促进传统产业延长产业链、提高附加值、转型升级实现新旧动能转换。充分发挥内蒙古支柱企业、行业骨干企业优势，整合资源，坚持市场化运作，鼓励、扶持支柱企业、行业骨干企业创新发展方式，延长产业链，提高产业集中度，带动产业上下游配套发展。制定完善鼓励、支持支柱企业吸纳各类资本的政策措施，促进创新链、资金链、产业链有效融合。

（四）强化集中集聚集约发展，以呼和浩特都市圈建设为龙头，推动区域中心城市发展，着手将"大呼和浩特市"培育成内蒙古经济发展的核心动力源

立足地广人稀、经济密度低的区情，将城市群战略提升为"首位"城市都市圈发展战略。坚持走集中、集聚、集约的路子，大力培育新产业、新动能、新增长极，提高资源要素配置利用效率，推动新型工业化、城镇化和农牧业现代化内涵式发展。向"终端"发力，提高市场对转变经济发展方式、培育新动能的效用。实施新的"变道超车""赶超战略"，整合各盟市资源，聚力于打通生产与市场之间的通道，为本地产业开拓市场、培育市场。提高首府呼和浩特市的现代化城市治理能力，改善营商环境，激发创新创业动力，为精准招商引资提供有力支撑。就呼和浩特实际，从"落细"的要求出发，在市场建设、基本公共服务、生活性服务、生产性服务领域全面提高服务水平和质量。

课题负责人：于光军

课题组成员：辛倬语　马晓军　李赛男　乔　瑞　毛伟华

2019年内蒙古经济形势分析及2020年走势

张 晶

摘要：2019年，全区坚持以习近平新时代中国特色社会主义思想为指导，认真落实党中央、国务院各项决策部署，全区经济运行总体平稳、稳中向好。突出表现为农牧业生产总体平稳，工业经济稳步增长；消费市场平稳发展，固定资产投资稳中有升；进出口稳定增长，财政收入持续增长，金融机构存贷款稳定增长；民营经济发展势头良好，区域经济协调发展；居民消费价格涨幅扩大，工业生产者价格稳步回升；城乡居民收入稳定增长，居民生活质量稳步提高；供给侧结构性改革持续推进，去降补效果显现。全区经济运行中存在的主要问题有创新驱动乏力、工业增长的基础不稳固、产业转型升级步伐相对缓慢。2020年，全区经济运行将保持总体平稳、稳中有进的发展态势，预计全年经济增长5.5%左右。

关键词：经济形势；分析研判；政策建议

2019年，全区坚持以习近平新时代中国特色社会主义思想为指导，认真落实党中央、国务院各项决策部署，深入贯彻习近平总书记关于内蒙古工作重要讲话和重要指示批示精神，坚持走生态优先、绿色发展为导向的高质量发展新路子，坚持稳中求进工作总基调，坚持以供给侧结构性改革为主线，坚持新发展理念，统筹推进稳增长、促改革、调结构、惠民生、防风险各项工作，积极抓好"六稳"工作，全区经济运行总体平稳、稳中向好。但同时也要看到，内蒙古面临的国际国内不确定性、不稳定性因素较多，经济下行压力仍较大。2020年，全区要认真贯彻落实中央经济工作会议和自治区党委十届十一次全会暨全区经济工作会议精神，围绕全面建成小康社会，聚焦短板弱项，突出重点，积极采取有效措施，坚定发展信心，推动经济高质量发展取得新成效。

一、2019年全区经济运行的基本情况及特点

初步核算，2019年前三季度，全区实现地区生产总值13266.1亿元，按可比价格计算，同比增长5.6%，比上半年提高0.1个百分点，也比2018年同期提高0.5个百分点。分三次产业看，第一产业增加值672.7亿元，同比增长1.6%；第二产业增加值5392.0亿元，增长6.8%；第三产业增加值7201.4亿元，增长5.0%。与全国国内生产总值增速的差距在逐季缩小，由2018年全年1.3个百分点的差距缩小到前三季度0.6个百分点的差距。预计全年增长5.5%左右。

（一）农牧业生产总体平稳，种植业结构不断优化

2019年，全区粮食总产量3653万吨，比2018年增加100万吨，增长2.8%，延续连年丰收的好形势。粮食播种面积超1亿亩，达1.02亿亩，比2018年增加57万亩，增长0.6%。粮食单位面积产量356.7千克/亩，比2018年增加7.8千克/亩，增长2.2%。2019年前三季度，全区猪牛羊禽肉产量170.8万吨，同比下降3.9%。其中，牛肉产量39.0万吨，增长3.7%；羊肉产量72.7万吨，增长3.8%；猪肉产量46.5万吨，下降20.6%；禽肉产量12.6万吨，增长9.8%。牛奶产量312.3万吨，增长2.2%。

（二）工业经济稳步增长，工业转型升级持续推进

2019年1—11月，全区规模以上工业增加值同比增长6.3%。六大支柱产业"五增一降"。其中，能源工业增加值同比增长5.7%，冶金建材工业同比增长13.0%，化学工业同比增长6.7%，农畜产品加工业同比增长2.0%，装备制造业同比增长20.5%，高新技术业同比下降3.3%。

工业转型升级持续推进。现代煤化工产业增加值同比增长5.9%；非煤产业增加值同比增长7.1%，快于规模以上工业0.8个百分点。制造业增加值同比增长9.0%，快于规模以上工业2.7个百分点，快于采矿业4.2个百分点，快于电力、热力、燃气及水生产和供应业3.9个百分点。其中，铁路、船舶、航空航天和其他运输设备制造业同比增长32.4%，计算机、通信和其他电子设备制造业同比增长61.8%。大部分行业、产品保持增长。统计的41个工业大类行业增长面为68.3%，228种工业产品增长面为55.0%。新产品产量增长较快。智能电视同比增长76.0%，光电子器件同比增长9.7%，单晶硅同比增长80.4%，稀土化合物同比增长26.4%，石墨及碳素制品同比增长13.1%。

企业经济效益进一步改善。1—11月，全区规模以上工业实现营业收入14674.0亿元，同比增长11.9%，增速快于全国平均水平7.5个百分点。实现利润总额1355.8亿元，同比增长3.2%，增速快于全国平均水平5.3个百分点，其中农畜产品加工业、高技术制造业利润总额分别同比增长45.5%、45.0%。工业产成品存货周转天数8.7天，同比减少1.5天，也比全国平均水平少8.6天。

（三）消费市场平稳发展，消费升级类商品较快增长

2019年1—11月，全区社会消费品零售总额6868.9亿元，同比增长4.1%。其中，城镇零售额6012.0亿元，同比增长3.8%；乡村零售额856.9亿元，同比增长5.7%，乡村零售额增速快于城镇1.9个百分点。新经济和高质量发展势头良好。通过网络实现的限额以上单位商品零售额同比增长69.6%；新能源汽车零售额同比增长30.3%。文化类和基本生活类商品零售总体向好。全区限额以上单位书报杂志类零售额同比增长46.6%；食品类增速加快，粮油、食品、烟酒类商品零售额同比增长2.1%。

（四）固定资产投资稳中有升，投资质量逐步提高

受项目到位资金情况良好、房地产开发增长较快等拉动影响，2019年1—11月，全区固定资产投资同比增长6.7%，快于全国平均水平

1.5个百分点。第二产业和第三产业投资分别同比增长10.6%、5.3%。其中，民间投资同比增长8.5%，增速比全部投资高1.8个百分点，占全部投资的比重为42.6%，同比提高0.1个百分点，也快于全国平均水平4个百分点；对全部投资增长的贡献率为53.7%。在转型升级的拉动下，工业投资高质量发展步伐加快。制造业投资同比增长10.1%；工业技改投资同比增长25.9%，较2018年同期提高2.4个百分点；高技术服务业投资、生态保护和环境治理业投资分别同比增长12.1%和19.4%。

房地产开发投资持续增长。受本期新入库项目增多、土地购置费增加拉动影响，2019年1—11月，全区房地产开发投资1026.1亿元，同比增长17.2%；全区商品房销售面积为1802.4万平方米，同比下降1.7%；商品房销售额为1120.7亿元，同比增长9.5%。

（五）进出口稳定增长，一般贸易占比超六成

2019年1—11月，全区进出口总值达到1000亿元（人民币，下同），同比增长6.5%，增速快于全国平均水平4.1个百分点。其中，出口335.0亿元，同比下降1.8%；进口665.0亿元，同比增长11.3%。从贸易方式来看，一般贸易进出口总值604.6亿元，同比增长14.7%，增速快于全国平均水平9.9个百分点，占进出口总额的比重为60.5%。与"一带一路"沿线国家进出口总值655.5亿元，占全区进出口总值的65.6%，同比增长3.5%。

（六）财政收入持续增长，金融机构存贷款稳定增长

2019年1—11月，全区一般公共预算收入1868.5亿元，同比增长9.7%。其中，税收收入1428.9亿元，增长8.5%，占比达76.5%。一般公共预算支出4226.4亿元，同比增长4.8%。民生等重点领域支出得到优先保障。全区用于民生支出2775.6亿元，占一般公共预算支出的65.7%。其中，用于科学技术支出同比增长6.5%，教育支出同比增长6.2%，卫生健康支出同比增长8.7%，节能环保支出同比增长4.7%。

截至2019年11月末，全区金融机构人民币存款余额达到24053.1亿元，同比增长2.7%，增速快于2018年同期2.1个百分点；金融机构人民币贷款余额达到23183.4亿元，同比增长5.4%，增速快于2018年同期2.4个百分点。

（七）民营经济发展势头良好，区域经济协调发展

2019年前三季度，全区民营经济增加值占地区生产总值的比重达到66.5%，有效支持了全区经济的平稳运行。1—11月，全区民营经济规模以上工业增加值同比增长9.0%，快于规模以上工业2.7个百分点，占规模以上工业增加值的比重为49.1%，对规模以上工业增加值的贡献率为66.3%，拉动规模以上工业增加值增长4.2个百分点；从消费市场看，1—11月，全区民营经济社会消费品零售额占社会消费品零售总额的比重达94.2%，同比增长4.2%；1—11月，全区民间投资同比增长8.5%。

三大区域发展协调性有所改善。2019年前三季度，呼和浩特、包头、鄂尔多斯三市地区生产总值同比增长5.2%，占全区的比重为58.1%，对全区地区生产总值增长的贡献率为58.1%；东部5个盟市地区生产总值同比增长4.3%，占全区的比重为28.5%，对全区地区生产总值增长的贡献率为23.3%；其他4个盟市地区生产总值同比增长7.6%，占全区的比重为13.4%，对全区地区生产总值增长的贡献率为18.6%。从2019年1—11月来看，呼和浩特、包头、鄂尔多斯三市规模以上工业增加值同比增长5.6%，固定资产投资同比增长4.9%，社会消费品零售总额同比增长3.6%。东部5个盟市规模以上工业增加值同比增长2.0%，固定资产投资同比增长10.4%，社会消费品零售总额同比增长4.4%。其他4个盟市规模以上工业增加值同比增长15.7%，较全区平均增速高9.4个百分点；社会消费品零售总额同比增长4.9%，较全区平均增速高0.9个百分点；固定资产投资同比增长3.8%。

（八）居民消费价格涨幅扩大，工业生产者价格稳步回升

2019年1—11月，受猪肉等食品价格上涨影响，全区居民消费价格同比上涨2.3%，涨幅比2018年同期增长0.5个百分点，但低于全国平均水平0.5个百分点。其中，城市上涨2.2%，农村牧区上涨2.6%。分类别看，八大类消费价格保持"七涨一降"格局。其中，食品、烟酒价格涨幅有所提高，同比上涨5.0%，交通和通信同比下降1.3%，衣着、生活用品及服务、医疗保健等其他类价格涨幅基本保持稳定。2019年1—11月，全区工业生产者出厂价格同比上涨2.0%，涨幅与上半年持平。全区工业生产者购进价格同比上涨1.0%，涨幅较上半年增加0.4个百分点。

（九）城乡居民收入稳定增长，居民生活质量稳步提高

2019年前三季度，全体居民人均可支配收入22463元，同比增长7.5%，与上半年持平。按常住地分，城镇居民人均可支配收入30808元，同比增长6.6%；农村牧区居民人均可支配收入10153元，同比增长9.3%，比上半年提高0.4个百分点，也比全体居民人均可支配收入高1.8个百分点。城乡居民收入差距进一步缩小。城乡居民人均可支配收入比值为3.03，比2018年同期缩小0.08。居民生活消费升级。2019年前三季度，全体居民生活消费人均支出15150元，同比增长7.2%，比上半年提高2.5个百分点，其中用于教育文化娱乐支出同比增长11.2%、医疗保健支出同比增长10.0%。

（十）供给侧结构性改革持续推进，去降补效果显现

微观杠杆率下降。2019年11月末，全区规模以上工业企业资产负债率为61.0%，同比降低2.3个百分点。商品房库存减少。11月末，全区商品房待售面积1093.8万平方米，同比下降15.1%。企业成本低于全国平均水平。1—11月，规模以上工业企业每百元营业收入中的成本为79.7元，低于全国平均水平4.5元。补短板领域行业增长较快。1—11月，交通运输、仓储和邮政业投资同比增长12.2%，生态保护和环境治理业投资同比增长19.4%。

二、全区经济运行中存在的主要问题

总的来看，2019年全区经济运行总体保持平稳，高质量发展稳步推进，但同时应看到，经济运行中也存在一些短板弱项问题。

（一）创新驱动乏力，科技投入不足

我国经济已由高速增长阶段转向高质量发展阶段。但内蒙古依靠要素驱动发展带来的问题日益显现，科技人才缺乏、创新活力不足、创新主体薄弱等问题制约着实现高质量发展的步伐。对创新驱动发展认识不到位的现象依然存在，目前全区研究与试验发展经费投入强度0.75%，仅为全国平均水平的1/3，盟市财政科技投入严重不足，服务能力弱化。

（二）工业增长的基础不稳固，产业转型升级步伐相对缓慢

2019年8月以后，全区工业生产已连续3个月增速回落，规模以上工业增加值增速由1—8月的同比增长8.2%回落至1—11月的6.3%，回落1.9个百分点。受煤炭产能提前释放和下游市场需求不足、化工产品及钢铁价格持续下降影响，下行压力仍较大。存在的主要问题如下：

一是资源型初级产品特点明显。受资源能源等上游行业的依赖度较强影响，市场价格稍有波动，对企业效益影响较大。规模以上工业企业利润总额增速由今年一季度增长11.7%回落至3.2%。

二是部分重点产业增长趋缓。从六大支柱产业看，2019年1—11月与前8个月相比，除装备制造工业增速呈现上升态势，其他五大产业均呈现回落，其中能源工业、冶金建材工业、化学工业、农畜产品加工业增速分别回落2.1个百分点、1.4个百分点、3.2个百分点和0.4个百分点，特别是高技术业2019年一直呈现负增长。

三是产业转型升级步伐相对缓慢。2019年1—11月，高技术制造业、现代煤化工产业、稀土行业的增加值分别占规模以上工业的比重仅为1.2%、1.5%、1.0%。

（三）投资短板比较明显，有效投资不足

一是项目储备不足且规模较小。随着现有亿元以上项目的逐步完工，新开工项目提供的支撑力度逐渐减弱。2019年1—11月，全区施工项目和本年新开工项目平均规模分别为2.7亿元和1亿元，分别为2018年全年的79.4%和76.9%。

二是基础设施等领域有效投入不足，转型升级类投资比重小。1—11月，全区基础设施投资同比仅增长0.6%，低于全国平均水平3.4个百分点；高技术产业投资同比下降7.3%，占全部投资比重仅为4.3%，其中，高技术制造业投资下降35.0%，占全部投资比重仅为1.2%；工业技改投资占全部投资的比重仅为6.4%。

（四）现代服务业发展仍需加快，消费市场增长乏力

从发展的走势看，全区金融、旅游、信息等现代服务业及一些消费升级类商品均实现较快增长，但占比均较小。内蒙古第三产业增加值增速6年来均低于全国平均水平，排在全国后5位。一是新兴服务业占第三产业比重不足全国一半。二是社会消费品零售额增速自2013年以来一直低于全国平均水平，差距由2013年的1.4个百分点逐步扩大到2019年1—11月的3.9个百分点。分析原因：一方面，收入水平低制约消费增长。近两年，全区城镇居民人均可支配收入增速低于全国平均水平，与全国差距从2017年前三季度的431元扩大到2019年前三季度的1131元。另一方面，消费市场外溢影响较大，网购、电商等新消费业态净流出不断扩大，对全区传统购买力分流明显，网上卖出商品占买入量的1/3。牛奶、羊肉、羊绒等全国产量第一的特色农畜产品没有完全释放出绿色品牌的独特优势。

（五）能源消费增速回落，但节能降耗形势仍严峻

2019年1—11月，全区规模以上工业综合能源消费量（以下简称"能耗"）消费量达19598万吨标准煤，同比增长10.6%，较2018年同期回落3.3个百分点。全区累计能耗，2019年以来除5月增长9.7%，其他月份增长均超过10%。全区年度能耗总量与强度"双控"目标完成形势不容乐观。仍存在资源利用效率不高、科技含量低而形成的高耗能低产出等突出问题。1—11月，七大高耗能行业能源消费量占规模以上工业企业能源消费量的95.0%，但其产出的工业增加值仅占45.5%。其中，电力、化工两大行业能源消费占到57.9%，但增加值仅占26.6%。由此可见，高耗能产业消耗了九成以上的能源，仅贡献了近

五成的工业增加值。

三、2020年经济发展走势判断

2020年，全区经济发展面临的形势依然复杂和严峻。从国际看，国际货币基金组织预计到2020年，贸易紧张局势将会使全球经济累计下降0.8个百分点。从国内看，我国正处在转变发展方式、优化经济结构、转换增长动力的攻关期，结构性、体制性、周期性问题相互交织，经济下行压力加大。但经济稳中向好、长期向好的基本趋势没有改变，2020年是全面建成小康社会和"十三五"规划收官之年，坚持稳字当头，坚持宏观政策要稳、微观政策要活、社会政策要托底的政策框架，提高宏观调控的前瞻性、针对性、有效性，这些举措将有助力保持经济实现量的合理增长和质的稳步提升。从内蒙古的情况看，经济发展的环境依然复杂和严峻，实体经济困难增多，市场需求和预期不稳，中美贸易摩擦的不确定性以及可能带来的滞后影响，经济下行压力仍然较大。但全区经济发展的基本面没有改变。随着国家一系列稳增长利好政策效应进一步释放，自治区将深入实施创新引领战略，深化供给侧结构性改革，着力改善营商环境，深入推进"放管服"改革，扎实推进高质量发展。同时，聚焦全面建成小康中的民生领域、生态环境、基础设施、文化建设等领域的突出短板，将采取有效政策，这些政策效应将逐步显现，支撑经济增长的积极因素增多，将会有利于进一步激发经济发展活力。综合研判，2020年全区经济运行将保持总体平稳、稳中有进的发展态势，预计全年经济增长5.5%左右。

四、对策建议

2020年，全区坚持以习近平新时代中国特色社会主义思想为指导，全面贯彻落实党的十九大和十九届二中、三中、四中全会精神，认真贯彻习近平总书记关于内蒙古工作重要讲话、重要指示批示精神,贯彻落实中央经济工作会议和自治区党委十届十一次全会暨全区经济工作会议精神,坚持稳中求进工作总基调,坚持新发展理念,坚持以供给侧结构性改革为主线,坚持以改革开放为动力,抓好"六稳"工作,统筹推进稳增长、促改革、调结构、惠民生、防风险、保稳定,保持经济运行在合理区间,聚焦全面建成小康社会短板精准发力,保障改善民生、扩大有效投资、挖掘消费潜力、改善营商环境,确保全面建成小康社会和"十三五"规划圆满收官。

(一)强化创新驱动,推动产业迈向中高端

强化创新驱动引领。实施好"科技兴蒙"行动。一方面,调度区外优秀科技成果、科技人才等资源与区内各类创新主体实现有效对接,实现互补共赢,为推动产业转型注入创新动力。另一方面,深化科技体制机制改革,营造良好的科技创新环境,加大政府创新投入,推动科技与金融的紧密结合,促进创新链、产业链与市场需求的有机衔接。

一是做大做强特色优势产业,在大规模储能、石墨烯、稀土、氢能等领域,支持创新共同体联合组织前沿技术攻关,培育创新主体,激发企业加大研发投入力度,不断提升企业创新创造力,实施高技术企业培增行动,努力在发展高新技术产业、战略性新兴产业等方面取得新进展,不断推进产业结构优化升级。

二是处理好资源性产业与非资源性产业协调发展的关系,走出一条依托资源而不依赖资源发展的新路。通过实施自主创新和技术改造,增加传统产业的技术含量,对标世界或国内一流先进水平,找差距、定措施,使得这些传统产业不断涌现出新的好产品,做到降排放、降能耗、降成本、增效益。

三是以提升重点产业技术水平和层次、培育新兴产业为导向,强化创新驱动,增加产业的科技含量,以技术跨越带动产业优化升级。

四是深化"放管服"改革,探索实施更加灵活的鼓励发明创造的体制机制,引导激励科研人员潜心研究、大胆创新,努力提升我区的发明创新能力。发挥财政资金的"撬动效应",引导科研事业机构加

大研发投入力度，拥有更多的自主知识产权，加快科技成果向现实生产力转化，建设宏大的创新型科技人才队伍，形成长期竞争优势，为经济发展方式转变提供强有力的科技支撑。

（二）加快产业结构转型步伐，坚持不懈抓实体经济

以创新引领推动传统产业转型升级，立足能源资源优势，延长产业链条，鼓励企业加大自主研发、技术改造等领域的投入力度；在煤化工延伸、稀土行业、绒毛肉奶、种子工程等"人无我有"领域，发挥引领带动作用。加快推进先进制造业和现代服务业深度融合，努力改变"四多四少"状况。以创新为抓手推动产业转型升级，构建多元化发展、多极支撑的现代产业体系。积极培育工业经济新增长点。进一步加强重点企业运行情况监测调控力度，对企业经营中遇到的困难和问题，积极应对，妥善解决。继续落实好减税降费政策措施，综合采取财政补贴、税收抵扣、贷款贴息、加速折旧等多种方式，为工业企业"减压降负"，激发工业企业的发展信心。优化金融对实体经济扶持的体制机制，完善信用体系建设，鼓励实体经济诚信经营。充分利用央行降准等有利时机，引导更多信贷资金流向实体经济，加强对中小微企业的资金支持。特别要加大对高新技术企业的招商引资力度，引进发达地区的先进生产力和人才，助力内蒙古地区产业转型升级。

（三）抓项目建设，扩大有效投资

聚焦基础设施、产业发展、科技创新、生态环境、公共服务等领域，加强重大项目储备实施，切实提高项目储备数量和质量。加强重点行业投向引导，优化投资结构，增加工业技改投资，协调解决各方面存在问题，推进在建项目加快实施。积极协调用好政府专项债券资金，抓好存量资产变现，有效吸引民间资本，确保资金随项目建设进度及时拨付，有效降低企业融资成本，实施常态化政金企对接服务机制，加强项目融资精准对接。加快推进政府与社会资本合作，优化投资环境，降低投资成本，引导民间投资实现多元发展。下大力抓营商环境，持续施策解决制约全区发展的营商环境问题，吸引更多区外资金和产业进入内蒙古。

（四）深挖有效需求，促进消费增长

进一步提振服务业发展活力。继续完善支持现代服务业发展的政策措施；鼓励引导引入企业发展现代服务业；要深化与周边、发达地区的对接合作，加大绿色品牌电商网络销售，推动更多"蒙字号"优质产品"走出去"，提升品牌知名度；同时要将总部在外的产业活动单位争取在当地注册落户，包括大数据企业、集团公司等。

推动重点消费品更新升级，深入挖掘消费新领域，创新发展文化旅游消费，加大宣传推广力度，带动商品和住宿餐饮消费；大力发展现代服务业，在服务贸易、设计咨询、电子商务、新兴消费等领域培育发展一批特色集聚区和产业集群。顺应商业变革和消费升级趋势，如改造提升商业步行街吸引力，发展夜间经济、智能消费等新增长点。增强本地的服务、消费供给能力，增强居民消费能力，顺应居民消费升级趋势，促进供给升级，引导居民消费实现线上和线下相融合，促进引导消费回流。挖掘培育新消费热点，紧跟当前服务消费的发展趋势，丰富全区服务产品的种类，改善消费环境，提高产品和服务质量，推动传统商业综合体转型发展。抓好现代服务业发展，加快促进服务消费。扩大文化旅游市场消费，壮大文化旅游市场，增加娱乐、购物等在旅游消费中的比重，提升旅游综合消费水平，建成一批有影响、有实力的文化旅游产业融合示范基地。

（五）加强生态保护建设，推动绿色发展

一是坚持打赢污染防治攻坚战。把打好蓝天保卫战作为重中之重，进一步加大污染防治力度，持续加大大气、水、土壤污染防治工作力度，提高大气污染防治水平，推进"散污乱"企业、工业炉窑等的综合治理，加强重点流域水污染防治，推进"一湖两海"生态环境综合治理，加强土壤环境监管。

二是加强生态系统保护建设。强化土地沙化荒漠化防治，严格保护、科学利用水资源,按照《关于贯彻落实习近平总书记黄河流域生态保护和高质量发展座谈会重要讲话精神先期工作分工方案》要求加快推进相关工作,开展黄河内蒙古段生态环境保护和修复工作,加强重点地区、重点行业、重要支流污染治理,助推产业集聚集约集群发展。

三是着力提升资源产出水平。加强能耗"双控",既要尽力而为,又要实事求是,严控高耗能产业盲目扩张,新建电石、铁合金、电解铝项目必须达到国家新进标准或行业先进水平,推进重点领域清洁生产审核和园区循环化改造。加强优势资源就地转化率,提升能源资源综合利用效率,同时健全完善绿色发展差异化等考评机制。

(六)推动区域协调发展,用好用足政策红利

优化资源要素配置和国土空间规划布局,建立健全区域协调发展体制机制,推动形成优势互补的差异化协调发展局面。推动集中集聚集约发展,调整优化工业园区布局,加快形成布局合理、错位发展、功能协调的园区发展新格局;打造区域增长带动带,用好用足东北全面振兴、西部大开发、沿黄经济带和高质量发展等国家区域政策,统筹东、中、西部,依据区位特点、资源禀赋、产业基础,分区施策,更加注重生态优先、绿色发展,发挥各地比较优势,促进各类要素合理流动和高效集聚,提高资源配置效率,构建全区高质量发展新的活跃的增长极和动力源。

(七)切实提高城乡居民收入水平,实现共享发展

坚持以人民为中心的思想,实施积极稳定和扩大就业各项政策措施,深入实施职业技能提升行动,开展订单式、定向式、定岗式培训,提高劳动者的就业能力;强化公共就业服务,促进重点群体就业,大力促进中小企业、民营经济、各类服务业加快发展,切实解决就业岗位供给不足的问题。要像抓强区一样抓富民,随着经济的平稳发展和企业经济效益的改善,要及时采取措施提高城乡居民人均可支配收入特别是城镇居民的收入水平,确保到2020年城乡居民收入实现翻番目标。完善企业职工养老金自治区统筹，实施全民参保计划，完善扩大社会保险覆盖面激励机制，努力做到应保尽保，提高城乡居民养老保险基础养老金标准，调整退休职工养老金等，让各族人民群众共享改革发展带来的实实在在的成果，切实增强群众的获得感、幸福感和安全感。

作者单位：内蒙古自治区统计局
责任编辑：焦志强

经济篇

内蒙古农牧业发展形势

摘要：2019年，自治区党委农牧办、农牧厅认真贯彻习近平总书记重要讲话和重要指示批示精神，按照自治区党委、政府"三农三牧"工作部署，坚持稳中求进的工作总基调，各项硬任务扎实落实、成效显著。2020年，将继续坚持以习近平新时代中国特色社会主义思想为指导，以实施乡村振兴战略为总抓手，坚持农牧业农村牧区优先发展，对标全面建成小康社会"三农三牧"工作硬任务，深入实施全区农牧业农村牧区高质量发展十大行动计划，稳住农牧业农村牧区稳中有进的好势头，为全社会经济持续健康发展打下坚实基础。

关键词：三农三牧；稳中求进；高质量发展

乡村振兴各项重点工作全面推进，农村人居环境整治工作梯次展开，产业振兴扎实有效，乡村治理、乡风文明建设取得积极进展。粮食生产再获丰收，粮食产量达到365.3亿千克，新增10亿千克，畜牧业生产稳中有进、质价双升，肉类总产量预计达260万吨左右，农畜水产品质量安全监测总体合格率继续保持在97%以上。前三季度，第一产业增加值672.7亿元，同比增长1.6%；农村牧区居民人均可支配收入10153元，增长9.3%，继续保持"两个高于"。粮改饲、畜禽粪污资源化利用、基层农技推广改革与建设补助、渔业绿色发展等工作在农业农村部考评中名列前三或优秀。

一、2019年主要工作及取得的成效

（一）乡村振兴战略扎实推进

一是组织全区深入学习贯彻《习近平关于"三农"工作论述摘编》《中国共产党农村工作条例》，组织召开3次自治区党委农村牧区领导工作小组会议，举办学习贯彻《中国共产党农村工作条例》暨推动农牧业高质量发展专题培训班，谋划推动乡村振兴战略实施、农牧业高质量发展、农村牧区人居环境整治、乡村治理等重点工作，向党中央和自治区党委报告乡村振兴战略实施情况。健全运行机制，制定领导小组工作规则和办公室工作细则，建立各盟市各部门联络员制度，编印乡村振兴信息专刊6期，在农牧厅官网开辟宣传专栏。

二是加强政策研究制定，起草《关于坚持农牧业农村牧区优先发展切实做好"三农三牧"工作的实施意见》，印发"五个振兴"实施方案、关于加强和改进乡村治理的实施意见、自治区质量兴农兴牧战略规划、乡村振兴战略规划和自治区党委一号文件分工方案，研究制定了自治区加快推动农牧业高质量发展的意见、《中国共产党农村工作条例》实施办法。

三是加强督导考核，修订自治区实施乡村振兴战略考核办法，对各盟市2018年度工作情况开展了考核，会同党委督查室对各盟市落实中央和自治区党委2019年一号文件情况进行了督查，配合中央一号文件督查组在我区开展督查工作。

四是"五大振兴"扎实推进，形成奶产业、玉米产业2个千亿级，肉羊、肉牛、羊绒、马铃薯、小麦、杂粮杂豆、向日葵、蔬菜和饲草产业9个百亿级产业。9个盟市纳入全国"雪亮工程"示范城市和试点建设城市；嘎查村"一肩挑"比例达到39.51%。91%的嘎查村制定修订了村规民约，村庄绿化率达到22.1%，3个乡镇、30个嘎查村入选全国乡村治理示范村镇。

（二）农牧业生产稳步发展

一是粮食生产实现"十六连丰"。全区农作物总播面积13177.2万亩，增幅2.7%，粮食播种面积10242万亩，增幅0.56%，总产量达到365.3亿千克。划定粮食生产功能区5295万亩和重要农产品生产保护区1300万亩。实施轮作试点项目600万亩，进一步压减"镰刀弯"冷凉、干旱地区籽粒玉米种植面积23万亩，青贮玉米、大豆、苜蓿种植面积分别达到1520万亩、1668万亩、800万亩，人工种草保有面积达到5787万亩，全区粮经饲比例达到65.9：18.3：15.8。

二是畜牧生产实现"十五连稳"。前三季度全区牛、羊分别出栏245.6万头、4465.6万只，出栏总体好于同期水平，预计肉类总产量达到260万吨左右。实施奶业振兴行动计划，召开全区奶业振兴工作推进会，支持270个中小养殖场规模化、标准化发展及奶产业强镇建设。三聚氰胺事件以来，奶业首次实现恢复性增长，奶牛存栏同比增长7.57%，达到121万头。截至第三季度，牛奶产量达到312.3万吨，同比增长2.21%。在非洲猪瘟疫情影响的情况下，在保证全区猪肉自给的同时，净调出生猪36.7万头，预计外调牛羊肉140万吨，为保障国家猪肉稳价保供做出贡献。

三是主要农畜产品价格稳中有升。11月20日，羊肉平均价格每千克72.53元，牛肉平均价格每千克70.59元，同比分别上涨20.72%、16.62%。农牧民经营性收入增长较快，带动了农牧民稳步增收。

（三）农村牧区人居环境整治进展有序

一是在全域开展"厕所革命"的基础上，启动农村牧区人居环境整治"十县百乡千村"示范工程，按一类、二类、三类县梯次推进，牵头制定农村牧区人居环境整治5项指导意见和8项技术指南，新建和改造提升卫生户厕21.19万户，预计年底卫生厕所普及率提高6.3个百分点，达到22.4%以上。

二是开展春季、夏季两场清洁行动战役，共清理农村生活垃圾98.7万吨、村内水塘2573口、村内沟渠2.6万千米，清理残垣断壁3.7万处，村庄环境切实改善。

三是会同有关部门推动垃圾污水治理，1280个行政村生活污水得到有效治理，清理非正规垃圾堆放点926个，7547个行政村的生活垃圾得到治理。西乌珠穆沁旗脑干哈达嘎查入选中国美丽乡村建设十大模式典型案例。

（四）产业化水平稳步提升

一是实施农畜产品加工业提升工程。聚焦产业链延伸、价值链提升，继续加强政策支持，全区销售收入500万元以上农畜产品加工企业预计实现销售收入3570亿元，增长7.5%；完成增加值1002亿元，增长7.6%；农畜产品加工转化率预计达到64%；新增国家级龙头企业8家，达到46家，自治区级重点龙头企业达到600家。

二是聚焦乡村特色产业和产业融合发展。支持9个乡镇苏木开展农牧业产业强镇示范建设，支持22个旗县实施优势特色主导产业示范乡镇项目。实施休闲农牧业和乡村旅游精品工程，新增最美休闲乡村9个，新增10个国家"一村一品"示范村镇，达到82个，自治区"一村一品"专业村镇达到718个；成功举办第三届内蒙古农村牧区创业创新大赛，展示了自治区农牧民创业创新成果，激发了农村牧区创业热情，增添了农业农村发展新动能。

三是设立担保风险补偿金4000万元。强化资金管理，积极开展融资担保，为农牧企业融资担保贷款金额1亿多元，有效推动解决了融资难、融资贵等问题。

（五）农牧业发展质量切实提高

一是实施农牧业新型经营主体和标准化生产行动提升行动。新型职业农牧民达到9.5万人，家庭农牧场达到1.9万个，农牧民专业合作社达到8.1万个，主推绿色生产标准和技术规范221项，带动小农牧户按标生产，农作物标准化面积达到6145.6万亩，标准化养殖存栏达到3838.8万头只。

二是落实藏粮于地，藏粮于技。实施农业高效节水行动，新增高标准农田任务500万亩和高效节水面积215万亩，分别位居全国第三、第二位，已建成高标准农田建设144.1万亩，全部为高效节水灌溉面积，全区高标准农田、高效节水灌溉面积达到3867万亩、2755万亩。

三是实施科技支撑行动。强化供种能力，审定主要农作物新品种109个，四子王旗、察右前旗和牙克石市被确定为国家马铃薯制种大县，建设高标准良种繁育基地30万亩。区内培育的2头荷斯坦种公牛排名进入国际前一百名，5头进入国内前二十名，乳肉兼用西门塔尔牛、三河牛种公牛质量继续提升。积极落实白绒山羊、双峰驼、乌珠穆沁羊国家保种任务，启动1.5万匹蒙古马保护工作。农业综合机械化水平达到85%，预计高出全国15个百分点。农牧业科技进步贡献率达到55%以上。我区获得2016—2018年度全国农牧渔业丰收奖25项，其中玉米浅埋滴灌节水控肥增效等4项工作获得一等奖。

（六）农牧业绿色发展进程加快

一是扎实推进畜禽粪污资源化利用，支持2854个规模养殖场建设粪污处理设施，在57个畜牧旗县整县推进畜禽粪污资源化利用，全区畜禽粪污综合利用率达到78%以上，规模养殖场粪污处理设施装备配套率达到93.50%，提前完成《内蒙古自治区乡村振兴战略规划（2018—2022年）》任务目标。

二是有效开展秸秆综合利用和地膜回收，2019年全区新增转化利用秸秆230万吨，预计秸秆综合利用率达到84.5%；15个旗县实施废旧地膜回收利用示范县项目，预计地膜回收率达到72%。

三是继续推进控肥、控药、控水、控膜"四控"行动，推广测土配方施肥技术11459万亩，同比增长12%；全区化肥使用量约217.72万吨，减幅2.3%；农药使用量约1.94万吨，减幅2.5%，继续保持负增长；现有节水面积预计实现节水1.5亿立方米以上。

四是持续推动"一湖两海"农牧业面源污染综合防治，组织编制了《"一湖两海"农业面源污染综合治理实施意见》，启动实施呼伦湖移民二期工程，流域内化肥农药使用量继续负增长，畜禽粪污综合利用率达到81.64%，高于全区2.75个百分点。

五是推进养殖水域滩涂规划编制发布，发展水产生态健康养殖，加强水生生物疫病防控，放流各类鱼类苗种7000万尾，水域生态环境切实改善。

（七）农牧业品牌建设进一步加强

一是实施农牧业品牌提升行动计划，以天赋河套、兴安盟大米、赤峰小米等区域公用品牌和"蒙字号"品牌为重点，成功举办第七届内蒙古绿色农畜产品博览会、"内蒙古味道"——内蒙古绿色农畜产品展览交易会等，积极参加各类产销对接活动，让"内蒙古味道"香飘万里，各类展会现场签约近2亿元。锡林郭勒羊肉、科尔沁牛、乌兰察布马铃薯、兴安盟大米、河套向日葵、赤峰小米、呼伦贝尔草原羊肉、鄂托克阿尔巴斯绒山羊、乌海葡萄、达茂草原羊、敖汉小米等11个特色农产品区域公用品牌入选2019中国农业品牌目录。

二是推进落实特优区建设，锡林郭勒草原肉羊、科尔沁牛、乌兰察布马铃薯、阿尔巴斯绒山羊、赤峰小米、河套向日葵获得中国特色农产品优势区认定，启动了内蒙古自治区特色农畜产品优势区申报工作。

三是积极推动"三品一标"认证，用标企业达到1222家，产品总数3623个，总产量1400多万吨，产品监测合格率稳定在99%以上，有机产品产量居全国第一，进一步筑牢品牌根基。

（八）农村牧区重点领域改革顺利推进

一是开展土地承包经营权确权登记颁证"回头看"。已完成确权家庭承包耕地面积98%，颁证率达到94%，85%的旗县区数据库全部汇交农业农村部。

二是农村牧区集体资产产权制度改革有序推进。清产核资工作基本完成，11222个嘎查村完成清产核资和数据录入。68.9%的嘎查村完成集体经济组织成员确认，确认成员569万人。巴彦淖尔市、包头市、和林格尔县、巴林左旗国家第三批农村集体产权制度改革试点已基本完成，94%的试点嘎查村建立了集体经济组织。

三是农企利益联结机制不断深化。建设农牧业产业化联合体320家，带动农牧业企业553个、农牧民合作社1780个、家庭农牧场820个，与13万以上的农牧民形成紧密联系。农（牧）企利益联结机制比例稳定在82%以上，紧密型利益联结机制比例达到54%。

四是国有农牧场企业化改革稳步推进。73个国有农牧场进行了公司化改造，初步建立了现代企业制度。

（九）产业精准扶贫扎实推进

实施农牧业产业精准扶贫行动，深入开展扶贫巡视整改，预计年内可实现6.5万人脱贫。

一是强化顶层设计。修编完善57个旗县产业扶贫项目规划，细化20项务实管用的政策措施，召开全区产业精准扶贫政金企对接会和产业精准扶贫现场会，实现投放贷款119.8亿元。

二是聚力产业发展。向贫困旗县倾斜农牧业产业发展资金超过140亿元，支持强劳力贫困户发展肉羊、肉牛、马铃薯、玉米等优势主导产业。健全减贫带贫机制，指导贫困旗县创建农牧业产业化联合体152家，带动1.58万户建档立卡贫困户发展。

三是加大产销对接力度。北京市扶贫双创中心内蒙古馆开业运营，有22家贫困地区京东特产馆上线运营，有15个贫困旗县与首农集团签订直采业务，建设委托加工和直采基地11个，贫困地区线上销售农畜产品超过20亿元。

四是强化技术服务。组建三级专家团队230个，选聘12214名产业发展指导员，对20个待摘帽旗县开展科技包联服务，累计开展培训班3881期，培训指导贫困户32.8万户次，进一步增强了产业扶贫精准度。

（十）切实守好农畜产品质量安全底线

一是非洲猪瘟有效防控。果断规范处置了大兴安岭重点国有林管局野猪非洲猪瘟疫情，累计排查生猪6.4亿头次，监测样品8.2万份，备案生猪等动物运输车辆2618辆，在交通路口设卡505个，查扣并扑杀、无害化处理来自疫区的生猪1551头，全区生猪屠宰环节非洲猪瘟自检和官方兽医派驻"两项制度"落实100%，有效防止疫情扩散。

二是动物防疫能力有效提升。免疫动物5.7亿头只次，口蹄疫等重大动物疫病监测247万头份，合格率均达70%以上。及时有效处置了巴林左旗牛口蹄疫疫情和呼伦贝尔市马流产疫情。配合卫健部门处置了额济纳旗人感染H7N9疫情。全面做好鼠疫疫情防控工作，在发生鼠间疫情的盟市及时开展畜间流行病学调查和排查。

三是实施农畜产品质量安全监管能力提升行动。建设214个标准化乡镇监管站，杭锦后旗等6个旗县被认定为国家级农产品质量安全县，推行农畜产品质量安全追溯挂钩机制，累计出动执法人员8.7万余人次，销毁问题产品1.16吨，定量监测农畜产品1.66万批次，全区农畜水产品监测总体合格率连续7年稳定保持在97%以上。

（十一）积极推进依法行政

一是农牧业立法工作取得成效。自治区第十三届人大第十三次会议修订通过《内蒙古自治区农作物种子条例》《内蒙古自治区耕地质量管理条例》。配合自治区人大法工委开展《中华人民共和国动物防疫法》《内蒙古自治区动物防疫条例》实施情况检查。

二是落实依法治区要求。深化简政放权，创新监管方式，推行行政执法"三项制度"，压减92项审批权力，压减率78.63%，实现59项政务服务事项在线办理，全面推行"双随机、一公开"监管。

三是出台执法机构改革方案。指导推进盟市、旗县区两级农牧业综合行政执法改革，进一步理顺体制机制。

（十二）认真做好专项整治工作

切实提高政治站位，深入贯彻落实习近平总书记重要指示批示精神和中央重大决策部署，专项工作取得积极成效。

一是"大棚房"问题清理整治圆满收官。按时完成25447个、6390.11亩"大棚房"问题清理整治任务，并向党中央、国务院报告，得到国家核查组的肯定。

二是持续推进"一湖两海"面源污染防治。乌梁素海周边实现控肥6956吨、控药65.5吨，岱海周边新增高效节水改造1.43万亩，呼伦湖核心区实施禁牧50万亩，"一湖两海"周边14个旗县畜禽粪污资源化利用率和规模养殖场粪污处理设施装备配套率平均达到81.64%和97.61%，分别超过年度目标8.64个百分点和7.61个百分点。

三是农牧业领域扫黑除恶专项斗争有力推进。开展专项行业整治676次，督导检查586次，切实维护了农村牧区社会稳定。

四是"十个全覆盖"工程拖欠工程款全部清偿。全区12个盟市化解落实149.25亿元年度任务已全部完成，农牧民工工资得到保障。

二、2020年重点工作安排

（一）目标任务

粮食产量稳定在350亿千克左右，肉类产量稳定在260万吨左右，改造农村牧区卫生厕所30万户，农畜产品质量安全总体合格率稳定在97%以上，确保不发生重大农畜产品质量安全事件，确保不发生区域性重大动物疫情。

（二）重点工作

一是扎实推动农牧业高质量发展。贯彻落实习近平总书记2019年7月考察内蒙古重要讲话精神，制定出台《关于加快推动农牧业高质量发展的意见》和2020年农牧业农村牧区高质量发展十大行动，建设以东部产粮区优势玉米、阴山北麓优势产区马铃薯、中东部优势养殖区肉牛、草原牧区肉羊等优势产业为重点的16个特色农畜产品产业带。大力培育奶产业和玉米产业2个千亿级，肉羊、肉牛、羊绒、马铃薯、小麦、杂粮杂豆、向日葵、蔬菜、饲草、沙产业10个百亿级的产业集群，推动黄河流域生态保护和农牧业高质量发展，进一步优化农牧业区域布局和生产结构。

二是增加优质绿色农畜产品供给。实施农业高效节水行动，在51个主要粮油生产旗县推进高标准农田建设，在河套平原、土默川平原和西辽河平原开展中重度盐碱地改良试验示范，进一步夯实粮食生产能力。深入实施农牧业品牌提升和农畜产品质量监管能力提升行动，继续培育壮大"蒙字号"和区域公用品牌，强化质量安全监管，让更多"蒙字号"品牌走向全国、走向世界。

三是强化农牧业科技支撑。实施现代种业提升工程，重点支持育种创新、种质资源保护、品种测试和制（繁）种等建设，建设一批以优势作物为主的农作物良种繁育基地，实施奶牛、肉牛、肉羊育繁推一体化示范项目，着力提升整体农畜产品品质。聚焦农业"四控"和农牧业生产废弃物综合利用，聚焦"厕所革命"、奶业振兴、盐碱地改良等重大领域、重大项目、重大工程，加强对关键环节、关键技术科技攻关。

四是严守农畜产品质量安全底线。重点抓好非洲猪瘟、布病、口蹄疫等重大动物疫病防控，继续强化农畜产品质量安全监管，确保不发生重大农畜产品质量安全事件。

五是扎实推进产业精准扶贫。指导贫困旗县立足资源禀赋和产业基础，进一步完善产业扶贫规划，着力推进特色产业提升、完善扶贫带贫机制、加强技能培训、提高集体经济水平、深化京蒙扶贫协作等重点工作，强化产业指导服务，巩固脱贫攻坚成果。

六是深入开展人居环境整治。深入学习领会习近平总书记关于改善农村人居环境的重要指示批示精神，先易后难、因地制宜、分类施策，继续实施人居环境整治"十县百乡千村"示范行动，扎实推进"厕所革命"、农村牧区垃圾污水处理、畜禽养殖废弃物资源化利用、村容村貌整治提升等工作，强化工作举措，加大推进力度，充分调动农牧民的积极性、主动性，确保完成农村牧区人居环境整治三年行动目标。

七是加强乡村治理体系建设。深入贯彻落实党的十九届四中全会精神，以国家级乡村治理体系试点县、示范村镇建设为重点，切实发挥村民自治组织作用，深入推进农村移风易俗，努力实现村内事务村民议村民定、村民建村民管。持续推进平安乡村、法治乡村建设，着力维护农村社会稳定，推进乡村治理体系和治理能力现代化。

八是深入推进农村牧区综合改革。聚焦家庭农牧场、农牧民合作社培育力度，增强发展活力，提升服务带动小农牧户发展的能力。加快农村牧区集体经济组织成员身份确认、股权设置和嘎查村股份合作社成立进程，着力发展壮大集体经济。深入推进农村牧区承包地确权登记颁证"回头看"工作，推动证书发放到户，确保完成应确尽确、应发尽发目标。

供　　稿：邢　瑞　内蒙古自治区农牧厅
责任编辑：刘小燕

内蒙古工业发展形势

摘要：2019年，内蒙古坚持稳中求进的工作总基调，坚持以供给侧结构性改革为主线，扎实落实"八字方针""六稳措施"，加强政策研究和运行分析，努力降低企业用电成本，加快新旧动能转换，强化工业节能降耗，稳步推进智能化改造，实现两化深度融合，全区工业运行总体平稳向好，投资增速大幅回升，企业效益水平总体改善。2020年，围绕贯彻落实习近平总书记对内蒙古重要讲话和重要指示批示精神，坚持生态优先、绿色发展理念，持续稳增长、调结构、促转型，提升工业发展质量效益，逐步构建现代化工业体系，推动工业高质量发展不断取得新进步。

关键词：总结经验；形势分析；推动落实；高质量发展

一、2019年全区工业经济运行总体保持稳定

2019年，面对严峻复杂的经济形势，我们认真贯彻习近平总书记对内蒙古重要讲话和重要指示批示精神，按照自治区党委、政府决策部署，坚持稳中求进的工作总基调，着力在落实"八字方针""六稳措施"上狠下功夫，主动作为，攻坚克难，全区工业运行总体保持稳定向好态势。1—11月，全区规模以上工业增加值增长6.3%，同比回落1个百分点；工业固定资产投资增长10.4%，同比加快30.2个百分点。预计全年规模以上工业增加值增长6.0%左右，工业投资增长10%左右。一年来，我们主要做了以下工作：

（一）落实习近平总书记对内蒙古重要讲话和重要指示批示精神，完善政策体系，促进工业高质量发展

产业发展上，在2018年出台新兴产业高质量发展实施方案的基础上，2019年又制订了传统产业高质量发展实施方案，基本上形成了促进全区工业高质量发展较为完整的政策体系。明确了六大新兴产业、四大传统产业的发展方向和重点任务，提出实施科技创新、绿色制造、园区振兴、专精特新、两化融合的五大工程和延链补链、质量提升、数字化改造、服务型制造、过境资源落地加工的5个专项行动及40条配套政策措施。园区发展上，突出效率效益指标，把单位面积投资强度、单位面积产出率、能耗、排放、水耗等作为重要考核评价指标，建立了促进工业园区高质量发展的考核评价体系。

（二）落实国家减税降费清欠政策，提高电力市场化水平，努力减轻企业负担

减税降费清欠方面，贯彻落实国家各项减税降费清欠政策措施。1—10月，新增减税降费486.2亿元。前11个月，清欠民营企业债务614.1亿元，清欠进度53.8%。降低用能成本方面，全部放开蒙东大工业用户市场准入，前11月全区市场交易电量增长35.8%，电力交易市场化率达73.9%，降低企业用电成本70.9亿元。

（三）深化供给侧结构性改革，加大改造提升力度，促进制造业转型升级

严格行业准入标准，提出钢铁、电解铝、铁合金、水泥、焦化、电石等行业新（改扩）建项目，必须达到国家鼓励类技术标准，改造提升传统产业，安排5.9亿元资金，支持智能制造、绿色制造、创新平台、工业互联网等领域320个传统产业项目改造升级。蒙牛集团公司获得2019年国家智能制造标杆企业称号。推动产业转移置换，向区外引进产能，其中焦炭80万吨、电解铝26万吨、聚氯乙烯31万吨、烧碱7.5万吨；向外省转出产能，其中水泥227万吨。区内优化重组产能，其中炼钢135万吨、电石100.2万吨、焦炭50万吨。1—11月，制造业技术改造投资增长36.5%，同比加快2.4个百分点；制造业增加值增长9.0%，快于规模以上工业增速2.7个百分点。

（四）落实生态优先绿色发展，推动创新能力建设，实现资源节约综合利用

建设绿色标准体系，向工信部推荐8个绿色标准，其中鄂尔多斯羊绒纺织品、兰太实业股份有限公司工业氯酸钠和工业金属钠3项标准成为国家标准。建立绿色制造体系。创建国家级绿色园区4个、绿色工厂30家、绿色设计产品18个、绿色供应链1个。推动创新发展，组建内蒙古蒙中药、生物疫苗、石墨（烯）新材料创新中心，国家稀土功能材料创新中心标书及材料已上报国家。认定53个首台套、关键零部件及新材料首批次产品，并对部分项目给予保险补贴和产品质量风险支持。实施节能技改，引导4个余热余压余气回收利用项目实施技术改造，节能量达6.3万吨标准煤；对43个工业固定资产投资项目进行节能审查，节能量达140万吨标准煤。推动固废综合利用，推动托克托县、乌拉特前旗工业园区列入国家工业资源综合利用基地，形成工业固废年处理能力2500万吨。1—11月，六大高耗能行业增加值占规模以上工业的比重同比回落7.6个百分点。

（五）加大工业投资力度，狠抓重点项目建设，增强发展后劲

扩大项目储备，围绕传统产业转型升级、战略性新兴产业发展，建立了制造业、中小企业专精特新、工业园区基础建设3个项目库。其中，制造业项目781个，总投资6737亿元，工业园区基础设施项目989个，总投资1063亿元，专精特新中小企业912户。推进产业融合发展，筛选了1419个有融资需求的项目推介给银行，已为272个企业贷款38.4亿元。加强项目建设，2019年已新开工亿元以上项目331个，投资总额为1933亿元。截至11月底，在建亿元以上工业项目707个，在建总规模4101亿元。

（六）推进5G网络建设应用，加强无线电安全保障，进一步提升两化深度融合水平

推动两化融合对标贯标，2019年对标企业1451户，全区总数达到3483户；贯标企业113家，通过评定26家。加强网络建设与推广，年底前建成5G基站2000个。旗县以上网络覆盖率达到100%，乡镇覆盖率80%以上。白云鄂博矿用车无人驾驶测试成功。加快推进网络建设，加强无线电安全保障，顺利完成全国两会、高考、亚洲文明对话、北部战区训练无线电安全保障任务，打击黑广播27起。1—11月，全区固定数据及互联网业务收入28.2亿元，同比增长4.0%。

（七）落实中小企业发展政策，实施专精特新培育工程，促进中小企业持续健康发展

一是出台了《内蒙古自治区中小企业促进条例》，2019年12月1日施行。二是通过"助保贷"，2019年为161户中小企业解决贷款9.9亿元，已累计发放贷款109亿元。1—11月，全区规模以上中小企业工业增加值增长13.8%，对规模以上工业增长贡献率达129.6%。

（八）加强园区基础设施建设，推进环保督查任务整改，巡视督查各项工作有序落实

加强工业园区基础设施建设，2018年和2019年累计安排资金12.8亿元，支持工业园区环保基础设施建设项目134个（污水处理项目49个、渣场60个、集中供热项目25个）。推动中央环保督察整改，4项督察整改任务已完成3项，其中自治区级以上自然保护区内63户工业企业退出任务有序推进，已完成退出50户，剩余13户企业均已停产；"回头看"整改中的8项任务，已完成5项，剩余3项正在有序推进（剩余的20个渣场中，在建13个，开展前期工作的7个；6个污水处理厂中，在建6个）。扎实打好脱贫攻坚战，安排专项资金3.8亿元，支持39个贫困县的91个工业企业项目建设和24个贫困旗县的35个工业园区基础设施建设；推动对口帮扶点阿尔本郭勒嘎查"清零达标"，并通过自治区验收公示。

（九）建立服务企业制度，帮助解决实际问题，优化营商环境

建立"一对一"帮扶和"点对点"服务企业制度，全面掌握工业园区在政策落实、招商引资兑现、项目审批、融资贷款、就业需求等方面存在的问题，形成问题清单131项，已解决90项。其中，转盟市办理32项，办结12项；转自治区有关部门办理31项，办结16项；自治区工业和信息化厅办理的68项，已办结62项。

二、2020年总体形势判断

从全国看，在全球经济放缓和需求持续走弱的背景下，我国经济下行压力明显加大。前三季度，国内生产总值同比增长6.2%，同比回落0.3个百分点，其中第一季度增长6.4%，第二季度增长6.2%，第三季度增长6.0%；全部工业增加值增长5.5%，同比回落0.8个百分点，较上半年回落0.3个百分点。1—11月，全国31个省、自治区、直辖市中，20个省、自治区、直辖市规模以上工业增加值增速不及2018年同期，东部地区增速整体回落，部分大省下滑明显，其中上海下降0.4%；山东增长0.7%，同比回落4.6个百分点；浙江和广东分别增长6.2%、4.4%，分别回落1.4个百分点和1.8个百分点。

从自治区看，制约稳定增长的因素还比较多。

一是主要工业品价格持续走低。5月以来，除煤炭、聚氯乙烯、生铁和农畜产品，全区大部分工业产品价格持续走低。12月上旬，全区30种主要工业品价格同比下降22种，下降面达73.3%。化工、冶金、多晶硅等部分产品价格下降幅度较大。

二是电力供应形势紧张。经调度明年大约新增电力负荷达300万千瓦，且没有支撑性火电装机投运，2020年电力短缺问题更加突出，可能最大缺电负荷达500万千瓦以上。

三是能源"双控"限制发展。"十三五"期间，国家下达自治区能耗增量控制在3570万吨标准煤以内，单位地区生产总值能耗下降14%，而内蒙古在2016—2018年中能源消费累计增量4318.3万吨标准煤，已超出国家下达的增量指标738.3万吨标准煤，单位地区生产总值能耗不降反升，累计上升4.6%，能耗"双控"完成形势非常突出，已严重限制我区项目落地。

四是工业企业发展环境有待改善。拖欠企业工程款、扶持政策落实不到位、招商引资承诺政策不兑现、项目审批周期长等问题依然突出。

从大环境看，有利的因素也在不断集聚。

一是全国性能源需求旺盛，必然推动我区稳定增长。随着国家深入实施网络强国、制造强国、区块链和5G应用等重大战略，将进一步拉动能源需求增长，必将刺激我区煤炭、电力企业加快产能释放。同时，国家加大支持我区能源重化工基地、特高压外送等一批重大战略项目建设，为我区注入强大动力。

二是中央出台了一系列稳定经济增长的政策措施，必将助推经济稳定增长。比如，减税降费措施、分税措施、扩大地方债券发行规模、清欠措施和货币政策调整等一系列政策措施的实施，必将激发市场发展活力，增加企业发展动力，有利于经济稳定增长。另外，国家还出台了产业转移政策，鼓励东部沿海一些产业向中西部地区转移，为我区承接产业转移带来新机遇。

三是2020年重大项目相对增加，积蓄我区发展动力。2020年计划实施亿元以上工业项目765个左右，同比增加50个，总投资10138亿元，同比增加2906亿元；投资10亿元以上项目221个，同比增加42个，总投资8558亿元，同比增加2656亿元。

综上所述，初步判断2020年工业运行总体稳定偏缓，工业投资总体向好。预计全区规模以上工业增加值同比增长6.0%左右，工业固定资产投资增长8%左右。

三、2020年重点工作任务

2020年，全区工业和信息化工作的总体思路是贯彻落实习近平总书记对内蒙古重要讲话和重要指示批示精神，坚持稳中求进的工作总基调，坚持生态优先、绿色发展，持续稳增长、调结构、促转型，提升工业发展质量效益，逐步构建现代化工业体系，推动工业高质量发展，不断取得新进展。

（一）推动转型发展

一是提升产业链发展水平。制定先进制造业集群培育方案，重点在煤化工、装备制造、新材料（稀土材料、硅材料、石墨材料、合金材料）、乳制品等产业推进延链补链，打造一批产业集群。

二是提高产能过剩行业准入标准。原则上新建的焦炭、电石、钢铁、铁合金、电解铝等项目，必须达到国家先进标准或者同行业先进水平。

三是推动智能化改造。在传统行业中认定一批智能工厂、车间、生产线，在行业龙头企业建设一批智能工厂、智能车间，在装备制造企业建设一批复杂产品建模与性能仿真数字化孪生系统研发车间，在羊绒企业建设大规模个性化定制智能工厂，在危化、电石、铁合金、建材、民爆行业的出炉环节和装车系统推行"机器人换人"。

四是推动危险化学品企业改造搬迁。切实落实危险化学企业安全生产主体责任，推动5户危化企业改造搬迁，年底完成国家下达的任务。

（二）推动绿色发展

一是完成中央环保督查问题整改。推动自然保护区内剩余13户停产企业退出，推动建设剩余28个渣场、8个污水处理厂，力争2020年12月底前全部验收销号。

二是推动黄河流域内蒙古段工业绿色发展。对黄河内蒙古段51个工业园区中，还需环保基础设施建设的9个项目给予资金支持，减少黄河流域企业污水、废渣排放。

三是开展"散乱污"企业整治。对全区1684家（黄河内蒙古段1243家）"散乱污"企业开展综合整治，督促企业加快改造装备工艺，实现达标排放。

四是推进绿色制造体系建设。重点在呼包鄂等黄河流域地区创建一批绿色园区，继续在化工、建材、农畜产品加工和装备制造等行业创建一批绿色工厂、绿色产品，制定高纯多晶硅绿色设计产品评价自治区标准。

五是加强工业节能管理。加大节能监察力度，落实阶梯电价政策，引导企业进行节能技术改造，开展能效领跑者行动；推动万吨标煤以上522户能耗企业全部实现在线监测。

（三）推动融合发展

一是加大5G基础设施建设。建设呼和浩特国家级互联网骨干直联点，改善我区互联网络性能；研究制定5G基站建设及应用推广的政策措施，力争明年底5G基站达7000个，实现盟市驻地城区5G网络全覆盖；加强5G频率使用协调工作，认真开展5G基站等无线电台站的设置、使用许可，与三大运营商实现数据交互，保障5G通信在我区顺利铺开。

二是加大5G的应用推广。在白云鄂博矿区、霍林河、鄂尔多斯露天煤矿以及井工矿斜井推广应用无人驾驶矿用车，筹备召开2020年全国"5G+工业互联网"技术矿山应用现场会。

三是推进万企登云。引导实现3000户企业登云，力争年底登云企业达到1.3万户，登云公共服务系统上线产品达500个以上。

四是推进工业互联网平台建设。推动装备企业全部进入工业互联网平台，力争平台注册用户达到5000个；建设乳品、煤炭等行业标识解析二级节点。

（四）推动创新发展

一是建设制造业创新中心。积极争取国家级稀土功能材料创新中心培育，加强对建成的自治区创新中心服务和指导，力争2020年再培育2~3个自治区制造业创新中心。

二是创建企业技术中心。力争2020年认定25户。

三是鼓励科技成果转化。支持新技术、新材料、储能技术研发，重点在稀土新材料、石墨新材料、生物医药等方面推动一批科技成果转化和应用。

（五）推进工业园区发展

一是空间布局。严格落实国家有关要求，每个旗县原则上保留1个工业园区，实力强的可以保留2个，每个工业园区不超过3个区块。以亩均产值、亩均投资为主的工业园区高质量发展考核评价指标体系，对亩均产值低于10万元和超过3个区块的园区进行调整。

二是产业布局。每个工业园区要突出1~2个主导产业，每个区块主导产业产值占比要逐步达到60%以上。各地工业和信息化部门要指导工业园区加快修订产业发展规划，严格按照主导产业引进和建设项目，不符合主导产业的，鼓励按"飞地经济"模式，调整到其他工业园区，形成的产值、税收等指标按商定比例进行分成。

（六）推动中小企业发展

一是加强公共服务体系建设。利用中小服务平台现有资源，开展融资担保服务。

二是推动中小企业创新发展。培育引导中小企业走专精特新发展道路，全年培育示范小微企业100户、"小巨人"50户。

三是开展"助保贷"融资服务。继续扩大风险保证金池规模，修订出台"助保贷"资金管理办法，逐步实现自治区统筹对接金融总部、盟市统筹开展融资服务，扩大助保贷融资比例。

四是加强对中小企业的支持。对中小企业技改项目贷款和流动资金贷款给予贴息支持，推进担保机构降费奖补政策落实。

（七）推动重大项目建设

2020年，全区计划实施投资1亿元以上工业项目765个，计划总投资10138亿元，其中新建项目333个，投资3250亿元。力争2020年建设规模为煤炭3300万吨、电力3150万千瓦、煤制油200万吨、煤制天然气63.5亿立方米、煤制烯烃95万吨、甲醇312万吨、乙二醇360万吨、二甲醚55万吨、聚氯乙烯90万吨、铝后加工95.3万吨、多晶硅1.35万吨、单晶硅

9.8万吨等,到2020年形成煤炭产能12.9亿吨、电力装机1.34亿千瓦、煤制烯烃476万吨、聚氯乙烯467万吨、甲醇887万吨、铁合金1340万吨、钢铁3380万吨、电解铝600万吨、单晶硅12.5万吨、多晶硅8.4万吨。

(八)推动优化营商环境

一是贯彻国家政策措施。落实好国家、自治区减税降费各项政策措施；配合自治区清欠办,完成国家下达我区清欠任务。

二是建立审批服务保障机制。在工业园区全面推行投资项目审批承诺制和部门代办制,对于已开工在建但建设手续尚未齐全的重点项目实行集中审批。

三是继续推行"一对一"帮扶和"点对点"服务企业制度。定期向盟市收集关于政策落实、招商引资兑现、项目审批、融资贷款、就业需求等方面存在的问题,形成问题清单,转盟市、厅局督办。

四是加强融资服务。适时更新产融合作项目库,筛选有融资需求项目,定期向金融机构推介,解决企业融资难的问题。

(九)推动重大事项改革

继续深化电力市场化改革。

一是全部放开大工业用户电力市场交易。放开蒙西大工业用户市场交易,2020年全区所有大工业用户都可参与市场交易。

二是调整电价优惠政策方向。依据下游加工转化比例、转化规模确定敏感行业的电价优惠幅度,鼓励上游企业延伸发展下游产业。依据装备技术水平高低确定电价,对产能过剩行业达不到国家先进标准的适度提高电价,对达到或超过国家先进标准的适度降低电价,倒逼企业加快技术改造步伐。

三是完善煤炭企业用电市场联动机制。将煤炭行业(包括采掘、洗选)整体纳入电力市场,根据煤种、地域等情况精准调整煤炭价格联动系数。

加快转变工业园区管理职能。

一是明确职责定位。明确工业园区是所在盟市、旗县政府的派出机构，主要任务是招商引资、投资服务，剥离行政、社会管理和市场监管等职能。

二是严格机构编制管理。根据工业园区经济规模，确定园区管理机构规格和编制数量等，并实行动态调整。

供　　稿：张巨强　内蒙古自治区工业化和信息化厅
责任编辑：焦志强

内蒙古重点领域改革形势

摘要：2019年，内蒙古自治区党委深入贯彻习近平新时代中国特色社会主义思想和党的十九大精神，深入贯彻习近平总书记关于内蒙古工作重要讲话重要指示批示精神，全面深化推进经济体制改革、文化体制改革、社会体制改革、生态文明体制改革、党的建设制度改革、纪检监察改革，市场主体活力和动力持续增强，文化创新创造活力进一步释放，人民群众获得感、幸福感、安全感持续增强，生态环境保护长效制度机制基本建立，全面从严治党制度化、规范化体系基本形成，反腐倡廉良好态势巩固发展。

关键词：重点领域；全面深化改革；成效

2019年，在以习近平同志为核心的党中央的坚强领导下，自治区党委以习近平新时代中国特色社会主义思想为指导，深入贯彻党的十九大和十九届二中、三中、四中全会精神，深入贯彻习近平总书记关于内蒙古工作重要讲话和重要指示批示精神，统筹推进全面深化改革各项任务举措，全区改革呈现全面发力、多点突破、上下联动、纵深推进的良好局面。

一、2019年改革进展情况

（一）经济体制改革加快推进，市场主体活力和动力持续增强

积极发展混合所有制经济，自治区监管企业中60%以上实现混改。推进经营性国有资产集中统一监管，90%以上的本级资产量已纳入统一监管。完善国有资本经营预算制度，国有资本收益上缴公共

财政比例达到20%。支持非公有制经济持续健康发展，在减轻税费负担、解决融资难融资贵、营造公平竞争环境、构建"亲""清"政商关系方面推出一系列改革举措。严格落实市场准入负面清单和公平竞争审查制度，企业开办时间缩减至3个工作日，全区市场主体总量突破209万户。地方金融服务和监管体系不断健全，"7+4"机构属地监管框架进一步完善。多层次资本市场步伐加快，目前境内上市企业26家、境外上市企业6家、"新三板"挂牌企业66家、区域股权市场挂牌企业2029家。普惠金融不断深化，农村牧区助农金融服务点达18602个，村级行政区覆盖率达96%。加大企业技术创新支持力度，全区高新技术企业总数和自治区级企业研究开发中心分别达到753家、384家，建成34家产业技术创新战略联盟。实施以知识价值为导向的分配制度改革，推动建立体现增加知识价值的收入分配机制。自治区本级、盟市、旗县（市、区）三级机构改革全面完成，苏木乡镇和街道改革正在推进。大力推进"放管服"改革，自治区本级审批事项仅保留947项。事业单位分类改革加快，全区5291家事业单位承担的12.3万余项行政职能实现与机关"三定"规定无缝衔接、合理归位。稳步推进集体产权制度改革，11222个嘎查村完成清产核资，占比达99.9%。基本完成农垦土地确权发证工作，农垦国有农牧场办社会职能全部纳入地方政府管理。满洲里综合保税区、赤峰保税物流中心、二连浩特边民互贸区封关运营，鄂尔多斯综合保税区、巴彦淖尔和包头保税物流中心（B）通过国家验收。

（二）政治体制改革加快推进，民主政治制度进一步健全

落实自治区政府向自治区人大常委会报告国有资产监督管理情况制度，听取审议金融企业国有资产管理情况的报告，审议国有资产管理情况的综合报告。建成近3000个"人大代表之家"，实现苏木乡镇（街道）全覆盖。健全地方立法工作机制，完善立法专家顾问制度，探索委托第三方起草法规草案，增加人大代表列席人大常委会会议人数。推进综合行政执法改革试点，试点地区的执法机构由1997支减少为830支。灵活组建以法官检察官为核心的办案团队,将85%以上的人员集中到办案一线。全区地方各级人民法院由独任法官、合议庭签发裁判文书的案件占到99.99%以上,全区法官的人均办案量达到139.43件。推进人民监督员制度改革,首批458名人民监督员上岗履职。规范涉案财物处置的司法程序,建成涉案财物集中管理平台。

(三)文化体制改革纵深推进,文化创新创造活力进一步释放

推进媒体深度融合发展,移动媒体优先、采编流程再造、"中央厨房"建设、全媒体人才培养等重点任务有效落实。建立新闻工作者不良行为记录制度和新闻出版从业人员数据库,实现全区6700多名记者基本信息随时查询。完成89家中央新闻单位驻我区机构清理整顿及重新登记工作,保留52家,撤销37家。深入贯彻习近平总书记对乌兰牧骑事业发展重要指示精神,制定加快推进乌兰牧骑事业发展的意见。围绕中蒙建交70周年,在蒙古国成功举办《习近平谈治国理政》(第一卷)、《摆脱贫困》西里尔蒙古文版首发仪式。

(四)社会体制改革全面推进,人民群众获得感、幸福感、安全感持续增强

落实国家《关于深化教育体制机制改革的意见》,出台配套文件达到67个,基本形成我区教育改革主体框架。进一步做好新形势下就业创业工作,深入实施"创业内蒙古"行动计划,认定"四众"平台达到234个。规范公益性岗位开发和管理,全区实有公益性岗位人员4.04万人。社会保障制度更加健全,实施机关事业单位养老保险制度改革,全区已参加机关事业单位养老保险22841户139.7万人,已完成应参保的100%。建立完善房地产市场平稳健康发展长效机制,改进住房公积金提取、使用监管机制,推进各类保障性住房的并轨管理。积极应对人口老龄化,积极开展养老服务业综合改革、社会化养老试点。全区已建成各类养老院和养老服务场所3141所,总床位数24.5万张,全区每千名老人拥有床位数达52.5张,在全国处于领先水平。医药卫生体制改革有序推进,城市和县域医联体达到177个,开展远程医疗服

务机构153家，家庭医生签约服务团队达到9351个，重点人群签约服务率为67.8%，建档立卡贫困人口签约服务率达到97.62%。

（五）生态文明体制改革加快推进，生态环境保护长效制度机制基本建立

在额尔古纳市（湿地、森林）、克什克腾旗（森林、草原）、磴口县（水流）开展单项自然资源确权登记试点。已划定永久基本农田保护红线9330万亩。全面加强生态保护。完善主体功能区战略和制度，深入实施自治区主体功能区规划、重点生态功能区产业准入负面清单、限制开发区域限制类和禁止类产业指导目录。耕地轮作制度试点面积扩大到600万亩。正在开展第二轮自治区环保督察。

（六）党的建设制度改革深入推进，全面从严治党制度化、规范化体系基本形成

党的组织制度体系稳步健全，以坚持和完善民主集中制、严格党内政治生活为重点，不断深化党的组织制度改革。进一步健全教育培训、考核评价、选拔任用、管理监督、激励保障等制度，全区公务员职务与职级并行工作稳步推进。加强党员队伍教育管理，普遍实行发展党员公示制、票决制、责任追究制。制定《关于进一步加强党管人才工作的实施意见》《加强县域人才队伍建设的指导意见》《内蒙古自治区突出贡献专家选拔管理办法》等制度文件，大力实施百名高层次创新型科技人才计划、百名高技能人才计划等"十大百人计划"。

（七）纪检监察改革持续深化，巩固发展反腐倡廉良好态势

认真落实全面从严治党"两个责任"，深化纪检监察机关"三转"，及时清理议事协调机构，优化整合内设机构，全区各级纪检监察机关从事监督执纪的机构及人员达70%以上。十届党委已开展6轮巡视，通过常规巡视、专项巡视、机动巡视、巡视"回头看"等方式巡视165个党组织，巡视覆盖率达到67.9%。全面推开区直国有企业、金融企业、高校纪检监察体制改革。深入推进国家监察体制改革。全面完成三级监委人员转隶、组建挂牌工作。落实以留置取代"两规"要求，全区建设37个留置场所，看护队伍规模达到1000人。

二、2020年工作安排

自治区党委十届一次全会暨全区经济工作会议，对标党的十九届四中全会确定的各项改革部署和中央经济工作会议精神，对明年全区经济体制改革等工作做出部署，重点抓好以下几个方面工作。

（一）坚决打好三大攻坚战

脱贫攻坚方面，紧扣"两不愁三保障"目标，深入实施"清零达标"专项行动，抓实产业、就业、生态、教育、健康、社会保障各项脱贫举措，加大政策、资金、项目扶持力度，深化京蒙扶贫协作和中央单位定点帮扶，确保如期全面完成脱贫攻坚任务。污染防治方面，狠抓重点区域污染防治、矿区园区综合治理、冬季清洁取暖和农村牧区人居环境整治等任务，加快中央环保督察反馈问题整改清零进度，加紧解决突出环境问题，深化"一湖两海"生态综合治理，更严格地执行产业准入、节能减排和环境安全标准，继续实施重大生态修复工程，推动生态环境质量持续好转，扎实推进我国北方重要生态安全屏障建设。防范化解重大风险方面，积极稳妥化解政府债务风险，严密防控金融行业风险，坚决守住不发生系统性金融风险的底线。

（二）确保民生得到有效保障和改善

落实帮扶救助和关心关爱各项政策措施，做好关键时点、困难人群的基本生活保障。抓好高校毕业生、下岗失业人员、农牧民工、退役军人等重点群体就业工作。推动教育事业发展更加公平更有质量，完善社会保障和社会救助体系，深化医疗、医保、医药"三医"联动，建立多主体供给、多渠道保障、租购并举的住房制度，加强基本公共文化服务体系建设。推进非基本公共服务市场化改革，鼓励支持社会力量兴办公益事业。坚持和发展新时代"枫桥经验"，健全社会矛盾纠纷多元预防调处化解综合机制，推动社会治理和服务重心下移、资源下沉。加快推进社会治安防控体系建设，深化扫黑除恶专项斗争，紧扣深挖整治目标，探索综合治理、长效常治的制度机制。

（三）扎实推动高质量发展

围绕改善供给、扩大有效投入、优化投资结构，以更大力度放宽市场准入、创新资本投资方式、强化政策引导和服务保障，为转方式、提质量提供重要支撑。加快推进产业转型升级、优化产业结构，积极发展生态农牧业，加快能源产业改造升级，促进先进制造业提速提质，支持服务业创新发展，提升园区发展水平，千方百计推动产业链往中下游延伸、价值链向中高端攀升，提高区域供给体系和质量。着力推进城乡区域协调发展、优化城乡区域经济布局，加快编制实施国土空间规划，大力培育增长带动极，统筹城乡一体化发展和全区东、中、西部差异化协同发展。

（四）大力实施创新驱动发展战略

把发展的基点放在创新上，坚持开放合作搞创新，深入实施"科技兴蒙"行动，加强与京津冀等发达地区创新联动，加强与国内外科研机构、高等院校、科技型企业的创新合作，借助创新高地拉动我区创新发展。突出特色搞创新，瞄准有基础和优势的领域组织实施重大科技专项，聚焦优质能源资源、优势特色产业和生态环境保护等领域开展技术攻关，努力取得一些引领性的创新成果。抓住关键搞创新，强化企业主体地位，引导各类创新资源向企业聚集，着力培育一批专精特新中小企业和科技型"小巨人"企业，发展一批有实力的高新技术企业。完善人才发现、培养、激励机制，用政策、机制和环境吸引人才，以人才驱动引领创新驱动。

（五）聚焦优化营商环境，深化改革开放

深化"放管服"、国资国企、财税金融等改革，清理与企业性质挂钩的歧视性规定和做法，落实大规模减税降费政策，营造各类市场主体公平竞争的市场环境、政策环境、法治环境。在准入、成本、税费、融资、基础设施、产业配套、产权保护、人力资源、公共服务、社会治理等方面综合施策，解决好制约企业特别是民营企业和中小微企业发展中的痛点、堵点、难点问题。全面落实《优化营商环境条例》，健全完善构建"亲""清"政商关系政策体系，组织实施主动为企业纾危解困

的服务活动,激发企业和企业家创新创业激情。立足发挥桥头堡作用扩大开放,科学统筹通道、口岸和开发开放试验区、跨境经济合作区等规划建设,推进盟市间以口岸为纽带的经济合作,促进"过路经济"向"落地经济"转变。

供　　稿:涂文涛　内蒙古自治区党委政研室(改革办)
责任编辑:梅　园

内蒙古对外经济贸易形势

摘要：2019年，内蒙古坚持稳中求进工作总基调，坚持新发展理念，坚持推动高质量对外合作与交流发展，扩大高水平开放，对外贸易提质增效，呈现出进出口增速加快、一般贸易实现正增长、贸易市场多元化进程加快等特点。但是，受中美贸易争端影响，对外投资与使用利用外资情况收到一定影响。2020年，多种举措并举，继续推动内蒙古对外经贸合作发展。

关键词：内蒙古；对外经贸；情况

2019年，内蒙古党委、政府以习近平新时代中国特色社会主义思想为指导，全面贯彻党的十九大以及十九届二中、三中、四中全会精神，以及总书记参加内蒙古代表团审议时的讲话内容，坚持稳中求进工作总基调，坚持新发展理念，坚持推动高质量对外合作与交流发展，以供给侧结构性改革为主线，深化市场化改革，扩大高水平开放，内蒙古对外经济贸易工作可圈可点，成效卓著。

一、指标完成情况

（一）对外贸易提质增效

根据海关统计数据显示，2019年1—11月，全区外贸进出口总值累计实现1000亿元，同比增长6.5%，其中，累计进口额665亿元，同比增长11.3%；累计出口额335亿元，同比下降1.8%。对外贸易伙伴仍以蒙古国和俄罗斯为主。2019年1—5月，内蒙古对蒙古国的贸易额为147.3亿元，占进出口总额32.6%；对俄罗斯进出口79.9亿元，占17.7%，二者占到50.3%，对外贸稳健发展造成一定风险。

2019年全区对外贸易呈现出"进出口增速加快、一般贸易实现正增长、贸易市场多元化进程加快等特点"。2019年内蒙古对外贸易形式仍然是以一般贸易方式为主，小额贸易为辅。但加工贸易出现迎头上局面。2019年前三季度，一般贸易额为489.10亿元，同比增加15.9%，边境小额贸易总值238.45亿元，同比增长0.6%。尽管2018年以来，自治区加工贸易进出口保持了较快增长速度，但占比仍然较低（参见表1）。

表1 2018—2019年内蒙古贸易结构增长变化情况[1]

年度	贸易值	一般贸易	边境小额贸易	加工贸易
2018年	总值（亿元）	582.14	317.26	41.25
	增长率（%）	8.3	6.1	82.1
2019年	总值（亿元）	489.1	238.45	21.63
	增长率（%）	15.9	0.6	-32.6

在全区12个盟市中，巴彦淖尔市外贸进出口额259.3亿元，位列全区对外贸易进出口首位；乌兰察布市增长256.1%，是全区对外贸易增速最快的盟市；包头市、锡林郭勒盟、阿拉善盟、二连浩特市进出口均呈现正增长，其他盟市增长幅度不大。

（二）直接利用外资更趋合理

2019年1—10月，全区新设外商投资企业47家，同比持平；实际利用外资16.58亿美元，同比下降24.2%。从地区看，主要来自香港地区；从投资行业看，主要集中在采矿业、制造业、电力、热力、燃气及水生产和供应业等传统行业；从资金分布情况看，主要集中在鄂尔多斯市、包头市、巴彦淖尔市、呼和浩特市。

[1] 资料来源：内蒙古自治区政府网、商务厅、呼和浩特海关网。

（三）对外投资合作持续向好

2019年1—10月，全区新备案对外投资企业53家，同比增加19家，中方协议投资总额7.04亿美元，较2018年同期有大幅度提高，同比增长19.5%。投资国别（地区）主要是俄罗斯、蒙古国等。企业在境外主要从事农业合作、矿业合作、木材采伐、牛羊肉屠宰加工以及一般贸易等。

（四）与"一带一路"沿线国家贸易呈现出"进增出减增速慢"特点

2019年前三季度，自治区对"一带一路"沿线国家贸易额达到538.11亿元，增长5.5%，其中，进口同比增加10.5%，为385.49亿元；出口同比下降5.4%，为152.62亿元；进出口整体增速低于全区进出口增速3.1个百分点。内蒙古对外贸易市场多元化结构有所改善，但没有根本性改变。从国别（地区）贸易和投资看，截至2019年3月，内蒙古与"一带一路"沿线55个国家和地区有了贸易往来，蒙古国、俄罗斯、美国等国及香港地区仍是内蒙古最为重要的贸易、投资伙伴。

（五）口岸运量稳中有增

2019年1—11月，全区口岸过货量完成8271.63万吨，增长4.0%；进出境客运量572.52万人次，同比增长2.3%；出入境交通工具162.5万辆（架）次，同比下降4.6%。依据2019年自治区口岸运行、基础设施改造和通关情况，预计全年过货量完成9571万吨，增长4.6%；进出境客运量612.6万人次，增长0.1%；出入境交通工具176万辆（架）次，同比下降4.6%。前三季度进口整体通关时间31.44小时，出口整体通关时间0.98小时。

二、工作完成情况

（一）推动外贸稳定发展

针对自治区外贸发展实际，自治区商务厅推动出台了《内蒙古自治区稳外贸若干措施》。

自治区政府批复同意设立外贸中小企业融资贷款平台，大力支持中小外贸企业发展，有效促进内蒙古外贸稳定发展。

深化包保责任制，定期召开外贸工作厅际联席会议，研究解决企业存在的困难和问题，着力提高我区贸易便利化水平。举办了全区外贸政策和操作实务1300余人次培训，宣讲支持外贸稳定增长最新政策。

举办了全区跨境电子商务培训，成立全区跨境电子商务专业委员会，赤峰保税物流中心实现了全区首单跨境电商网购保税进口业务。推动呼和浩特跨境电商综合试验区建设，会同呼和浩特市、和林格尔新区及自治区跨境电商联席单位制定了《推动中国（呼和浩特）跨境电子商务综合试验区发展的若干政策》。

推动外贸企业融资，2019年初与内蒙古农行联合举办了银企对接会暨金融支持自治区外贸企业发展计划启动仪式，与农行签订了战略合作协议。截至10月末，农行系统为121户外贸企业办理信贷业务，信贷投放总额122.75亿元。召开了自治区外贸综合服务平台融资、退税服务研讨推进会，协调自治区税务局指导外综服企业落实代生产企业办理出口退（免）税相关事项。与内蒙古进出口银行联合推动区块链融资平台建设，帮助综服企业增加融资服务内容。

指导满洲里、二连浩特市政府推动开展互市商品落地加工，实现边民互市贸易转型升级。积极组织申报商务部第二批国家级外贸转型升级基地，鄂尔多斯装备制造基地获批。内蒙古已经拥有11个国家级和12个自治区级外贸转型升级基地。牵头11个部门联合印发了《内蒙古自治区外贸转型升级基地培育建设发展规划》。

推动落实《内蒙古自治区边民互市贸易区管理办法》。2019年1—9月，满洲里和二连浩特互市贸易区分别实现进口1亿元和2.1亿元，同比增长15.6%和13.3倍。积极承接加工贸易产业转移，组团参加2019中国加工贸易博览会，与鄂尔多斯市政府、乌兰察布市政府分别在青岛、鄂尔多斯、北京举办承接加工贸易产业转移招商推介会。密切关注中美贸易摩擦发展态势，引导企业规避风险。积极组织企业参加华交会、昆交会、加博会等展会和有关交流活动，帮助企业开拓多元化市场。

成功举办中蒙博览会，共有蒙古国、俄罗斯等22个国家1533位国外官方代表出席，全国人大副委员长白玛赤林等1286位国内官方代表参会。投资贸易洽谈活动共签署合作协议60项，投资额421.89亿元；达成意向63项，协议额599亿元。组织完成了第二届中国国际进口博览会内蒙古交易团参会工作，共有1138家单位和企业参加，实际到会观众约2000人。内蒙古企业与境外参展商签订了40项成交意向，累计意向成交额4.46亿美元，涉及进博会全部七大类产品。

（二）提高"引进来"质量和水平

推动自治区政府印发了《内蒙古自治区贯彻落实积极有效利用外资推动经济高质量发展若干措施实施意见》，在提升内蒙古投资自由化、便利化水平，提升引资质量和水平，提升投资保护水平，推动开发区创新提升等方面助推我区经济高质量发展。组织召开了推进自由贸易试验区改革试点经验复制推广工作专题会议，推动自贸区改革经验在内蒙古复制推广。积极推动《中华人民共和国政府和蒙古国政府关于建设中国蒙古二连浩特—扎门乌德经济合作区的协议》在京正式签署。继续做好大项目签约、落地、运行的跟踪服务工作，争取外经贸资金向国家级经开区、边合区、跨合区倾斜。举办了全区外商投资业务培训，提升从业人员的业务能力。组织企业参加了津洽会、西洽会、日本关西地区"对话内蒙古"系列活动，筹备内蒙古·日本投资贸易合作推介会等，通过不同平台努力提升内蒙古利用外资水平。

（三）加快"走出去"步伐

赴浙江省对接优秀外派劳务企业和优质海外就业项目实施精准对接帮扶，扩大内蒙古对外劳务输出。举办了全区对外投资合作业务与统计培训会、蒙古国内蒙古商会对外投资政策解读暨企业统计培训会，进一步强化企业境外投资风险防范意识。调研了解企业在开展境外投资过程中跨境资金往来方面存在的问题，研究解决措施。认真履行企业投资类别审核职责,对于符合备案的项目在7个工作日办理完毕。积极协助企业与银行等外汇部门保持联系沟通,帮助企业尽快开展境外业务。组织企业参加了第三届克拉斯诺亚尔斯克边疆区食品机械博览会、第六届中俄博览会、2019年第五届中国品牌商品(中东欧)展览会、2019年中国—加州经贸论坛、密西根"中国周"活动、中日企业合作交流会及相关活动等,切实推动我区企业"走出去"。在乌兰巴托成功举办了2019中国内蒙古—蒙古国投资贸易洽谈会,现场签约15个项目,签约金额75亿元人民币。

(四)增强口岸承载能力

口岸是内蒙古对外发展的重要窗口,也是带动内蒙古经济发展的一个着力点。2019年,内蒙古商务厅就进一步拓展口岸功能,研究制定发展泛口岸经济指导意见,目前已报政府审定。其次,制定了有关口岸功能布局和定位意见,目前已完成评审。国家口岸办批复同意2019年度策克、甘其毛都等6个公路口岸在中蒙协定时间之外继续临时开放。包头机场、二连浩特机场实现临时开放,包头航空口岸正式上报国务院,准备开放。二连浩特航空口岸已列入2019年度国家口岸年度审理计划。完成了额布都格、阿日哈沙特口岸常年开放的验收,推动甘其毛都口岸和巴彦淖尔机场在2019年"丝绸之路"国际汽车拉力赛赛事期间的扩大开放和临时开放。

商务厅尤其重视与蒙古国的合作与交流。2019年,与蒙古国共同签署《关于查干德勒乌拉口岸联检区基础设施援助建设协议》。进一步加强国际贸易"单一窗口"建设,制定《内蒙古自治区口岸管理办公室本级信息化建设项目管理制度》,完成了满洲里关区货运车辆智能卡口系统测试上线,在二连浩特公路口岸开展客运车辆通道智能卡口系统测试。在呼关区统一启动客车智能卡口建设。着力优化口岸营商环境,出台《内蒙古自治区人民政府关于优化口岸营商环境 促进跨境贸易便利化的实施意见》,制定《内蒙古自治区2019年"优化口岸营商环境促进跨境贸易便利化"工作方案》,确保各项任务落到实处。会同发改委、财政厅等部门开展了口岸收费清理工作，对照重点领域和关键问题，对报关、报检、货代、物流、仓储、货物装卸、检验检疫处理等6个环节的收费情况进行深入排查，对相关收费的性质、标准、范围、数据和依据进行了全面"回头看"，摸清了收费情况，统筹推进问题排查、问题整治、建章立制等各项工作。

在口岸现场、收费大厅和国际贸易"单一窗口"网站上及时公布口岸收费目录清单，规范口岸服务收费标准，查处一批违法收费，实行收费清单动态管理。截至目前，口岸动态公示收费项目78项，取消14项、暂停2项、降低收费标准1项、立案查处8起。

积极参加中俄、中蒙常态化机制框架下各类会议，加强与俄蒙两国口岸管理及相关部门的协作配合。推动在满洲里—后贝加尔斯克口岸开通农产品快速通关绿色通道。与商务部及重庆、广西等部门和省、自治区对接，积极参加"陆海新通道"合作共建。支持满洲里口岸建设"中欧班列"拼装集散中心，促进内蒙古"中欧班列"健康发展。

三、2020年工作计划

2020年是全面建成小康社会的关键之年，也是"十三五"规划的收官之年，做好自治区外经贸工作意义重大。

第一，继续大力培育外贸竞争新优势。充分发挥外贸工作厅际联席会议和包保服务机制作用，坚持横向联合、纵向联动，持续抓好稳外贸工作。加强检查督导、注重跟踪问效，抓好国家和自治区促进外贸稳定增长各项政策措施落地落实落细。按照国家要求，推动边境贸易创新发展，彻底改变边境贸易持续低位徘徊的局面。推动呼和浩特跨境电子商务综试区建设，支持赤峰市、鄂尔多斯市、满洲里申建国家跨境电子商务综合试验区，开展跨境电子商务综合业务培训和全区跨境电子商务发展的统计分析工作。对自治区认定的五家外贸综合服务企业培育对象进行考核并择优认定，总结五原大丰外综服平台区块链融资经验，在全区其他平台进行推广。

第二，继续抓好外贸转型升级基地建设，巩固传统外贸优势，培育外贸竞争新优势。指导各盟市有针对性地开展招商引资活动，积极承接加工贸易转移，扭转内蒙古加工贸易大幅下滑的被动局面。密切关注中美贸易争端对内蒙古的影响，发挥好防范化解对美经贸斗争领域重大风险工作专班机制作用，加强分析研判，采取有效措指导企业规避不利影响。加大"引进来、走出去"工作力度。

第三，继续推动自由贸易试验区改革试点经验复制推广工作，落实《外商投资产业指导目录》和《外商投资准入特别管理措施（负面清单）》放宽外资准入限制。做好《中华人民共和国外商投资法》的学习、宣传、培训，加强内蒙古外商投资企业备案工作监督管理，建立备案违规通报制度，规范备案管理工作。做好2020年厦洽会、日中经济合作会"对话关西"重大经贸活动的组织筹备工作，力争以内蒙古特色产业园区为主体，支持全区各类对外开放平台和载体在提高利用外资质量水平、招商引资、对外合作方面不断尝试、探索和创新，引进一批技术含量高、辐射带动作用强的外资项目落地。加强对大项目的跟踪力度，对于香港经贸合作活动、中蒙博览会等大型招商引资活动的签约项目加强跟踪服务。配合商务部推动包头市政府承担的国家对蒙棚改项目取得进展，争取项目尽早开工建设，进入具体实施阶段。

第四，继续支持内蒙古农业大学开展对蒙双边培训，支持内蒙古广播电商无线传播有限公司蒙古国桑斯尔数字电视有限责任公司项目，讲好中国对外发展故事，传播好蒙古国对中国合作发展的理念，构建中蒙新民心相通工程，进一步夯实双边民心基础。

第五，继续强化口岸承载能力。研究出台口岸功能布局和定位中长期规划，着手开展《内蒙古自治区口岸"十四五"发展规划》的相关编制工作，为口岸长远健康发展奠定基础。推动确定甘其毛都、阿尔山铁路口岸坐标位置，推动策克、珠恩嘎达布其铁路口岸开放相关事宜。做好乌兰察布机场临时开放和二连浩特、包头机场的正式开放工作。持续跟进海拉尔航空口岸运量指标达标工作。协调呼和浩特政府和驻区联检部门，推动呼和浩特综合保税区尽快实现封关运营。严格按照口岸准入退出管理办法，做好口岸动态管理，抓紧制定内蒙古口岸准入退出评估办法。落实优化口岸营商环境工作部署，分批次对全区口岸进出口环节经营服务企业作业时限标准陆续公开，督促各口岸做好"两个公示"，落实动态管理制度。启动口岸营商环境第三方评估工作，通过发现问题，客观分析，推动全区口岸"放管服"改革向纵深发展。指导各地做好国际贸易"单一窗口"地方特色版功能的推广使用，提升企业通关获得感。筹备召开中蒙常设协商工作组第五次会议。协调国家相关部门加快中蒙边民自驾车进出对方限定区域审批工作，并与蒙方举行专题会晤。积极参与"陆海新通道"项目，推动重点口岸加强与沿海、内陆重点省区的口岸协作，扩大合作范围。

对外经贸活动不仅是经济活动，还是人文和社会活动，内蒙古商务厅应积极联合区内各单位部门"走出去"，对参与"一带一路"国际合作国家，尤其是蒙古国和俄罗斯这两个国家，进行细致研究，找到合作切入点，提高合作质量，扩大合作领域。

供　　稿：张振鹏　内蒙古自治区商务厅
责任编辑：范丽君

社会篇

内蒙古教育事业发展形势

摘要：2019年，内蒙古自治区坚持以习近平新时代中国特色社会主义思想为指导，深入贯彻全国、全区教育大会精神，聚焦习近平总书记关于教育的重要论述和习近平总书记考察内蒙古重视指示和讲话精神，坚持立德树人的根本任务，以新发展理念为引领，在狠抓落实上下功夫，着力推动各级各类教育发展提质升级，为加快推进教育现代化进程迈出了坚实的步伐。

关键词：立德树人；提升质量；教育公平

2019年，是中华人民共和国成立70周年，是全面建成小康社会、实现第一个百年奋斗目标的关键一年。人们从回顾中国教育70年发展历史中，真切感受到了中华人民共和国成立以来教育发展从落后走向振兴的真实写照，开始将教育放在更长的历史坐标中审视未来发展的方向和路径。这一年中，国家出台一系列措施，对教育发展和改革关键领域长期存在的一些热点难点问题，从政策保障上取得了诸多突破，不仅有宏观部署，还有微观的细化措施。自治区坚持以习近平新时代中国特色社会主义思想为指导，深入贯彻全国、全区教育大会精神，聚焦习近平总书记关于教育的重要论述和习近平总书记考察内蒙古重要指示和讲话精神，召开全区教育大会，并出台《内蒙古教育现代化2035》和《加快推进内蒙古教育现代化实施方案（2018—2022）》，为新时期全区教育事业发展制定了明确的路线图。全区教育战线坚持立德树人的根本任务，以新发展理念为引领，在狠抓落实上下功夫，推动各级各类教育发展提质升级，着力推进教育现代化进程。

一、2019年全区教育事业发展的总体情况

（一）教育优先发展战略的地位和保障能力进一步提高

教育优先发展战略地位进一步提高。2019年，对于内蒙古教育事业发展来说是具有里程碑意义的一年。为深入学习贯彻习近平总书记关于教育的重要论述和全国教育大会精神，2019年4月，自治区召开全区教育大会，对当前及今后一个时期教育改革发展的重点工作做出了部署。自治区党委、政府主要负责同志出席会议并讲话，自治区党委、人大常委会、政府、政协有关领导同志，自治区高级法院院长、高级检察院检察长等出席会议。全区上下进一步凝聚共识，充分认识到优先发展教育事业的战略意义。自治区要求全区各地各部门要认清形势任务，正视差距不足，坚定信心决心，以更大的力度、更实的举措，扎实推进教育现代化，办好人民满意的教育。2019年7月，自治区党委、政府印发《内蒙古教育现代化2035》和《加快推进内蒙古教育现代化实施方案（2018—2022）》，明确到2020年，全面实现"十三五"发展目标，教育质量明显提高，到2035年总体上与全国同步实现教育现代化，力争走到民族地区、西部地区前列，努力建设民族地区教育发展示范区、西部地区教育创新试验区和国家教育向北开放先行区。这一会议的召开和文件的印发，为新时期全区教育的优先发展地位提供了决策保障和行动纲领。

教育投入力度加大。全区教育经费保障持续加强，2019年共下达中央和自治区预算内专项资金103.2亿元。其中，学前教育领域，自治区安排专项预算5亿元，主要用于扩大学前教育资源，提高普惠性幼儿园覆盖率，并且从2019年春季学期起，实施公办幼儿园生均公用经费基准定额和普惠性民办幼儿园补助标准政策；义务教育领域，共安排33.6亿元，启动实施义务教育薄弱环节改善与能力提升工作；普通高中教育领域，从2019年开始，公办普通高中生均公用经费基准定额

确定为每生每年800元，并继续实施贫困地区普通高中改善办学条件项目；职业教育领域，继续支持职业教育质量提升和中等职业学校改善办学条件，并继续落实高职院校生均奖补政策；高等教育领域，重点支持高校"双一流"建设、转型发展、高校重点学科建设、高校科学技术研究和创新平台建设、高校思政公共服务平台建设等；民族教育、特殊教育、民办教育及体卫艺教育等领域均安排专项资金，保障和促进各学段各领域教育不断提升质量。

教师队伍建设进一步加强。认真贯彻落实自治区党委、政府《关于全面深化新时代教师队伍建设改革的实施意见》，全面推进新时代教师队伍建设改革攻坚。不断完善教师培养、培训及待遇保障等相关政策，全面启用教师管理信息系统，加强骨干教师队伍建设，创新教师培训模式，通过集中培训与送教下乡、"网络师带徒"等方式相结合，不断增强教师培训的针对性和实效性，着力提升教师能力素质。2019年，共安排中央"国培计划"资金和自治区教师培训配套资金合计6700万元。深化师德师风综合整治，通过在全区开展"强师德，铸师魂"等系列活动，不断加强师德师风建设。落实乡村振兴计划，进一步加强乡村教师队伍建设，落实乡村教师生活补助经费3546万元，安排中央和自治区特岗计划教师补助7905万元，积极引导优秀教师到农村牧区任教。2019年，共招聘1148名特岗教师（农村牧区义务教育阶段学校教师特设岗位）。

教育信息化建设加大了重在应用的推进力度。近年来，自治区高度重视教育信息化建设。2019年，自治区开展实施"互联网攻坚行动计划"，推进教育信息化应用全覆盖、无死角。截至2019年底，全区中小学校（含教学点）全部接入互联网，成为全国10个实现互联网全覆盖的省区之一。91.55%的学校接入带宽在100兆以上，92%的中小学校建成校园网，普通教室多媒体教学设备配备率达到98%。同时，以自治区平台为核心、盟市平台为支撑，分工明晰、覆盖全区各级教育部门和学校的教育云服务体系逐步形成。教育信息化，"建"是基础，"用"是核心。因此，2019年自治区在教育信息化建设中围绕发展"互联网+教育"，大力推进信息化技术与教学深度融合，充分利用"同频互动课堂"开展"同频互动教研"及全区"一师一优课、一课一名师"直播培训活动等，使得优质教育资源覆盖面不断扩大，师生信息技术应用能力不断增强。

（二）坚持立德树人，促进学生全面发展

深入推进学校思想政治工作。落实立德树人的根本任务，以凝聚人心、完善人格、开发人力、培育人才、造福人民为工作目标，推进大中小幼一体化德育体系建设。建立德智体美劳教育有机融合、协调发展的长效机制。推动中华优秀传统文化课程建设。制定出台《内蒙古自治区中小学校园文化建设指导意见》，在全区中小学全面加强校园人文环境和自然环境建设，使校园文化突出体现社会主义特点、时代特征和学校特色。广泛开展理想信念教育，开展大中小学"开学第一课"活动、"爱祖国担大任做新人"主题教育活动，组织"青春为祖国歌唱"高校网络拉歌活动。持续推动民族团结进步教育活动化、具体化、常态化，在全区中小学开展"我和祖国共奋进，唱响新时代团结之歌"民族团结进步教育实践活动。

进一步健全高校思政工作体系，推进高校思政课质量攻坚。深入实施高等学校思想政治工作质量提升工程，确定9所高校为"三全育人"改革试点，启动建设全区高校思政创新发展中心、网络思政工作中心、思政队伍培训研修基地，设立14个心理健康教育示范中心，批准11个"易班推广计划"项目、20个高校思政精品项目，培育6个高校思政工作青年骨干团队。开展高校思政课教师全员培训计划，坚持"请进来""走出去"相结合，举办2期高校思政课教师骨干培训班，共计培训200余人。围绕大学生讲思政课、微电影展示、艺术作品展示、大学生理论宣讲、思政课"四个精品"建设等，开展全区高校思想政治理论课教学成果展示活动。不断加强对学生的思想教育引导，2019年共组织200余场次高校形势政策报告会，自治区党委、政府领导同志纷纷走进高校讲形势政策课,推进习近平新时代中国特色社会主义思想进教材、进课堂、进头脑。加强高校辅导员队伍建设,选派50余人参加全国高校骨干辅导员培训,同时举办了3期全区高校辅导员骨干培训班,培训近500人次。

进一步加强学校体育、美育和劳动教育,促进学生全面发展。指导各级各类学校开足开好体育课和艺术课,引领学校体育各项目协调发展。组织举办内蒙古自治区第十一届大学生运动会和第十届中学生冬季运动会。加大两级校园足球特色学校建设,覆盖率接近50%,建成4个国家级校园足球实验县、1650所校园足球特色学校和593所特色幼儿园,其中国家级特色学校已达1286所,159名运动员入选全国夏令营总营,43人入选"全国最佳阵容"(人数超全国平均水平的2.8倍)。2019年,经教育部认定,全区有国家级校园篮球特色学校103所、冰雪运动特色学校121所、北京2022年冬奥会和冬残奥会奥林匹克教育示范学校37所,遴选自治区级校园篮球特色学校179所、排球特色学校95所。为扩大中小学生参与面和受益面,历时8个月分片区组织开展了庆祝中华人民共和国成立70周年全区中小学艺术展演活动。认定公布205所学校为自治区第二批中小学美育特色学校。开展2019年高雅艺术进校园活动,2个国家级艺术团体走进10所高校专场演出10场次,自治区级艺术团体走进大中小学校专场演出25场次。积极开展儿童青少年近视综合防控工作,遴选创建自治区级和国家级儿童青少年近视防控试验区和试点旗县区6个。落实劳动教育指导大纲,将动手实践内容纳入中小学相关课程和学生综合素质评价,深化学农学工实践体验活动,因地制宜指导各地各校组织开展家务劳动、校园劳动、校外劳动、志愿服务等形式多样的实践活动。组织各盟市开展有整体设计和实施规划的劳动实践教育试点工作,命名玉泉区民族实验小学等14所学校为内蒙古首批劳动实践教育试点学校。

(三)着力推动各级各类教育提质升级

学前教育普惠健康发展。启动实施城镇小区配套幼儿园建设治理工作，并建立长效工作机制，截至2019年10月底，已完成治理78所。着力扩大普惠性学前教育资源覆盖面，继续实施第三期"学前教育行动计划"，全区普惠性学前教育覆盖率提高到68.03%。开展幼儿园"小学化"专项治理，科学保教水平不断提高。全区学前三年毛入园率达到95.51%，高出全国平均水平13.8个百分点。

加快推进义务教育均衡发展。截至年底，全区103个旗县（市、区）全部通过国家县域义务教育发展基本均衡认定，义务教育开始向优质均衡阶段迈进。小学入学率实现100%，初中入学率增长到98.88%，义务教育普及程度保持较高水平。

推动高中阶段教育普及攻坚。全区高中阶段毛入学率达到94.5%，超过全国平均水平5.7个百分点，已完成国家"十三五"期间基本普及要求，进入优质特色多样化发展新阶段。全区299所普通高中，在73所示范性高中就读学生比例达到56%，更多普通高中学生享受到优质教育资源。

现代职业教育体系建设初见成效。强化体系贯通，已建成国家级中职示范学校21所、国家重点中职学校32所、国家示范和骨干高职院校4所、国家优质高职院校4所、自治区示范性高职院校15所，17所高职院校和15所本科院校继续以"3+2"培养模式试办本科职业教育，中职、高职、应用技术本科相衔接的职业教育人才成长通道逐步贯通。深化产教融合、校企合作，1所中职、8所高职学校被教育部确立为现代学徒制试点建设单位，已培育职业教育集团近30个，启动并推动了"1+X"证书试点，赤峰市被列为自治区职业教育改革试验区，呼伦贝尔市、通辽市、赤峰市等地产业转型技术技能"双元"改革试点得到推进。2019年，面向退役军人、下岗失业人员、农牧民工、新型职业农牧民和外来务工人员高职扩招1.49万余人，超额完成教育部下达的任务。

民族教育得到优先重点发展。2019年，共安排中央和自治区民族教育专项资金8370万元，支持民族中小学双语师资培训、民族语言授课中小学特色教育和教学设备购置、民族语言文字教材和现代教学资源开发建设、民族中小学其他民族特色项目等。全区42所普通高校开设了104个蒙汉双语授课专业和民族预科班，民族语言授课在校大学生占比达到9.03%。蒙古族聚居地区已基本普及学前蒙汉双语教育，独立设置的蒙汉双语教学的民族中小学校占全区总数的16.07%。民族团结进步教育扎实开展，双语教育得到进一步夯实。2019年，攻读"少数民族高层次骨干人才计划"硕士研究生5135人、博士研究生1157人。

高等教育质量和科研创新能力进一步提升。2019年，共投入专项经费3亿元，持续推进内蒙古大学等7所高校16个学科"双一流"建设。内蒙古大学成为"部区合建"高校。内蒙古博士学位授权单位达到6所，一级学科授权点达到39个；硕士学位授权单位达到9所，硕士点达到213个。推进"以本为本"，不断深化内涵发展，推荐18所本科院校的129个专业参评国家级一流本科专业。创新创业教育得到加强，50万学生接受创新创业教育，内蒙古高校10个项目冲进第五届中国"互联网+"大学生创新创业大赛全国总决赛，并取得6个银奖、4个铜奖的好成绩。内蒙古农业大学等6所高校被纳入国家中西部高校基础能力建设工程项目，赤峰学院、呼伦贝尔学院被列入国家产教融合重点工程建设项目。大力推进高校毕业生就业，2019届毕业生毕业前签约率达到83.31%，建档立卡贫困家庭高校毕业生签约率达到87.16%。全区高等教育毛入学率达到39.33%。高校科技创新体系建设进一步完善。2019年，全区高校获批2个教育部省部共建协同创新中心、1个教育部工程研究中心和1个教育部工程研究中心培育项目；新增自治区高校产学研科技创新平台7个、人文社会科学重点研究基地14个和重点实验室（工程研究中心）15个；资助高校青年领军人才28人、青年科研骨干人才38人。由内蒙古农业大学牵头的"基于肠道菌群作用的益生乳酸菌精准筛选及产业化关键技术"获得2019年度教育部高校科学研究优秀成果奖技术发明一等奖。全区高校获自治区科技进步奖、社会科学奖分别占全区获奖总量的1/4和3/4。

特殊教育获得持续关爱。继续实施第二期"特殊教育提升计划",逐步实现人口30万以上的旗县建有一所特教学校的目标。民办教育在规范和支持中稳步前行。自治区相继出台《普惠性民办幼儿园认定及管理办法》《民办幼儿园设置标准》《民办学校办学许可证使用及换发管理办法》等规范性文件,加强对民办学校的管理。研发内蒙古自治区民办学校信息查询系统,有效安排自治区民办教育发展专项资金,指导221家民办教育机构与中行达成授信金额6.02亿元的融资意向,持续推进校外培训机构清理整顿,组织开展民办教育规范办学防范化解风险专项行动,民办教育得到有力促进和规范发展。

(四)深化教育领域综合改革

深化教育综合改革。以自治区党委、政府名义召开全区教育大会,制定出台了《内蒙古教育现代化2035》和《加快推进教育现代化实施方案(2018—2022年)》。与民政厅等七部门联合制定《内蒙古自治区家庭经济困难学生认定工作实施办法》,进一步完善了家庭经济困难学生资助政策。制定了《内蒙古自治区职业教育改革发展实施方案》《内蒙古自治区"卓越"人才教育培养计划2.0实施方案》《关于开展中小学教育在校外培训机构兼职和有偿补课专项整治方案》等改革方案。《教师教育振兴行动计划》正在进行第二轮的征求意见,正我区学前教育、义务教育、普通高中教育深化改革综合文件正在研究制定中。加强"互联网+政务服务"改革,对21项教育领域政务服务事项编发实施清单,完成了与自治区政务服务平台的对接,推送了6项电子证照模板和证照历史数据30210条。

以俄、蒙为重点,不断扩大教育对外开放。留学生人数和国别数持续增加,各级各类学校接受来自60个国家的留学生5400余人。2所孔子学院、1个孔子课堂和18个本专科中外合作办学项目运行良好,内蒙古在境外办学项目得到持续推进。加强国别与区域研究,"中蒙高校科研交流合作"等3个项目获得教育部援外项目支持。

扎实推进教育脱贫,切实促进教育公平。聚焦"两不愁三保障"，狠抓控辍保学。教育厅开发了自治区级控辍保学动态管理数据库线上填报系统，指导各盟市在2019年4月底前全部建立了控辍保学管理动态数据库，强化了大数据精准管理。加大劝返力度，组织各盟市教育行政部门与公安、扶贫、残联等部门配合，按照"一家一案，一生一案"的要求，明确劝返责任人，制定相应劝返方案，实现全区义务教育阶段学生无因贫失学辍学目标。完善资助体系，强化精准资助。全区已建立了从学前教育到研究生教育较为完善的资助体系，实现了所有学段、公办民办学校、家庭经济困难学生"三个全覆盖"。2019年，全区累计资助各级各类学生364.1万人次，资助金额达44亿元。在普通高校全面开展诚信教育、感恩教育等资助育人活动，不断促进资助工作从过去的经济资助发展向更加注重"资助育人"新模式的转变，资助方式由过去的单纯"输血型"资助转变为"输血与造血结合型"资助。以重大教育民生工程为保障，教育专项资金向贫困地区倾斜为抓手，大力推进"全面改善贫困地区义务教育薄弱学校基本办学条件"工程，扩面实施农村牧区义务教育学生营养改善计划，推动乡村小规模学校和乡镇寄宿制学校建设，推进教育网络扶贫，贫困地区教育教学条件得到较大改善。坚持扶贫与扶智结合，以职业教育扶贫为突破口，重点面向建档立卡贫困家庭劳动人口开展农牧业实用技术、电工、护理等技能培训，培训近9万人次。以"农校对接"为抓手，助力消费扶贫，14所试点高校与27家贫困地区企业签订购货合同。持续做好京蒙教育扶贫协作工作，派出贫困地区240名中小学教师、114名中等职业学校教师和30名双语授课教师进京进行跟岗培训。

二、存在的问题及建议

随着自治区党委、政府深入推进教育优先发展战略，2019年全区教育事业发展取得了显著成就。但面对新形势新任务，与经济社会发展、人民群众日益增长的需求相比，教育发展还不平衡不充分，面临着不少难题和挑战，突出表现在教育经费保障需进一步加强，部分地区存在专项资金不能按时足额拨付和挪用现象；学前教育三年毛入学率高于全国平均水平，但普惠性资源仍然不足；教师队伍建设中，各级教育行政部门对中小学教师的统筹管理职能未能落实到位，义务教育教师"县管校聘"工作推进艰难，极大影响了教师队伍结构的优化、教育的公平和城乡教育一体化建设的推进。

2020年及今后一个时期，全区各地各部门仍需凝心聚力，深入贯彻落实习近平总书记关于教育的重要论述和全国教育大会精神，坚持教育优先发展战略地位，认真贯彻落实立德树人的根本任务，努力提升教育质量，促进教育公平，全面深化社会教育领域综合改革，推进教育现代化，办好人民满意的教育，取得新的发展成就。

一是进一步强化教育优先发展战略地位。认真贯彻落实全国、全区教育大会精神，全面推进《内蒙古教育现代化2035》《加快推进教育现代化实施方案（2018—2022）》等重大教育规划的实施，进一步强化教育基础保障能力建设，加大教育投入力度，促进教育公平。自治区在资源统筹配置中，应进一步加大向贫困地区、薄弱环节倾斜支持力度。

二是扎实推进各级各类教育协调发展，提高优质教育资源供给能力。推进城镇小区配套幼儿园专项治理工作，把普惠性幼儿园建设纳入城乡公共管理和公共服务设施统一规划，构建以普惠性资源为主体的办园体系。规范发展民办幼儿园，继续大力支持普惠性民办幼儿园发展，进一步提高普惠性民办幼儿园补助标准，扩大普惠性民办幼儿园增量。开启义务教育优质均衡发展新时代。坚持"五育"并举，深化义务教育教学改革，推进现代学校制度建设，进一步严格规范办学行为，促进全区义务教育发展整体水平进一步提升。继续加强特殊教育基础设施建设，实现人口30万以上的旗县建有一所特教学校的目标。提升普通高中多样化特色化办学水平，为稳步推进高考综合改革、促进学生全面发展打下坚实的基础。深入实施自治区高等职业教育"双高"计划，通过示范引领深入推动产教融合，提升职业院校服务地方经济社会发展的能力。持续提高高等教育人才培养质量，加强本科为本的基础地位，加大对各高校特色和优势学科、学位点建设的倾斜支持力度，促进内蒙古高校特色鲜明一流大学和一流学科建设取得新成绩。继续优先重点发展民族教育，加强民族教育教材建设和职业教育、高等教育特色专业建设。

三是深入推进教育领域综合改革，促进教育提质升级。进一步深化"放管服"改革，落实行政审批改革。深入推进依法治教，全面提升各级各类学校教育现代化治理能力。积极稳妥推进高考综合改革，促进人才培养模式改革。持续加强新时代教师队伍建设，推进中小学教师"县管校聘"管理体制，加大县域内义务教育城镇与乡村教师双向交流、定期轮岗力度，建立学区内教师走教制度。完善教师岗位分级认定办法，适当提高中小学教师中、高级岗位比例。实施好教师教育振兴行动计划，进一步提升乡村教师教学水平。加强中小学校长建设，推进中小学校长竞争聘任制、任期目标制、业务职级制。坚决打赢教育脱贫攻坚战。确保学生无因贫失学辍学，持续推进贫困地区教育事业健康发展，发挥中高职教育资源优势，助推自治区职业技能培训广泛开展。继续推进"互联网+教育"，推动网络信息技术与教育的深度融合，提升教师信息技术应用能力和水平，促进教育生态和形态更加适应新时代发展需求。

四是全面加强教育系统党的建设。进一步加强党对教育工作的全面领导，牢牢掌握党对教育工作的领导权，把思想政治工作贯穿学校教育管理全过程。进一步加强思政队伍建设，健全思政课教师、辅导员队伍激励机制，深入推进思想政治课改革。推进全面从严治党和反腐败斗争，加强党员日常教育管理，打好作风建设持久战。

供　　稿：郝文婷　内蒙古自治区教育科学研究所
责任编辑：乌仁塔娜

内蒙古人力资源和社会保障事业发展形势

摘要：2019年是中华人民共和国成立70周年，也是全面建成小康社会的关键之年。在自治区党委、政府的坚强领导下，全区各级人社部门坚持稳中求进工作总基调，坚持民生为本、人才优先，惠民生与促发展相结合，抓重点、守底线、补短板、强弱项、防风险、稳预期，保持就业局势稳定，深化社会保障制度改革，加强人才人事工作，构建和谐劳动关系，扎实做好人社扶贫工作，加快推进行风建设，坚持不懈全面从严治党，倾力打造"五心人社"，全区人力资源和社会保障事业发展呈现良好态势。

关键词：就业创业；社会保障；人事人才；劳动关系

2019年，按照自治区党委、政府的决策部署，全区各级人社部门以习近平新时代中国特色社会主义思想为指导，坚持民生为本、人才优先，惠民生与促发展相结合，抓重点、守底线、补短板、强弱项、防风险、稳预期，开拓进取，狠抓落实，各项重点工作取得了新进展。

一、人力资源和社会保障事业发展基本情况

（一）就业形势保持总体平稳

针对就业形势日益严峻的局面，坚持把稳就业作为改善民生的首要任务，不断完善促进就业创业的政策措施，持续扩大就业规模，不断提高就业质量，就业局势稳中有进，成为自治区经济社会发展的一个亮点。1—11月，全区城镇新增就业25.32万人，完成年度目标22万人的115%；城镇登记失业率3.69%，低于年初目标的0.81个百分点。

一是建立就业优先协调机制。成立了由自治区主席任组长的自治区保障和改善民生工作领导小组，下设由分管主席任组长的就业服务专项工作组和农牧民工服务专项工作组，开展就业形势前瞻性研究。自治区政府领导多次听取就业工作汇报，并做出了具体部署。2019年4月，首次以自治区政府名义举办了春季招聘月活动，同步开展了为期1个月的线上线下活动，共征集就业岗位53.8万个，达成就业意向21.9万人次。

二是完善落实积极的就业政策。积极落实就业优先政策，以稳定就业和高质量就业为目标，出台了《关于做好当前和今后一个时期促进就业工作的实施意见》，完善了《就业补助资金管理办法》《内蒙古自治区就业技能培训管理办法》，制定了《关于推进全方位公共就业服务的实施意见》和《内蒙古自治区新生代农牧民工职业技能提升计划（2019—2022年）》。

三是统筹推进以高校毕业生为主的重点群体就业。始终把高校毕业生就业摆在就业工作的首位，深入实施高校毕业生就业创业促进计划和基层成长计划。截至11月底，高校毕业生实现就业14.57万人，完成年度计划的112%。健全农牧民工技能提升、就业服务、权益维护"三位一体"工作机制，农牧民转移就业254.3万人，完成年度计划的103.8%。采取送信息、送政策、送岗位等措施，开展"一对一""个性化"援助帮扶，"零就业"家庭保持"动态归零"，失业人员再就业8.38万人，完成年度计划的167.6%；就业困难人员就业5.35万人，完成年度计划的107%。

四是大力开展职业技能培训。把化解就业结构性矛盾作为稳就业的重要内容，调整职业培训目录和补贴标准，将217个自治区重点产业和民族特色、区域特色专项能力培训项目纳入补贴范围，并提高了补贴标准，扩大了补贴范围，给予盟市补贴目录调整空间，增强了培训工作的针对性。1—11月，人社部门培训城乡劳动者12.9万人，完成年度计划的105%。推进失业保险援企稳岗"护航行动"和支持技能提升"展翅行动"，共为2554户企业发放稳岗补贴3.49亿元，惠及职工

56.34万人,为11157人次发放技能提升补贴1827.36万元。

五是积极搭建就业创业对接平台。为破解企业招工和劳动者求职信息不对称难题,建立了"双向调查"供需链,增强就业服务针对和有效性,启动了企业用工需求和劳动者求职意见"双向调查"行动,将"双向调查"获取信息反馈到各级就业服务部门,有针对性地开展招聘对接、组织培训、创业指导和政策咨询等服务。为用人单位和高校毕业生、失业人员、退役军人、农牧民工等重点群体搭建供需平台,推动就业创业政策落实落地,共调查各类企业4288户,有技术岗位用工需求7.89万人;调查劳动者14393人。"双向调查"的做法得到了人社部的重视,并将这一做法刊登在人社部门户网站和内部工作信息。

(二)社会保险工作扎实推进

一是扩大社会保险覆盖面。深入推进全民参保计划,通过进一步摸清底数、全面宣传动员、持续完善经办服务、狠抓精准扩面等举措,推动参保覆盖面进一步扩大。截至11月底,全区参加城镇职工基本养老保险759.77万人、工伤保险338.0万人、失业保险267.21万人,提前完成年度计划任务。

二是健全社会保障制度。进一步完善城乡居民基本养老保险制度,出台了城乡居民基本养老保险丧葬补助办法,建立了城乡居民基本养老保险待遇确定和基础养老金正常调整机制。按照国家部署,按时完成退休人员养老金待遇调整工作,退休人员养老金人均增资144元。2019年5月1日起,城镇职工基本养老保险单位缴费比例由19%降至16%,延长阶段性降低失业保险、工伤保险费率政策。1—11月,已累计为用人单位减负67.25亿元。

三是社会保险管理服务水平进一步提升。全面推行人脸识别等远程自助认证方式,领取待遇资格认证工作更加便捷规范。全面梳理并对外公布了自治区本级养老保险经办公共服务事项清单。积极推广社会保障卡应用,在全区范围内建成208个社会保障卡即时补换卡业务服务网点,实现旗县(市、区)全覆盖。截至11月末,全区社会保障卡持卡人数达到2064.74万人，完成年度计划的102.2%。

（三）人事人才工作不断加强

一是推进人才政策创新。进一步规范自治区人才引进和流动相关政策，会同自治区党委编办制定印发了《内蒙古自治区政府直属事业单位和部门所属事业单位"绿色通道"引进人才办法》《内蒙古自治区政府直属事业单位和部门所属事业单位人员调配办法（试行）》。

二是加大高层次人才引进培养力度。发布了2019年度高层次人才需求目录，涵盖自治区高校、科研院所等事业单位、大中型企业及部分盟市事业单位和企业，提供1184个岗位，满足2467人的需求。充分发挥"绿色通道"引才便捷优势，为自治区本级高等院校、科研院所、医疗机构等单位刚性引进高层次人才348人。推动引才待遇落实，安排748万元人才开发基金对引进的高层次人才给予支持。

三是加强专业技术人才队伍建设。深入实施专业技术人才知识更新培训项目，承办大数据、生态环境保护、矿山绿色开采、新材料和扶贫等5个国家级高级研修项目，举办自治区级专业技术人员高级研修项目6期，培养培训各类高层次人才900余人。开展少数民族专业技术人员特殊培养计划，选拔培养少数民族专业技术人才65人。深化职称制度改革，加大政策创新和改革力度，在全区范围推行网络电子证书，切实提升评审工作信息化服务水平。

四是加强高技能人才队伍建设。大力弘扬工匠精神，把加强高技能人才队伍建设作为推动高质量发展的基础，建立了自治区技能人才工作联席会议制度、职业技能终身培训制度，大力实施职业技能提升行动计划，技能人才队伍不断发展壮大。截至11月底，新培养高技能人才3.77万人，超额完成2.3万人的全年目标任务；新增2个国家级高技能人才培训基地和10个自治区级高技能人才培训基地，分别给予500万元、100万元的资金支持；新增5个国家级技能大师工作室和10个自治区级技能大师工作室，分别给予10万元的资金支持。

五是加强事业单位人事管理。为激励广大事业单位工作人员担当作为、干事创业，制定了贯彻落实《事业单位工作人员奖励规定》有关工作的政策措施。积极解决中小学教师职称制度改革前已取得中高级职称教师岗位聘用问题，对公立医院岗位结构比例偏低等问题进行调研并提出解决意见。

（四）收入分配制度改革不断推进

切实保障义务教育教师工资待遇工作，会同财政、教育部门联合印发《关于进一步保障义务教育教师工资待遇的通知》，确保义务教育教师工资待遇不低于当地公务员工资水平。推进公立医院薪酬制度改革，试点医院从38家增加到63家，完成了年初提出的试点医院达到20%的目标。加强企业工资收入宏观调控，持续深化国有企业负责人薪酬制度改革，推进国有企业工资决定机制改革。发布了2019年企业工资指导线和部分行业工资指导线，引导企业职工工资合理增长。

（五）劳动关系总体保持和谐稳定

健全完善三方协商协调机制，全区劳动关系三方委员会组建率达到100%。大力推进劳动保障领域社会信用建设，全面推进构建和谐劳动关系综合试验区工作，全区已认定（动态管理）和谐劳动关系单位1647家、工业园区25个。进一步完善调解仲裁制度建设，加强基层调解组织建设，依法及时公正处理争议案件。2019年前三季度，全区各级调解仲裁机构共处理争议14433件，同比增加0.84%，调解成功率60.8%。治欠保支工作取得明显成效，全面落实工作责任，治欠保支主要制度覆盖率和落实质量稳步提高，欠薪案件数量、金额、人数大幅下降，农牧民工劳动报酬权益得到了有效维护，根治欠薪工作取得了明显进展。按照"三查、两清零"要求，部署开展了根治欠薪夏季专项行动和冬季行动专项行动。1—11月，全区各级劳动保障监察机构主动检查用人单位3.11万户，督促补签劳动合同4.68万人，立案办结欠薪案件188件，涉及金额4265万元，涉及人数3657人，同比分别下降71%、64%和72%，欠薪三项主要指标连续大幅下降。

（六）人社扶贫工作稳步推进

坚持把推进人社扶贫作为重大政治任务和政治责任，全力推进就业扶贫和技能扶贫，将贫困劳动力有培训需求的职业（工种）纳入培训补贴范围、建立台账，努力实现有培训意愿的贫困劳动力应培尽培，累计培训建档立卡贫困劳动力11801人，占有培训意愿的建档立卡贫困劳动力的89.6%。通过发展产业吸纳就业、提高技能促进就业、扶持创业带动就业、援助帮扶安置就业等措施，帮扶贫困劳动力实现就业。截至11月底，已帮扶7626人实现了就业，完成年度目标任务7611人的100.2%。全面落实贫困人口参保资助政策，截至目前，为7.2万名贫困人口代缴城乡居民养老保险，代缴率为100%；23.2万名贫困人口已领取待遇，发放率为100%。

（七）人社行风建设成效明显

为加强和改进人社领域公共服务，优化行政审批，群众和企业办事更加方便，机构改革后，新成立了政务服务处，实现了政务服务标准化、信息化建设、行风建设、受理审批行政许可事项等工作的归口管理。持续推进减证便民工作，共取消规范性文件设定的证明事项107项。加快推进公共服务标准化建设，编制发布了全区人力资源社会保障系统审批服务事项清单及办事指南165项，在各级人社部门门户网站公开发布，为企业和群众办事提供清晰指引。全面对接自治区政务服务平台，上传了社保卡、专业技术资格证、行政许可证等电子证照，对接社会保险、人事考试等自建信息系统，统一身份认证，自治区本级105个政务服务事项中有92个实现网上经办，网上办事比例达到87.6%。以"练兵比武强技能、人社服务树新风"为主题，在全区人社系统窗口单位开展业务技能练兵比武活动，营造了人人学政策、钻业务、练技能、强服务的良好氛围。

二、存在的主要问题

2019年，人力资源和社会保障各项工作扎实推进，但也存在一些不容忽视的问题。随着转方式、调结构的深入推进，特别是经济增速放缓、去杠杆政策持续等，给稳定扩大就业带来诸多影响。化解就业结构性矛盾还面临一些困难，劳动者技能与岗位匹配度不高等问题较为突出，技工短缺的现象还比较普遍；随着人口老龄化进程加快，社会保险扩面空间收窄，待遇水平持续提高，社保基金刚性支出加大，基金支付风险增高。随着人才竞争加剧，激发事业单位和人才创新活力，对深化事业单位人事制度改革、人才发展体制机制改革提出迫切要求。随着广大群众对改善民生、改进公共服务预期的提高，满足群众的新期待，对加强民生工作特别是提升公共服务水平提出了新要求。

三、2020年工作安排

2020年是全面建成小康社会和"十三五"规划收官之年，全区各级人社部门将以习近平新时代中国特色社会主义思想为指导，全面贯彻党的十九大和十九届二中、三中、四中全会精神，坚决贯彻党的基本理论、基本路线、基本方略，增强"四个意识"，坚定"四个自信"，做到"两个维护"，紧扣全面建成小康社会目标任务，坚持稳中求进的工作总基调，全面落实以人民为中心的发展思想，坚持改革创新，守住民生底线，主动作为，精准发力，全力推动人力资源社会保障事业实现新发展。

（一）千方百计稳定和扩大就业

坚持把稳就业作为重大政治责任，落实好国家《关于进一步做好稳就业工作的意见》，做实就业优先政策，化解结构性就业矛盾，推动就业政策落实，强化公共就业服务，推进更高质量和更充分就业。深入实施高校毕业生就业创业促进计划、基层成长计划，全力促进高校毕业生就业创业。加强就业援助，扎实做好农村牧区富余劳动力转移就业、农牧民工返乡创业、退役军人就业、就业困难人员帮扶等工作。实施好失业保险援企稳岗"护航行动"和支持企业技能提升"展翅行动"，援助企业尽量做到不裁员或少裁员。深入实施职业技能提升三年行动，加强职业技能提升和创业培训。强化创业服务，落实创业担保贷款政策，发挥创业服务补助资金对创业的支撑作用，增强创业活力。开展企业用工需求和劳动者求职意向"双向调查"活动，搭建好供需平台。加大就业扶贫政策落实力度，巩固已就业成果，提高贫困劳动力的就业稳定性，做好易地扶贫搬迁集中安置点就业扶贫工作。

（二）完善社会保障政策体系

持续扩大社会保险覆盖面，以灵活就业人员、个体工商户特别是新业态从业人员为重点，扩大覆盖范围，努力做到应保尽保。完善政策体系，按照国家部署，在2020年底前全面实施企业职工基本养老保险基金自治区级统收统支、实现工伤保险基金自治区级统筹。做好为贫困人口代缴城乡居民养老保险费政策落实，实现贫困人口基本养老保险代缴和发放"两个清零"。加强基金监管，在保障各项待遇按时足额发放的基础上，严格缴费政策、强化征缴手段、规范补缴费用政策，做到应收尽收。强化养老金领取资格认证工作，充分利用全区集中的信息数据，严格防范欺诈冒领养老金行为。建立自治区、盟市、旗县联动的风险预警机制，完善风险防控体系，确保基金安全平稳运行。

（三）加强人事人才工作

分类推进人才评价改革，指导自治区有关行业主管部门修订出台职称评审条件。健全基层一线和艰苦边远地区人才评价激励机制，实行定向评价、定向使用。出台《内蒙古自治区首席科学家（专家）选拔管理办法》，统筹开展草原英才青年拔尖人才选拔和全区青年创新人才奖表彰奖励工作。完善高技能人才队伍建设、技能培训、民办培训机构规范管理、技能人才社会化评价等政策措施。发挥技能竞赛在人才选拔评价中的作用，力争在全国竞赛成绩上取得突破。落实好人才引进"绿色通道"相关政策措施，发布2020年度高层次人才需求目录。深化事业单位人事管理改革，加强和规范全区事业单位公开招聘工作，制定《内蒙古自治区事业单位岗位设置管理办法》，增强岗位管理制度活力。

（四）深化工资收入分配改革

完善事业单位工资收入分配政策，出台事业单位高层次人才工资分配激励机制的实施意见，积极推进公立医院薪酬制度改革试点工作。加强企业工资收入宏观调控，全面落实《关于改革国有企业工资决定机制的实施意见》，建立薪酬调查和信息发布机制，调整最低工资标准，发布2020年度企业工资指导线和部分行业工资指导线。

（五）构建和谐劳动关系

积极推进和谐劳动关系试验区建设，认真履行盟市党政领导班子构建和谐关系工作的政绩考核。继续落实企业劳动用工网上备案制度，做好劳务派遣经营许可和事中、事后监管工作。充分发挥调解基础性作用和仲裁准司法制度优势，切实加强基层调解组织建设和规范化建设，提高调解成功率。加强农牧民工欠薪源头治理和信用体系建设，加大农牧民工工资治欠保支力度，落实农牧民工工资支付保障政策措施，开展拖欠农牧民工工资突出问题专项整治，保持对欠薪违法行为的高压态势，坚决遏制拖欠农牧民工工资问题。

（六）进一步提高人社公共服务水平

加快建设全区统一的人社公共服务平台，推行线下"综合柜员制"，实现全区人社经办服务"一窗受理""一网通办"，做到"马上办""就近办""一次办"，解决好服务群众"最后一公里"问题。

供　　稿：高国青　内蒙古自治区人力资源和社会保障厅
责任编辑：双　宝

内蒙古卫生健康事业发展形势

摘要：2019年，全区卫生健康系统有序推动健康内蒙古建设，深入实施健康扶贫，深化医药卫生体制改革，提高基层医疗卫生服务质量，落实预防为主方针，推动蒙医药中医药振兴，推进人口家庭和老年健康工作，强化卫生健康治理水平，为"建设亮丽内蒙古，共圆伟大中国梦"提供了健康支撑。

关键词：卫生；健康；家庭；发展

2019年，全区卫生健康系统以习近平新时代中国特色社会主义思想为指导，坚持党对卫生健康工作的领导，以健康内蒙古建设为主线，攻坚克难，卫生健康年度任务顺利推进，为"建设亮丽内蒙古，共圆伟大中国梦"提供了健康支撑。

一、推进健康内蒙古建设

自治区政府印发《健康内蒙古行动实施方案》，成立健康内蒙古行动推进委员会，制定《健康内蒙古行动监测评估与考核办法》，逐项启动17个专项行动。落实《内蒙古健康乡村建设实施方案》，融入全区乡村振兴战略。积极融入呼包鄂乌协同发展，构建四地卫生健康协同发展机制，推动区域内同一级别医疗机构通用病历、医学检验检查结果互认。

二、健康扶贫成效显著

成立健康扶贫专项推进组，层层签订任务完成保证书，落实"周例会、月汇总、定期调度、联合督导"、领导分区包片指导工作机制。截至10月底，全区32.3万脱贫户中有22.9万患病贫困户脱贫，占已脱贫户比例为67.8%。内蒙古卫生健康事业发展形势

（一）实施分类救治

累计核准患病贫困人口39.7万人，实施大病和慢病患者分类救治，贫困患者整体救治率为99.8%。将耐多药结核病等4种疾病纳入大病专项救治范围，病种达到25种，救治贫困患者39599人，救治率99.9%。家庭医生签约服务对常住贫困人口实现全覆盖，签约率97.62%。

（二）提升服务能力

投入约4亿元，对57个贫困旗县不达标的176个卫生院、752个卫生室实施"清零达标"行动。推进三级医院对口帮扶工作，支援医院向31个国家级贫困旗县医院派驻医务人员385人，新建临床专科12个。31个国家级贫困旗县医院均与支援三级医院建立了远程医疗系统，开展了远程教育、诊断、会诊等活动。

（三）前移防病关口

实施健康防病六大行动，开展对贫困布病患者的专项救治行动，妇女"两癌"筛查、儿童营养改善、新生儿疾病筛查项目覆盖到31个国贫旗县。完成所有涉及贫困人口集中供水工程的水质检测任务。推进贫困地区健康促进与教育进嘎查村、进家庭、进学校、进机关，开展了以"三减三健"为主题的全民健康生活方式行动。

三、医药卫生体制改革持续深化

（一）健全完善改革领导和工作推进机制

10项医改任务列入自治区党委改革台账。自治区人大就旗县级公立医院综合改革和分级诊疗制度建设进行专题询问。开展公立医院党委书记、院长"讲医改、见行动、出成效"活动，明确了10个方面的45项具体改革行动、50项见成效指标，覆盖所有二级及以上公立医院。

（二）推进公立医院综合改革

出台《内蒙古自治区开展建立健全现代医院管理制度试点工作方案》，4家医院被列入建立健全现代医院管理制度国家级试点医院，自治区级试点医院93家。成立自治区公立医院党建工作指导委员会，推动落实党委领导下的院长负责制，38家设党委的医院完成党委书记和院长分设。

（三）加快分级诊疗制度建设

印发《内蒙古自治区城市医疗集团和旗县域医共体建设计划》，实施"一网格一建设"，12个盟市城区按照46个网格由1所三级医院牵头推进城市医疗集团建设，80个旗县按照127个网格推进县域医共体建设。专科联盟建设覆盖妇幼保健和精神卫生等领域，远程医疗覆盖203家二级以上医疗机构，蒙中医药远程服务覆盖277个基层医疗机构。

（四）规范药品使用监管

出台《内蒙古自治区完善国家基本药物制度的实施意见》，全区医疗机构全面执行2018版国家基本药物目录，将蒙药（包括制剂、饮片）纳入基本药物监测管理。各级公立医疗机构对常用药品实施动态调整，全区二级以上公立医院基本药物配备使用率达到45%以上，三级公立医院超过30%。推进17种国家医保谈判抗癌药品进医院工作，已有32家医院配备使用抗癌药品。

（五）推进医疗卫生行业综合监管

自治区政府印发《内蒙古自治区改革完善医疗卫生行业综合监管制度实施方案》，完善综合监管协调机制，建立医疗卫生行业综合监管厅际联席会议制度。在全系统开展多形式多频次的专项整治活动。完成"双随机"监督检查9052件，推动将抽查信息纳入社会信用体系。不断规范医疗机构药品采购，加大违反"九不准"等行为查处力度，医疗服务环境不断净化。

四、基层医疗卫生服务质量不断提高

（一）大力提升基层服务能力

印发《关于进一步完善基层医疗卫生机构有关政策的通知》。利用中央专项资金，针对基层医疗卫生机构卫生专业人员开展技能培训。内蒙古基层APP线上培训系统累计注册学习人数达到31038人。开展"优质服务基层行"活动。部署基于电子健康档案的基层管理及应用系统，积极推进"基层检查、上级诊断"远程医疗服务。

（二）做实做细家庭医生签约服务

推动签约服务由"重签约数量"向"重服务质量"转变，试点推广家庭医生签约"六师协同"新模式，组建家庭医生团队9351个，签约率34.48%，重点人群签约服务覆盖率67.80%，残疾人签约率58.09%，计划生育特殊家庭自愿签约率75.25%，居民健康知识知晓率达到90%，群众对基层医疗卫生机构满意度达到92%。

（三）促进基本公共卫生服务提质增效

深入实施国家基本公共卫生服务项目，以高血压、糖尿病等慢性病管理为突破口促进基层医防融合，全区城乡居民规范化电子健康档案建档率84.09%，累计管理高血压患者191万人，累计管理糖尿病患者46.2万人，报告发现的结核病患者管理率为96.84%。

五、预防为主方针落实有力有效

（一）加强重大疾病和地方病防控

推进疾病预防控制八项行动，有效防控重大疾病和传染病流行。布病患者平均转慢率保持在10%以下，鼠间鼠疫疫情报告及时率和疫区处理率达到100%。组织开展居民心理健康状况调查，推进国家社会心理服务体系建设试点工作，严重精神障碍救治管理走在全国前列。慢性病综合防控示范区建设有序推进。认真落实疫苗监管"四个最严"要求，免疫规划信息管理系统上线运行，实现接种疫苗全程可追溯，全区儿童基础免疫接种率达到98%以上。全面实施地方病防治三年攻坚行动，全区有17个大骨节病、9个克山病、5个饮水型砷中毒、23个饮水型氟中毒病区旗县通过自评达到消除标准。

（二）开展健康促进与教育

实施健康促进与教育八大攻坚行动，推进健康促进旗县建设和阵地建设及基层健康教育指导员培养行动，爱国卫生月活动期间开展健康巡讲1.4万多场。开展健康素养和烟草流行监测及贫困旗县健康素养调查，推动开展健康环境促进行动，建立动态评价健康城市建设效果制度机制，年内新申报7个国家卫生城市，对22个国家卫生县城（乡镇）进行了复审复核。

（三）提升卫生应急能力

启动卫生应急能力巩固提升四大行动，建立自治区级突发事件卫生应急专家咨询委员会，全区各级卫生应急队伍达到469支，队员7921人。航空紧急医学救援工作全面启动，10个盟市开展了航空医疗救援建设工作。突发事件监测预警和风险评估得到加强，及时有效处置较大以上突发公共卫生事件和突发事件紧急医学救援11起，完成锡林郭勒盟"2·23"事故医疗救援工作。

（四）保障食品安全

加强食品安全风险监测和食源性疾病监测。发布亚麻籽粉、生马乳、策格、嚼克、生驼乳、灭菌驼乳、驼乳粉7个食品安全地方标准，修订《食品安全地方标准 奶茶粉》，内蒙古地方特色食品生产和监管无标准的问题得到有效解决。落实企业标准备案前公示制度，完成备案企业标准281份。完成食品安全国家标准乳及乳制品、肉及肉制品、粮食及粮食制品以及自治区食品安全地方标准跟踪评价工作。

（五）开展职业病防治

积极开展重点职业病监测，开展非医疗机构放射性危害因素监测和职业性放射性疾病监测工作，推进尘毒危害专项治理。实施尘肺病防治攻坚行动，将《职业病分类和目录》中的13种尘肺病全部纳入重点职业病监测内容，在部分医疗机构开展尘肺病筛查试点工作，纳入治理范围的用人单位粉尘危害申报率、粉尘危害定期检测率及接尘劳动者在岗期间职业健康检查率均达到80%以上。

六、医疗服务能力和水平稳步提升

（一）不断优化医疗服务

继续实施改善医疗服务行动计划，开展预约诊疗等5项制度建设，三级医院预约诊疗率30%。加强医院信息化建设，拓展麻醉和镇痛服务领域。呼和浩特市、包头市、赤峰市开展"互联网+护理服务"试点工作。全区41家医院被列入第一批国家分娩镇痛试点，19家医院被纳入国家真菌病监测网医院。

（二）着力提升旗县域服务能力

中央安排专项资金6.04亿元支持17个医疗卫生基础设施建设项目，其中县级医院建设项目13个，中央投资4.75亿元。出台《全面提升旗县级医院综合能力工作实施方案（2018—2020年）》，重点加强儿科、呼吸、肿瘤、心脑血管等专科专病能力建设，所有旗县级综合医院均达到二级以上医院标准，为提高县域就诊率、实现患者"大病不出旗县"奠定了基础。

（三）大力保障医疗安全

指导医疗机构建立健全医疗器械管理组织机构，加强医疗器械临床使用安全管理。开展儿科医师转岗培训临床轮岗实践工作。合理调整自治区级质控中心设置，新设儿童血液肿瘤诊疗质控中心，自治区设医疗质控中心60个，各盟市设质控中心210个。全面推广医护人员执业注册网上办理、压缩审批时限，启动电子证照与执业监管试点。

七、蒙医药中医药振兴发展持续加力

（一）完善服务体系

55个旗县的蒙医中医医院建设项目中，39所投入使用，14所完成主体工程。国贫旗县蒙医中医医院对口帮扶实现全覆盖,建成基层医疗卫生机构蒙医馆中医馆668个,6个旗县获"基层蒙中医药先进单位"称号。

(二)提升服务能力

自治区蒙医药中医药数据中心通过省级验收,远程医疗平台投入使用。45个蒙医优势病种临床路径获得积极推进。83个各级各类领先重点学科、实验室(工作室)建设步伐加快。完成37个旗县蒙药材中药材资源普查任务。24个蒙医药标准获得立项。实施国家级中医药传承与创新"百千万"人才工程(岐黄工程)。

(三)深化公立蒙医中医医院改革

完成1所国家章程试点和27所全国现代医院管理制度试点公立蒙医中医医院章程制定工作,启动22所三级公立蒙医中医医院绩效考核,建成蒙医中医医院牵头的县域医共体81个、专科联盟10个。

(四)深化对外交流合作

举办第三届中国·蒙古国博览会国际蒙医药成就展。自治区国际蒙医医院流动医疗车首次开进蒙古国,在乌兰巴托启动了"健康丝路"大型义诊活动,为当地500余名患者免费检查诊疗。

八、人口家庭和老年健康工作稳步推进

(一)建立完善支持生育政策

出台《内蒙古自治区人民政府办公厅关于促进3岁以下婴幼儿照护服务发展的实施意见》。实施女方产假、男方护理假、生育保险、高危孕产妇绿色通道、母婴设施等配套政策,引导群众按政策生育。取消二孩生育审批,简化规范再生育办理,累计建成母婴设施252个,二孩占比逐步提高,出生人口性别比保持在正常值范围。开展人口监测预警,自治区全员人口数据库采集常住人口信息2436.92万人。

(二)推进家庭发展

提高计划生育特别扶助金标准,独生子女死亡家庭、伤残家庭

每人每月分别提高到655元和520元。开展特殊家庭心理健康服务，为每个计划生育特殊家庭建立信息档案、设立"三岗"联系人、提供优先便利医疗服务、开展家庭医生签约服务。奖励扶助制度目标人群140370人，特别扶助制度目标人群23232人，少生快富目标人群775户。

（三）加强妇幼健康服务

加强妇幼保健机构标准化建设与规范化管理，实施母婴安全行动计划，印发《内蒙古自治区孕产妇死亡/危重症评审规范（试行）》，自治区人民医院和妇幼保健院被评为国家级母婴安全优质服务单位。实施儿童健康行动计划，开展儿童早期发展示范基地创建工作。强化出生缺陷综合防治，落实出生缺陷救助项目，加强新生儿疾病筛查，继续做好免费孕前优生健康检查项目。

（四）加强老年健康服务体系建设

全区有老年病医院36个，康复医院19个，护理院9个。开展安宁疗护试点，包头市、呼伦贝尔市、乌兰察布市被确定为国家安宁疗护试点城市，全区110个机构开展安宁疗护服务。开展老年人心理关爱工作，52个社区确定为国家老年人心理关爱项目单位。组织老年健康宣传周活动，确定国家和自治区老龄健康西部行项目4个。

（五）推动医养融合发展

支持有条件的养老机构开办康复、护理、安宁疗护机构，支持闲置床位较多的一、二级医院转型为康复、护理、安宁疗护机构，全面取消养老院内设医疗机构审批，实行备案管理。医养结合机构达到171个，5个医养结合入选全国医养结合典型案例。医养机构中，养办医机构105个，医办养机构66个，社会办医养机构57个。

九、卫生健康治理水平进一步强化

（一）强力推进卫生健康信息化建设

重点建设自治区和盟市两级全民健康信息平台及全员人口数据库、居民健康档案数据库和电子病历数据库三大基础资源数据库，推广应用居民电子健康码，同时实施"互联网+医疗健康"等项目。全员人口数据库、居民健康档案数据库和电子病历数据库建设完成。

（二）强化卫生健康领域法治建设

推进自治区精神卫生条例立法和蒙医药中医药条例修正，动态调整《内蒙古自治区卫生健康行政处罚自由裁量权基准（2019版）》，编制36项自治区级行政查检事项清单。加大医疗监督、卫生监督、传染病防治监督执法力度，加强全区饮用水、公共场所卫生监督管理，开展预防接种专项整治活动。

（三）提升创新发展能力

投入资金705万元，加强10个领先重点学科实验室建设。自治区人民医院慢阻肺实验室成为我区医疗卫生领域首个国家重点实验室。积极推动医学科学研究，获得自治区自然科学奖9项、科技进步奖25项、科学自然基金55项，向基层医疗卫生机构推广了38项适宜技术。

（四）逐步补齐人才队伍建设短板

6个盟市26个旗县完成第一批119名全科医生特设岗位招聘工作。住院医师规范化培训新招学员1237人。继续医学教育注册人数上升到15.1万人。招收面向嘎查村卫生室中等专业学历免费医学生389人。共培养培训合格全科医生5207人，每万人口居民拥有全科医生数达到2.05人。年内招收订单定向医学生179名，265名毕业生参加住院医师规范化培训，赴基层履约的订单生累计达到499名，覆盖354个苏木乡镇卫生院。

（五）统筹推进卫生健康相关工作

自治区本级财政对卫生健康事业专项投入90473万元，较2018年增加9089万元。1人入选"中国好医生、中国好护士"月度人物，评选出20名首届"草原健康卫士"。加强干部保健基地、队伍及管理信息平台和信息系统建设，圆满完成重大会议活动保障任务。

十、2020年工作思路

（一）推进健康内蒙古建设

全面实施健康内蒙古行动，建立和完善建设健康内蒙古的体制机制。编制"十四五"卫生与健康规划，深化医改规划及重点工作规划，组织开展"十三五"卫生与健康发展规划调研、终期评估等工作。全面实施国家《全民健康保障工程建设规划》。

（二）巩固健康扶贫成果

强化政策衔接保障，保障贫困人口基本医疗需求。巩固基本医疗保障成效，提升县域内医疗卫生服务能力。做好健康危险因素防控，推动健康扶贫关口前移。加快推进健康扶贫与乡村振兴战略有机衔接，建立健康扶贫长效机制，有效防止因病致贫因病返贫。

（三）推进深化医改工作

进一步强化"三医"联动改革。积极探索县域综合医改模式，实施医联体网格化管理，构建整合型医疗服务模式。全面推进现代医院管理制度建设，落实党委领导下的院长负责制，强化公立医院绩效考核，推进医院现代化治理水平有效提升。开展国家基本药物制度综合试点工作，做好短缺药品保供稳价工作。

（四）加强公共卫生工作

强化重大传染病防控，推进部门间的联防联控，科学应对新发和突发急性传染病疫情。开展全区地方病监测检测，推进自治区级慢性病综合防控示范区创建国家示范区建设。开展精神卫生管理工作，做好免疫规划管理工作，强化全区卫生应急体系建设和核心能力提升。深入开展爱国卫生运动，提升居民健康素养水平，加强食品安全风险监测和标准工作，推进职业病防治项目及专项行动。

（五）推动医疗服务高质量发展

实施进一步改善医疗服务行动计划，推进"互联网+医疗健康"和智慧医院建设，推动医联体内电子健康档案和电子病历共享、检查检验结果互认。全面加强旗县级医院人才、技术、临床专科等能力建设，提升旗县域内就诊率。强化全区卫生健康学科建设，推进县域医共体和社区医院建设，深入开展优质服务基层行活动，做好家庭医生签约服务。稳定优化乡村医生队伍，进一步提高基层医疗卫生机构服务质量和效率。推进全民健康信息化建设。

（六）大力推进蒙医药中医药传承创新发展

实施蒙医药中医药振兴行动，全面提升蒙医药中医药的服务能力和水平。优化人才培养结构，建立蒙医药中医药科研创新机制，打造科研创新平台，促进研究成果转化，促进蒙医药中医药在疾病预防、治疗和康复中与现代医学的融合发展。

（七）聚焦重点人群开展健康服务

密切监测生育水平变动态势，落实全面二孩配套政策，推动3岁以下婴幼儿托育服务工作，做好计生特殊家庭扶助关怀工作。加强老年医疗、康复、护理机构和综合医院老年医学科建设，推动安宁疗护试点，推进医养、康养融合发展。推进妇幼健康促进行动、母婴安全行动计划和健康儿童行动计划，构建全区出生缺陷综合防治体系，建立新生儿遗传代谢病质控中心及产前筛查、产前诊断相关专业质控中心。

供　　稿：杨若锋　内蒙古自治区卫生健康委员会
责任编辑：双　宝

内蒙古文化事业发展形势

摘要：2019年，内蒙古文化事业在不断改革进取中稳步前进，文化产业繁荣发展，公共文化服务持续加强，乌兰牧骑精神广为弘扬，文化供给侧结构性改革持续推进，文艺创作硕果累累，文化管理能力不断提升，中华文化"走出去"迈出更大步伐，呈现出积极健康、持续向上向好的良好态势，为"建设亮丽内蒙古，共圆伟大中国梦"凝聚起了强大的精神文化力量。

关键词：文化事业；文化产业；发展形势

2019年，内蒙古文化事业以习近平新时代中国特色社会主义思想为指导，深入贯彻落实党的十九大和十九届二中、三中、四中全会精神，深入贯彻落实习近平总书记考察内蒙古重要讲话和重要指示批示精神，增强"四个意识"，坚定"四个自信"，做到"两个维护"，坚持稳中求进、守正创新，坚持统一思想、坚定信心，坚持创造性转化、创新性发展，大力弘扬乌兰牧骑精神，深入推进文化体制改革，紧抓重大主题文艺精品创作，推动文化和旅游产业融合发展，强化公共文化服务体系建设，积极推进中华文化"走出去"，以高质量的文化产品和服务不断满足人民群众对美好精神文化生活的新期待，文化事业与全国同步同向，继续保持积极健康、向上向好的总体态势，为"建设亮丽内蒙古，共圆伟大中国梦"凝聚起了强大的精神文化力量。

一、乌兰牧骑事业蓬勃发展，乌兰牧骑精神旗帜在万里草原高高飘扬

以习近平总书记给苏尼特右旗乌兰牧骑队员们的回信精神为指引，推动乌兰牧骑事业蓬勃发展。

一是乌兰牧骑地方立法工作取得新进展。2019年9月26日，内蒙古自治区人大第十三届人民代表大会常务委员会第十五次会议审议通过《内蒙古自治区乌兰牧骑条例》，自2019年11月1日起正式施行，并入选"2019年内蒙古自治区十大法治事件"。深入实施《全区乌兰牧骑事业发展中长期规划（2018—2025）》和《乌兰牧骑基础设施标准化建设三年规划》。乌兰牧骑知识产权保护项目进行政府采购招投标完成。

二是乌兰牧骑精神广为弘扬。与中国社会科学院联合举办弘扬乌兰牧骑精神理论研讨会，邀请来自中国社会科学院、中国志愿服务研究中心、中共中央党校、北京大学、复旦大学、中央民族大学、上海海洋大学、广东工业大学、中国国家博物馆、内蒙古艺术学院、内蒙古乌兰牧骑协会、《中国文化报》内蒙古记者站等13家社科研究单位、高校、媒体的14位专家学者进行研讨交流，形成了一批高质量研究成果，在《内蒙古日报》、"学习强国"内蒙古平台、"北疆理论风景线"刊发。

三是"弘扬乌兰牧骑精神，到人民中间去"基层综合服务活动深入开展。采取"乌兰牧骑+"的方式，统筹联合全区农牧、科技、卫生健康、教育、司法、扶贫、林草、金融等各部门服务资源，动员自治区、盟市、旗县三级力量，组成247支行业服务轻骑兵，随乌兰牧骑小分队深入农村牧区、社区学校、边防哨所，特别是偏远地区和贫困地区，开展惠民演出等综合服务2000余场次，服务群众30多万人次。

四是乌兰牧骑艺术节和乌兰牧骑交流演出月活动受到群众欢迎。8月20—28日，在阿拉善左旗举办第八届内蒙古乌兰牧骑艺术节，包括文艺会演、深入基层演出、一专多能比赛、新时代乌兰牧骑创新与发

展研讨会、新时代乌兰牧骑摄影电影展、第十届阿拉善文化旅游节等活动，近2万名观众现场参与。结合"不忘初心、牢记使命"主题教育，组织开展"不忘初心、扎根草原——全区乌兰牧骑交流演出月"活动，30支东西部乌兰牧骑深入基层演出交流300余场，行程计4万余千米，观看人数超过10万人。

五是乌兰牧骑自身建设不断加强。投入9000多万元支持12支旗县乌兰牧骑解决业务用房、演出设备不足等基础设施问题。为32个国家级贫困旗县及"三少"民族自治旗乌兰牧骑购买了中巴车。组建乌兰牧骑队员东、中、西部实训基地，对全区乌兰牧骑队员进行轮训，组织开展乌兰牧骑老队员传帮带活动。

二、文艺创作演出日益繁荣，紧扣时代脉搏、体现时代精神的精品力作不断涌现

坚持以人民为中心的创作导向，勇于创新创造，坚守艺术底线，推动自治区文艺繁荣发展。

一是文艺选题策划和创作扶持机制进一步完善。制定出台《内蒙古重大主题文艺精品创作指导意见》，围绕重大时间节点、弘扬乌兰牧骑精神、弘扬蒙古马精神、弘扬守望相助精神和优秀传统文化艺术化转化等5个主题，提出红色百年内蒙古、少年中国、生态环保、蒙古马、乌兰牧骑、江格尔（格斯尔）、脱贫攻坚等10个系列创作选题，建立滚动扶持平台，通过系统规划，推出一批具有内蒙古特色的现象级创作成果。

二是各门类文艺精品硕果累累。围绕新中华人民共和国成立70周年等重大主题，创作推出文学作品《库布其与世界》《大风》，电影《红色之子·单刀赴会》《海林都》《呼伦贝尔城》，电视剧《国家孩子》，纪录片《阿鲁科尔沁的纯净》《乌拉特婚礼》，动漫《领风者》《小司来了》，广播剧《乌兰牧骑之恋》等一大批讴歌党、讴歌祖国、讴歌人民、讴歌英雄的精品力作。歌曲《点赞新时代》、电影

《黄大年》获全国第十五届"五个一工程"奖；舞剧《草原英雄小姐妹》获第十六届中国文华大奖；舞蹈《黑段子坎肩》获第十二届中国荷花奖民族民间舞奖；歌曲《点赞新时代》《看不够美丽中国》入选中宣部第七批"中国梦"主题歌曲；美术作品《远方》获第十三届全国美展"中国美术奖"金奖；电影《坐上火车上北京》和演员涂们获第三十二届中国电影金鸡奖提名。

三是庆祝新中国成立70周年系列群众性文化活动唱响了礼赞新中国的昂扬旋律。将庆祝新中国成立70周年主题贯穿于第十六届草原文化节全过程，组织实施了五大板块55个项目200多场具体活动。群众广泛参与"我和我的祖国"快闪征集展播、"舞动北疆"全区第二届广场舞大赛、"草原四季　亮丽北疆"全国美术作品展、京剧《大盛魁》巡展演、首届国际马头琴音乐节、首届呼和浩特国际音乐夏令营、乌兰牧骑专场演出、"我们的中国梦"——文化进万家等活动，焕发出全区各族人民爱党爱祖国爱社会主义的巨大热情。

四是一批重大文化项目落地落实。启动实施"红色百年内蒙古"重点文艺作品创作工程，在油画、雕塑、影视等多个门类，推出庆祝建党100周年重点作品。启动实施中国作协与内蒙古文学创作帮扶三年计划、优秀蒙古文翻译出版工程、草原文学扶持工程等重点项目。组织实施老作家艺术家口述史纪录工程，制作完成51部老艺术家口述史纪录片。

五是重大文化活动亮点纷呈。举办2019年中国·内蒙古国际合唱周、第三届中国·国际蒙古舞蹈艺术展演、第四届辽吉黑蒙四省区地方戏曲优秀剧目展演。在京举办2019内蒙古文化艺术人才北京恳谈会及各艺术门类创作座谈会。选送优秀剧目参加2019年中国戏曲（昆山）盛典、全国基层院团地方戏展演、全国优秀音乐剧展演、第十二届中国评剧艺术节，集中展示了内蒙古民族艺术的独特魅力。

三、公共文化服务体系日益完善，人民群众的文化获得感不断增强

着眼推动公共文化服务标准化、均等化，不断完善公共文化服务体系，提高基本公共文化服务的覆盖面和适用性。

一是深入推进广电网络基本公共服务入户工程。全年完成投资2.6亿元，建成内容服务平台13个、盟市分平台75个，签约旗县27个、立项工程15项，建成光缆38400千米、无线基站112座，发放有线电视智能接收终端130万套，构建自治区、盟市、旗县、苏木乡镇、嘎查村五级贯通的智慧化广电网络，利用4K智能终端等信息技术和设备，让农牧民既能收看到高清的电视节目，又能享受政策培训、政务信息查询等基本公共服务。

二是深入推进"鸿雁图书悦读"计划。以图书馆总分馆制服务体系为纽带，将新华书店各网点、社区、企事业单位建为图书馆分馆，群众凭借城乡通用的"鸿雁"读书卡，在新华书店各网点和图书馆分馆借阅图书，享受"你借书、我买单"服务，全区借阅图书26万册，码洋912万元，实现图书馆、新华书店、"草原书屋"等各类图书资源和群众需求的有效对接和有效流通。

三是实施公益电影放映提质增效工程。开展"小康路上的奋斗故事""我与祖国一起成长"等公益电影放映活动，实施电影固边工程和蒙古语电影放映工程，完成公益放映13.4万场，观影人数超过700万人次。

四是扎实推进"两馆一站"等文化场馆的免费开放工作。推动文化馆和图书馆总分馆制建设，部署开展全区苏木乡镇综合文化站评估定级，在科右中旗开展公益文化岗位购买服务改革试点，积极推动政府购买公共文化服务，不断提高基层公共文化服务效能。

五是广泛开展文化惠民演出。举办全区群星奖优秀节目巡演、第二届农牧民文艺会演等系列示范性群众文化活动，深入开展"草原文艺天天演""百团千场""草原音乐周末""草原戏剧展演月""四

季内蒙古演出季"等文化惠民活动。与广东省联合开展"阳光工程""圆梦工程"文化志愿服务双向交流活动。

六是持续深化公共文化机构法人治理结构改革。内蒙古博物院、内蒙古图书馆、内蒙古文化馆等试点单位改革深入推进，对全区公共文化服务免费开放资金等使用情况开展绩效评价。

四、文物保护利用改革扎实推进，文物保护、文物安全、文物展示利用各项工作取得新成效

一是加强制度体系建设。制定《关于加强文物保护利用改革的实施意见》《内蒙古自治区革命文物保护利用工程（2019—2023年）实施方案》《关于进一步加强文物安全工作的实施办法》，与自治区人大联合开展《内蒙古自治区革命文物保护条例》立法调研，争取将其列入自治区人大立法程序。

二是积极推进第八批国保单位申报。哈民遗址、马鬃山墓群、昆都仑召等8处文物保护单位入选第八批全国重点文物保护单位，全区全国重点文物保护单位增加至149家。自治区人民政府公布了大青山革命抗日旧址等36处重点文物保护单位保护范围和建设控制地带。

三是扎实开展申遗基础工作。重点做好辽上京和祖陵遗址、红山遗址群、阴山岩刻、万里茶道申遗基础性工作，在内蒙古博物院举办"茶叶之路八省区巡展"。

四是积极推进长城保护基础工作。启动长城国家文化公园建设工作，成立领导小组，组建专家咨询组，编制建设方案，开展资源普查，推动呼和浩特市清水河县北堡明长城文化公园建设。

五是扎实开展考古工作。持续开展中蒙联合蒙古国古代游牧民族遗存研究、考古中国——河套地区古代聚落与社会研究、阴山北麓新石器早期考古学文化研究、辽上京遗址、多伦县黄土沟辽代遗址等考古发掘与研究工作。持续推动萨拉乌苏、和林格尔土城子、辽上京国家考古遗址公园建设工作。

六是博物馆事业稳步提升。加强特色博物馆建设，审核备案鄂尔多斯市日兴红色文化博物馆、科左中旗哈民遗址博物馆等4家博物馆。对全区37家非国有博物馆藏品进行了备案，共登记备案藏品52719件套(129879件)。对全区国有可移动革命文物进行了统计，收藏单位52家，可移动革命文物12403件套。在蒙古国举办"大辽契丹——中国内蒙古辽代文物精品展"，内蒙古博物院"天骄蒙古"展览荣获2018年度全国博物馆十大陈列展览精品奖。

五、非遗传承保护稳步推进，保护传承实践机制不断健全

积极推动非遗保护传承，促进中华优秀传统文化创造性转化、创新性发展，不断增强非遗的生命力和影响力。

一是加强非遗法治能力建设。开展《中华人民共和国非物质文化遗产法》《内蒙古自治区非物质文化遗产保护条例》贯彻落实情况调研，促进地方政府落实主体责任。组织编制《内蒙古自治区文化生态保护区建设规划》，推荐鄂尔多斯市牧业文化生态保护区申报国家级文化生态保护实验区。组织乡土专家、大学生志愿者等，开展20个贫困旗县非遗资源补充调查。

二是加强非遗名录体系建设。推荐江格尔等30个项目申报国家级非遗代表性项目，持续推进非遗抢救记录，完成4位国家级传承人及25个自治区级项目抢救记录。

三是加强非遗主题宣传展示。组织开展文化和自然遗产日、草原文化遗产保护日活动，举办蒙古马非遗展、"额吉牧歌"——内蒙古非遗传承人群扶贫研培成果展活动、锦绣中华·草原霓裳——蒙古族服饰秀、2019年非遗传承人群研培成果展、"共同传承 共同弘扬"两岸非物质文化遗产传承与保护对话活动、守望精神家园——两岸非物质文化遗产月暨美丽中华行推广活动。

四是加强非遗助力脱贫攻坚工作。举办首届中国手工刺绣传承创新大会，研究制定"蒙古族刺绣项目三年振兴及年度行动计划"，扶持

蒙古族皮艺等12个项目，探索自治区传统工艺振兴及非遗扶贫模式。

五是加强非遗传承培训。举办全区非遗保护志愿者培训班、全区贫困旗县非遗保护业务人员培训班、蒙晋陕三省基层非遗保护管理人员培训班、非遗传承人群培训班13期。

六、文化产业持续健康发展，迸发新活力

加快推进全区文化产业发展，更好地实现人们的文化权益，丰富人们的精神世界，促进人的全面发展和社会全面进步。

一是加强总体部署。召开全区文化改革发展工作座谈会，制定《2019年内蒙古自治区文化产业发展工作要点》，编制《全区文化产业中长期发展规划纲要和三年行动计划》，提出全区文化产业发展的目标定位、空间布局、发展重点和保障措施。

二是实施项目带动。持续开展全区重点文化产业项目、骨干文化企业和重点小微文化企业认定工作，认定了40个重点项目、10个骨干企业和50个小微企业。对全区文化产业项目进行入库管理，加大对文化产业项目的培育、引导和支持力度。

三是强化资金扶持。修订《内蒙古自治区文化产业发展专项资金管理暂行办法》，改变专项资金使用方式，重点支持自治区和盟市确定的重大文化产业项目。

四是推动马文化产业发展。召开第二届中国马文化节暨首届内蒙古国际马文化博览会，举办开闭幕式、主题讲座、赛事活动、演艺演出、展览展示、创作征集、传播平台、主题活动等八大类41项近200场次活动，直接参赛、参展、参会、观看等参与者约60万人次，通过电视直播、网络直播、新媒体平台直播等方式参与者约5000万人次，推动了内蒙古马文化旅游产业高质量发展。

五是优化平台搭建。举办第四届内蒙古文化产业博览交易会、中国手工刺绣传承创新大会、"弘扬蒙古马精神"创意设计大赛、蒙古包设计大赛等，与广东省和浙江省围绕媒体、文学艺术、文化产业、

文化活动、文化人才培养等方面内容签署了框架协议，利用平台资源，强化以商招商，积极推动本地区文化企业、文化产业项目加强与区外有合作潜力的文化企业、金融机构、投资公司进行合作，实现发展壮大。

六是扶持文化旅游产业发展。举办内蒙古首届旅游商品大赛、蒙古族服装服饰艺术节等展洽活动，组团参展中国（深圳）国际文化产业博览会，深化"内蒙古味道"品牌创建。内蒙古博物院"草原茶道"系列文创产品获中国旅游商品大赛金奖。

七、对外文化交流亮点纷呈，中华文化感召力、影响力进一步提升

一是对外深入宣介习近平新时代中国特色社会主义思想。在蒙古国承办《习近平谈治国理政》（第一卷）和《摆脱贫困》西里尔蒙古文版首发式暨中蒙治国理政研讨会，蒙古国高层政要、专家学者等260多人参加；中蒙高端智库合作推出《中蒙合作研究习近平新时代中国特色社会主义思想成果文集》，收入《论习近平"绿水青山就是金山银山"理论与塞罕坝重新绿化之世界经验》《中国脱贫经验与蒙古国贫困现状启示——以贵州贵阳市为例》等10篇论文。

二是举办"感知中国"纪念中蒙建交70周年系列文化活动。"我们的友谊"图片展展示了中蒙70年来各领域交往合作的历史照片；"万里茶道展"展现了中蒙两国人民传统友谊；"苏绣、蜀绣、湘绣、粤绣·中国刺绣艺术展""蒙古马美术作品展"等展览惊艳乌兰巴托；"友谊的彩虹""情满丝路"文艺演出精彩展现了多元一体的中华文化；中国电影展映周一票难求，在乌兰巴托掀起了"中华文化热"，为中蒙建交70周年营造了喜庆友好的浓厚氛围。

三是重大人文交流活动影响广泛。承办第四届中俄蒙三国旅游部长会议、中蒙博览会开幕式演出，组织召开"万里茶道"国际旅游联盟工作会议和第六届中俄蒙三国五地联席会议，举办第十届中蒙新闻论坛，进一步密切了与俄罗斯和蒙古国的人文交流合作。

四是积极参加"欢乐春节""文化旅游交流年"等活动。赴日本、韩国、新加坡开展了文化旅游推介，设立内蒙古旅游营销中心，与坦桑尼亚中国文化中心开展了"美丽草原我的家——坦桑尼亚·中国内蒙古文化旅游年"活动和"美丽中国——内蒙古文化旅游周"活动，在台湾举行"美丽的草原我的家——内蒙古非物质文化遗产专场演出"。举办2019中蒙俄春节联欢晚会，先后派出6个团组190名优秀民族艺术家分赴印度、不丹、泰国、日本、埃塞俄比亚、卢旺达、塞舌尔、毛里塔尼亚、突尼斯等9个国家开展2019"欢乐春节"活动，共组织演出和旅游推介活动24场，受众人数超过10万人次。

展望2020年，全区文化事业将以习近平新时代中国特色社会主义思想为指导，全面贯彻落实党的十九大和十九届二中、三中、四中全会精神，坚持以人民为中心的发展思想，以高质量发展为目标，以融合发展为主线，以改革创新为动力，聚焦为人民群众提供优秀文化产品和服务、优质旅游产品和服务，不断满足人民群众美好精神文化生活需要。

一是着力推动文艺繁荣发展，扎实推进《内蒙古自治区重大主题文艺精品创作指导意见》的实施推广，围绕全面建成小康社会、"红色百年内蒙古"等重大主题，征集创作一批具有鲜明草原文化特色、体现时代精神、促进民族团结的精品力作。

二是着力推进公共文化服务标准化、均等化，实施基层综合文化服务中心建设、广播电视网络进村入户和内容建设、"草原书屋"和"鸿雁全民阅读"一体化改革、"弘扬乌兰牧骑精神，到人民中间去"基层综合志愿服务等惠民工程，让基层群众充分享有文化服务。

三是着力推进文物保护利用，加强黄河历史文化保护传承弘扬工作，推进萨拉乌苏考古遗址公园、和林格尔土城子考古遗址公园建设，公布实施《内蒙古自治区长城保护总体规划》，启动内蒙古长城文化公园建设前期工作，继续推动辽上京和祖陵遗址等重点文化遗产申遗。着力推进非遗传承保护，启动江格尔中蒙联合申遗工作，加强传统工艺工作站建设，设立非遗就业工坊，重点扶持蒙古包营造技艺传承发展，设计推出一批非遗旅游精品线路，探索非遗小镇建设，推动非遗进景区、进卖场。

四是着力推动文旅融合发展，筹划组建内蒙古文旅投集团，制定文旅产业重点项目贷款贴息办法，重点支持夜间经济、自驾营地等项目，推动呼和浩特旅游商品展销中心建设，实施文创产品和旅游商品进景区计划，加强文旅宣介，打造"祖国正北方　亮丽内蒙古"文旅知识产权。

五是着力推动中华文化"走出去"，坚持国家站位，深化与蒙、俄等周边国家的文化交流合作，办好中国内蒙古文化周、中蒙新闻论坛等品牌活动，赴新加坡等地开展"欢乐春节"活动，与墨西哥中国文化中心合作开展中国内蒙古文化年活动，以内蒙古的生动实践展示全面、真实、立体的中国形象。

供　　稿：刘　晶　内蒙古自治区党委宣传部
责任编辑：张　敏

内蒙古科技事业发展形势

摘要：2019年，全区科技创新重点工作取得新成效，在科技管理体制机制创新、基础科学研究能力提升、科技成果转移转化、区域创新布局优化方面加大力度，扎实推进创新型内蒙古建设。

关键词：科技创新；基础研究；成果转化；区域创新

2019年，全区科技界深入学习贯彻落实习近平总书记对内蒙古重要讲话和重要指示批示精神，按照党中央、国务院和自治区党委、政府总体部署，切实筑牢"四个意识"，坚定"四个自信"，做到"两个维护"，扎实提高科技创新能力，助推经济高质量发展，创新型内蒙古建设取得新进展。

一、2019年全区科技创新重点工作成效

（一）科技管理体制机制创新取得新突破

启动新一轮部区会商、院区合作。坚持高位推动，加强与科技部的合作，争取国家层面对内蒙古更多的支持。呼包鄂自创区、巴彦淖尔农高区、鄂尔多斯可持续发展议程创新示范区、乳品及蒙医药国家重点实验室和乳业及稀土国家技术创新中心创建等重点工作，得到科技部支持，被纳入部区会商议题，争取自治区政府与科技部尽快签署合作协议。积极贯彻落实自治区政府与中国科学院签署的全面科技合作协议，借助中科院的优势资源，提升我区创新能力和水平。

建立厅市会商制度。坚持科技服务经济发展，科技厅与盟市政府紧密合作，盟市根据地区主导产业创新发展需求，提出需求建议；科

技厅结合自治区产业创新重点和地区实际,双方协商确定支持重点,共同推动提升地区产业创新能力。目前,科技厅已与呼伦贝尔市、兴安盟签订了合作协议。

积极开展厅际联动。加强与行业部门间的联动,发挥行业主管部门的作用,共同研究科技项目支持方向。围绕现代能源、卫生健康、生态环境、现代农牧业等领域,已与能源局、工信厅、卫健委、生态环境厅、农牧厅等部门联动开展科研攻关方向凝练。

推进产学研合作新机制。鼓励由企业牵头或以企业为主体申报自治区科技重大专项。高校、科研院所牵头的项目,必须与企业联合申报、联合攻关,突出企业技术需求。鼓励企业在高校设立联合实验室,或高校与企业联合设立技术创新中心,根据企业技术需求,制定研发任务,直接对接市场,直接促进转化。设立了每年规模5亿元的成果转化引导资金,支持实验室研发成果进行熟化、放大和工程化实验。实施科技成果交易后补助政策,对转化项目、成果交易项目进行后补助,激励成果对接市场、成功转化。鼓励支持内蒙古工业大学、内蒙古农科院等高校、院所设立技术转移示范机构,大量培养既懂技术又懂市场、既有能力又有资质的职业经理人和技术经济人队伍。

(二)基础科学研究能力不断提升

自然科学基金作用更加突出。基金规模从2600万元提高到6000万元,增长1.3倍,既扩大了基金支持面,又增强了单项支持强度。加大对青年人才的支持,设立35周岁以下博士基金、40周岁以下杰出青年培养基金,专项支持青年科技人才进行科研探索。与高校、医疗机构等共同设立联合基金,扩大支持范围,使更多的科研人员有科研项目支持、有施展才华的平台、有出成果的机会,对稳定人才、提高原始创新能力发挥了积极作用。

基础研究方面取得了一批优秀成果。内蒙古林业总医院蜱传疾病研究取得突破性进展,发现一种新的RNA病毒,成果在国际顶级医学期刊《新英格兰医学杂志》上发表。内蒙古农业大学等单位联合完成的基于肠道菌群作用的益生乳酸菌精准筛选及产业化关键技术获得2019年度高等学校科学研究优秀成果奖（科学技术）技术发明一等奖。

国家重点实验室建设进一步向前推动。委托国家级专业化评估机构对内蒙古3家国家重点实验室进行评估，支持建设经费2000万元。累计投入近亿元，支持国家重点实验室开展技术攻关和人才培养。经与科技部沟通，同意将支持内蒙古自治区乳品生物技术与工程重点实验室和内蒙古自治区蒙医药重点实验室建设和培育省部共建国家重点实验室纳入部区会商议题，为下一步实验室升级奠定良好的基础。

（三）科技创新整体水平稳步提升

科技创新平台建设再上新台阶。依托内蒙古农业大学建设的中国—蒙古国生物高分子应用联合实验室通过科技部评审，被认定为首批14个"一带一路"联合实验室之一。全球规模最大、工艺技术最先进、智能化程度最高的杉杉科技包头一体化基地投产，实现了人造石墨从原材料处理到成品的一体化布局。稀土新能源汽车产业联盟在包头成立。全区首家医院5G网络试点开通，并正在打造智慧医院5G联合实验室。

关键技术攻关取得新突破。袁隆平院士工作站引进推广最新培育的耐盐碱杂交水稻先进技术在兴安盟试验成功，耐盐碱水稻平均亩产突破500千克，为我国同等条件下的盐碱地水稻种植提供了科学依据。纳米碳材料非金属赝电容与自支撑膜堆叠电极实现商业级储能。

共性技术研发平台建设迈上新水平。深化科技创新平台载体体系建设，委托第三方评估机构，组织对现有自治区高新技术特色产业基地、科技企业孵化器和重点实验室等创新平台进行复核评估，实现动态管理、以评促建，解决平台建设只顾"挂牌子、戴帽子"的问题，充分发挥创新平台的有效支撑作用。支持2家孵化器升级为国家级科技企业孵化器，新建院士专家工作站10家。目前，内蒙古共有159家重点实验室，8个临床医学研究中心，182家院士专家工作站，54家科技企业孵化器，223家众创空间，为高校、院所、医院提供共性技术研发和创新创业服务。实施大型科研仪器设备开放共享政策。将高校、科研院所大型科研仪器设备在共享平台上公布，支持中小微企业开展研发活动，对提供仪器和服务的机构，给予后补助支持。对19家注册实验室的145台科学仪器开放共享服务后补贴金额为174万元。推进产业技术创新战略联盟建设。新建内蒙古呼伦贝尔马铃薯种薯创新战略联盟。截至目前，自治区产业技术创新战略联盟达到34家，涵盖畜牧、蒙医蒙药、新材料、有色金属、草原生态等多个领域。

（四）生态文明建设取得新成效

生态领域关键技术攻关快速推进。围绕生态保护、大气污染防治和沙地水资源利用组织开展了一系列战略研究。布局了乌海及周边地区大气污染防治重大关键技术研究与示范、内蒙古"一湖两海"水污染控制与综合治理关键技术研发与集成示范等科技重大专项，取得了丰硕成果。"内蒙古生态脆弱区'一湖两海'等典型湖泊退化机制与生态调控"被列入国家重点研发计划，纳入国家生态建设科技创新总体布局。

库布其国际沙漠论坛成为内蒙古生态治理新名片。第七届库布其国际沙漠论坛向世界宣传推广中国荒漠化防治先进技术成果模式经验，推动落实联合国2030年可持续发展议程，为全球可持续发展提供中国经验。

（五）科技成果转移转化后劲显现

科技成果转移转化体系逐步完善。《内蒙古自治区促进科技成果转化条例》等相关政策加快落实。新建14个技术合同认定登记机构，技术转移人才培养基地在内蒙古工业大学建成启动。

大力实施技术交易后补助政策。建立了线上线下相结合的自治区科技成果交易平台。技术交易额大幅增加，1—9月，登记交易合同509项，同比增长74.9%；合同成交额13.41亿元，同比增长26.6%；技术交易额9.08亿元，同比增长39.9%。建立了买方、卖方和服务方三方后补助机制，对符合条件的444项技术交易进行后补助，补助金额达3859万元，调动了各方成果转化的积极性。

科技成果转化为现实生产力成果突出。我国煤炭行业首批基于5G技术实现驾驶无盲区的大型矿车正式在内蒙古扎哈淖尔露天煤矿投入运行，实现煤矿生产无盲区智能监控。内蒙古京能五间房一期2×660MW超超临界褐煤间接空冷机组成功运用褐煤烟气提水技术，实现发电生产"零水耗"，破解了锡林郭勒盟干旱地区电源点项目水资源供需矛盾突出的瓶颈制约，为同类型地区褐煤规模开发项目水源问题提供了参考和借鉴。

（六）区域创新布局取得新进展

推动创建呼包鄂国家自主创新示范区。经协调，科技部将自创区创建列入自治区政府和科技部将要签署的部区会商议题中。积极推动健全领导机制，已向自治区政府上报成立自治区科技创新领导小组的请示，成立由自治区政府主要领导任组长、自治区政府分管领导任副组长的自治区科技创新领导小组，统一领导自治区科技创新及呼包鄂自创区创建等工作。将呼包鄂自创区创建纳入呼包鄂乌协同发展计划。加快推动创建各项工作，组织完成《呼包鄂国家自主创新示范区创建总体方案》上报自治区政府。同时，支持引导呼包鄂3家国家高新区加快管理体制改革和创新，持续提升科技创新能力。支持经费3亿元，在呼和浩特市和林格尔新区布局建设高性能计算平台（超算中心），填补了我区空白。支持三市科技成果转化资金各3000万元，推动科技成果转化。通过积极争取，科技部同意国家乳业技术创新中心设在呼和浩特市，由呼和浩特市政府牵头组建；国家稀土技术创新中心（北方中心）设在包头，由包头市政府牵头组建。引导呼包鄂3家高新区加强自身能力建设，呼和浩特市提出了金山国家高新区优化管理推动可持续发展的意见。包头稀土高新区通过打造科技资源支撑型载体，进一步推动中小企业创新创业升级，正在积极创建国家稀土技术创新中心等国家级科技创新平台。鄂尔多斯高新区加快实施促进科技创新若干政策，为高新技术产业发展营造良好的环境。呼包鄂自创区创建已打下了很好的基础，工作取得了积极进展。

支持巴彦淖尔创建国家农业高新技术产业示范区。加强与科技部的汇报对接，将国家农高区创建列入自治区政府和科技部将要签署的部区会商议题中。指导巴彦淖尔市编制完成巴彦淖尔国家农业高新技术产业示范区建设规划和实施方案。按照科技部农高区推荐工作的要求，经自治区政府同意，自治区科学技术厅已将巴彦淖尔市申请建设国家农业高新技术产业示范区的推荐文件报送科技部。支持巴彦淖尔市推动高层次科技创新平台在农高区落地，与中国农科院饲料研究所、蔬菜花卉研究所、农产品加工研究所、植物保护研究所等进行了合作洽谈。与中科院兰州兽药研究所签署了合作协议。建设中美金伯利农庄，一期2000亩项目已建成。

二、全区科技创新工作中存在的问题

近年来，在自治区党委、政府的领导下，全区科技创新工作总体上取得了较大的进步，但科技创新政策落实存在"中梗阻""最后一公里""一刀切"等问题，科技有效支撑高质量发展的能力不足，创新能力与发达省区的差距还在不断拉大。

（一）基层对科技创新工作重视不够

盟市、旗县领导对科技创新工作的重视不够，思想认识还有待提高，没有把科技发展列入当地党委、政府的重要议事日程中。新一轮的机构改革过程中，旗县区的科技管理部门多数被撤并，基层科技管理职能和力量进一步弱化，边缘化趋势明显。

（二）创新制度设计落实方面与发达省区存在差距

部分政策存在"重制定、轻落实"的现象，对政策后续落实关注度不高，一些政策在落实过程中没有形成有效的保障机制和监督机制，政策实施效果不明显。由于相关职能部门认识不统一、协调不到位，相关政策条款制定不严格、政策措施解释不一致等原因，各项优惠政策普遍存在申请程序烦琐、办理流程不清晰、申报审批环节较多、缺乏指导和咨询服务等问题。

全区财政科技支出比重明显低于全国平均水平。2018年，全区研究与试验发展投入强度仅为0.75，居全国倒数第六位（26位），位列西部12省、自治区、直辖市第八位。财政研发投入主要依靠自治区本级财政，大部分盟市科技专项资金设立额度较小，对全社会研发投入引导作用不强。全区仅呼包鄂三市财政科技支出占财政支出比重高于全区平均水平（全区平均水平0.51%），大部分旗县区没有科技投入预算。企业是研发投入的主体，近三年研发企业数量、企业研发投入强度持续下降。

三、下一步重点工作安排

（一）开展"十四五"科技创新战略规划研究

与科技部战略研究院紧密合作，编制完成自治区"十四五"科技创新发展规划，进行自治区科技创新战略研究和顶层设计。

（二）落实部区会商和与中科院全面科技合作协议各项内容

推进创建呼包鄂国家自主创新示范区、国家乳业和稀土技术创新中心、国家农业高新技术产业示范区和国家重点实验室等工作。

（三）组织实施五大领域技术攻关

围绕稀土、大规模储能、石墨烯、氢能、碳捕集封存等领域创新方向，紧密对接国家科技部，组织实施一批科技重大专项，争取国家科技部支持。

（四）加强生态文明建设

加快推进鄂尔多斯市创建国家可持续发展议程创新示范区，向"一带一路"沿线国家和国际社会提供荒漠化治理中国经验，落实联合国2030年可持续发展议程。启动生态环境科技专项，开展荒漠化防治、草原森林生态系统保护、污染防治等领域关键共性技术攻关。围绕人口健康、蒙医药、公共安全、防灾减灾等领域重大需求，加强科技创新。

（五）建立政府牵头、部门推进的科技创新机制

科技创新是系统工程。增强全区科技创新水平和能力，需要全社会共同努力，需要各个部门的全力配合，共同协作发力。推动成立自治区主要领导任组长的科技创新领导小组，统筹推进全区科技创新工作。

（六）强化企业在科技创新中的主体地位

大力培育高新技术企业，支持企业牵头开展技术攻关。鼓励企业牵头实施重大科技项目。落实支持企业科技创新各项措施。

（七）加快科技成果转化和推广应用

落实各项科技成果转化政策。积极落实《内蒙古自治区促进科技成果转化条例》《内蒙古自治区技术转移体系建设方案》等政策。继续组织实施科技成果转化引导项目。大力实施技术交易后补助。引导金融对科技成果转化的支持。

（八）推动科技体制改革

积极争取国家实施"科技兴蒙"战略，推动与发达省市开展科技合作交流。推动与呼伦贝尔、兴安盟厅市会商各项议题落实落地，与条件成熟的盟市签订新的厅市会商协议。加大厅际联动力度，与更多的行业管理部门联动，广泛征集科技需求，精确凝练指南方向。推动自治区党委、政府进一步加大对盟市党政领导班子实施创新驱动战略的宣传和考核，增加分值比重，推动盟市党委、政府真正在思想认识上和行动上把科技创新摆到更加突出的位置。

供 稿：姜宝林 内蒙古自治区科学技术厅
责任编辑：双 宝

内蒙古政府法治建设形势

摘要：2019年，内蒙古自治区全面履行政府职能，简政放权，大刀阔斧，激发市场活力；进一步完善制度建设，维护社会主义法制统一；严格执行重大行政决策的法定程序，提高政府行为公信力和执行力；规范行政执法，执法监督工作迈出新步伐；健全矛盾纠纷化解机制，回应人民群众对民主法治、公平正义的需求；落实法治政府建设培训制度，树立法治信仰，培塑法治精神，法治政府建设各项工作不断向纵深推进。法治政府建设使命在肩，意义深远。2020年，各级各部门将各司其职、各尽所能、群策群力，共同推进法治政府建设，努力为自治区各项事业发展提供有力的法律服务和法治保障。

关键词：法治政府；法律服务；法治保障

习近平总书记曾指出，推进全面依法治国，要坚持法治国家、法治政府、法治社会一体建设，其中法治政府建设是重点任务和主体工程，对法治国家、法治社会建设具有示范带动作用。中共中央国务院《法治政府建设实施纲要（2015—2020年）》（以下简称《纲要》）颁布实施以来，自治区党委、政府先后印发《贯彻落实〈法治政府建设实施纲要（2015—2020年）〉实施方案》（以下简称《实施方案》）和《关于加快推进法治政府建设的实施意见》，自治区人民政府认真贯彻党的十九大精神和习近平新时代中国特色社会主义思想，以《纲要》为统领，锐意改革、勇于创新、强化落实，加快推进法治政府建设，为自治区经济健康发展和社会和谐稳定营造了良好的法治环境。

一、2019年法治政府建设情况

（一）依法全面履行政府职能，以深化改革促进政府职能转变

转变政府职能是建设法治政府的重要任务。近年来，自治区扎实推进行政审批制度改革，以严格的清单管理，规范政府权力边界，全面推行行政权力事项标准化，继续简化优化各领域审批流程，有力推动了简政放权。深入开展"减证便民"专项行动，清理出自治区自行设定的证明事项326项，取消58项，保留自治区地方性法规设定的证明事项16项并向社会公布。各盟市和各级行政执法部门实现了"双随机一公开"监管全覆盖。2019年，自治区本级行政权力清单由3270多项压减到960多项，压减71%，取消下放1364项自治区本级行政权力事项，实现政府权力"瘦身"，市场"强身"，持续深化"放管服"改革，推进自治区高质量发展。

（二）完善依法行政制度，以立改废释并举提升抽象行政行为规范化水平

自治区不断完善立法程序，稳步推进重点领域立法，增强立法的及时性、系统性、针对性和有效性。对涉及社会公众普遍关注的热点难点问题和经济社会发展遇到的突出矛盾，减损公民、法人和其他组织权利或者增加其义务，对社会公众有重要影响等重大利益调整事项的，进行咨询论证，如对《内蒙古自治区额济纳胡杨林保护条例（草案）》进行专家学者咨询论证，借助专家学者的专业优势提高立法质量。积极推进民主立法，发挥立法协商作用，将《内蒙古自治区红十字会条例（草案）》作为立法协商项目，在具体的调研、审查、修改过程中，邀请政协社法委的有关政协委员、专家全程参与，形成高质量的地方立法协商成果。2019年，审查修改地方性法规11部，废止5部，制定政府规章4部，修改2部，废止2部。为保证法制统一和政令畅通，各盟市及自治区各部门共清理规范性文件7591件，其中废止和宣布失效2191件；清理涉及"放管服"的规范性文件1395件，其中废止

和宣布失效742件。组织开展涉及"放管服"的规范性文件专项清理及2017年度全面清理"回头看"工作,规范性文件制定质量和备案监督实效明显提升。

(三)推进行政决策法治化,以加强合法性审查提高行政决策质量

决策是行政权力运行的起点,推进行政决策法治化是规范行政权力的重点。为了贯彻落实《国务院办公厅关于全面推行行政规范性文件合法性审核机制的指导意见》,自治区政府出台了《内蒙古自治区人民政府行政文件合法性审核工作规定》和《合法性审核意见文书参考格式》等配套格式,规范合法性审核职责,严格合法性审核标准,建立合法性审核范式,凡涉及公民、法人和其他组织权利义务的规范性文件,均被纳入合法性审核范围,确保实现合法性审核全覆盖,做到应审必审,保证所有提交政府集体讨论决定的规范性文件和重大行政决策都合法合规,为转变政府职能、提高政府服务水平、打造良好的营商环境把好法律关。创新合法性审核方式,发挥政府法律顾问"外脑"作用,严格执行《内蒙古自治区政府法律顾问工作规定》,畅通政府法律顾问参与政府法律事务的渠道和方式,充分发挥政府法律顾问、专家学者、公职律师的作用,为自治区政府重大决策提供法律参考。截至目前,2019年经自治区政府办公厅合法性审查文件380余件,包含请示类文件230余件,重大行政决策类文件12件,行政规范性文件91件,合同协议类35件等。国务院《重大行政决策程序暂行条例》颁布实施后,自治区在全国率先研发重大行政决策管理平台,以合法性审查为核心,实现决策的全流程记录、全过程监督。

(四)严格公正文明执法,以规范行政执法提升行政执法质量和水平

坚持严格规范公正文明执法,是提升执法公信力的重要途径。自治区通过开展综合执法、推行行政执法三项制度、加强行政执法队伍建设等工作,规范行政执法,促进社会公平正义,维护社会和谐稳定。自治区整合归并执法机构,减少执法层级,下沉执法重心、下移执法机构和力量，推行"一个部门一支队伍管执法""一个领域一支队伍管执法""同城一支队伍管执法"，有效解决多头和重复执法问题，大幅提升执法效能，进一步推进综合执法体制改革。在全区推行行政执法"三项制度"，自治区研发了全区统一的行政执法监督管理平台和执法智能终端，实现执法案件全过程留痕、及时上传存储、公示及重大执法决定的法制审核，提升行政执法行为的透明度、合法性。按照中央依法治国办的部署，分别对12个盟市开展驻在式调研，对包头市和巴彦淖尔市开展食品药品监管执法，对呼和浩特市等4个盟市开展营造法治化营商环境，保护民营企业发展专项督查。对6个盟市、8个厅局开展了法治政府督察，对发现的问题列出清单，加强整改，进一步提升重点执法领域执法水平和法治化营商环境建设水平。

（五）强化对行政权力监督，以有效制约为核心规范行政权力的运行

建设法治政府，很重要的一个问题就是公权力是否得到有效约束，手握公权力的人是否严格依法办事。近几年，自治区以规范和约束公权力为重点，自觉接受人大、政协和社会各界监督，人大代表建议和政协委员提案办复率达到100%。积极配合全国人大常委会和自治区人大常委会执法检查，认真落实提出的意见和建议。各级政府主动公开投诉举报电话，进一步畅通群众监督渠道。通过加快推进政府信息公开，构建阳光政府，加快各级各部门政务服务门户网站、"两微一端"建设。强力打造公共法律服务实体平台、12348热线平台、内蒙古法网、掌上12348微信公众号、手机APP、4K智能机顶盒等"六位一体"的公共法律服务体系。公共法律服务实体平台在自治区、盟市、旗县实现了全覆盖，在苏木乡镇、嘎查村实现了95%的覆盖率。

（六）多渠道联动发力，以人民为中心的社会矛盾纠纷化解机制正在形成

目前，全区各级复议机关办理行政复议案件2251件，较2018年度增长6.8%；全区各仲裁委员会办理仲裁案件2922件，涉及标的上百亿元。复议仲裁工作在化解社会矛盾、促进社会公平正义、维护群众合法权益等方面发挥了积极作用。2019年，以实现新跨越为抓手，将行政复议、仲裁工作向纵深推进，在全国创新性建成面积1000平方米的"四大功能庭"、多功能会议室，实现远程网上服务，打造"阳光复议""智慧复议"。自治区对盟市涉及党政机关未能执行完毕的案件，加大督促检查力度，累计执行案件217件，执行标的额74269万元，推动党政机关执行人民法院生效裁判落实落地。坚持"枫桥经验"，建立"党建融合""诉调对接""交调对接"工作机制，运用4K机顶盒和JIPad"移动司法所"完善社会矛盾纠纷多元预防调处化解机制。目前全区设立人民调解组织1.5万余个，调解矛盾纠纷7.4万件，调解成功率达97.3%，努力将矛盾化解在基层。组织开展根治拖欠农牧民工工资问题专项维权活动，出台法律便民服务30条具体举措，办理农牧民工法律援助案件近万件，依法保障农牧民工的合法权益。

（七）加强法治教育培训，以强化法治意识不断提高行政机关工作人员的法治素养和依法行政能力

各级政府建立完善学法制度，注重抓领导干部这个"关键少数"，通过党委（党组）中心组学法、举办法治讲座、双休日讲座等形式，开展领导干部和公务员学法用法工作。各单位公职人员参加网络在线学法和普法考试，建立完善领导干部学法考勤、学法档案、学法情况通报等制度，将领导干部法治考试纳入党委、政府绩效考核，切实提高法治素养和依法办事能力。2019年，全区各地共举办了领导干部法治讲座2500场，举办骨干培训班280余次，培训骨干6万多人次；参加法律知识考试4.2万人次，参考率达95%。全区网络在线学法平台参学单位16181家，参学人数689841人，实现网络在线学法参考人数、通过率连续三年提高，进一步完善和落实国家工作人员学法用法制度，提高国家工作人员的法治素养和依法办事能力。

（八）加强统筹协调，以创新管理不断推动各项工作落到实处

一是以信息化建设为抓手全面破题法治政府建设工作。自治区积极开发法治政府建设主要工作的运作载体——法治政府智能化一体平台，被评为2019年智慧司法十大创新案例，在全国信息化大比武中获一等奖。自治区政府办公厅印发了《关于运用信息化手段加强和改进法治政府建设考核工作的通知》，要求应用智能化一体平台对法治政府建设进行考核验收，真正发挥督促、倒逼、问责、激励作用，在全区形成纵向和横向上统一的"一盘棋"考核评价机制，使内蒙古步入法治政府建设网上考核的新时代。

二是以正向激励、树立典型、示范引领为抓手全面提升法治政府建设工作质量。根据中央依法治国办部署和自治区依法治区委员会安排，自治区向中央依法治国办择优推荐自治区法治政府示范创建候选名单，目前我区包头市入选全国法治政府示范创建综合候选地区，锡林郭勒盟入选单项候选项目。下一步，将由中央依法治国办按照步骤程序要求组织实地评估等工作。

三是以打造法治宣传地区品牌为抓手营造法治政府建设良好氛围。2018年12月2日，"全国宪法宣传周"启动仪式暨法治乌兰牧骑会演在呼和浩特市举办，受到领导和同行、社会各界等多方好评。首创法治乌兰牧骑系列动漫剧《小司来了》获自治区"五个一工程"奖，入选"学习强国"，荣获全国第四届平安中国微电影微视频微动漫比赛暨十大微动漫作品奖。《法治乌兰牧骑》纪录片在中央广播电视总台社会与法频道播出，强化法治乌兰牧骑普法宣传金色品牌。

二、2020年法治政府建设展望

2020年是基本建成法治政府的验收之年、收官之年，法治政府建设已进入了提档加速、实现跨越式发展的关键之年。

（一）强化提升领导干部的法治意识，深入推进法治宣传工作

法律是政府行政的基石，依法行政是推进法治政府建设中必须树立的首要观念，在任何时候，在任何情况下，不论是任何理由，行政都不能脱离法律的约束，这是法治政府的基本要求，也是政府执法

为民的基本要求。每一名干部特别是领导干部，都要按照"法无授权不可为，法定职责必须为"的原则行使好手中的权力。政府施政必须以法律为准绳，有法律依据，符合法律要求，不能越权行政、滥用职权，也不能放弃职权不作为，更不能以权谋私。对各级领导干部，通过落实学法用法制度、任前法律知识测试等方式，引导领导干部主动学法，将责任放在第一位，自觉把本地区、本部门各项工作全面纳入法治化轨道，系统谋划、扎实推进。对各级行政执法人员通过网络学习考试、加强培训、开展以案释法等方式，强化法治意识，真正明白为什么去执法，执法要达到的效果是什么，真正把行政执法吃透拿准，真正成为对人民负责、对法律负责的"奉法者"。对各级各部门以深入贯彻落实"谁执法谁普法"责任制的方式，建设大普法格局，进一步完善自治区、盟市、旗县（市、区）三级普法责任体系。进一步完善普法宣传社会联动机制，强化各部门的普法责任，明确各部门的职责、任务。对社会各界要进一步创新普法宣传形式，以贯彻落实《内蒙古自治区乌兰牧骑条例》为抓手，发挥"法治乌兰牧骑"金色普法品牌作用，继续推进"法律六进"等工作。

（二）继续深化"放管服"改革，促进政府职能转变

以推进审批服务便民化和优化发展环境为目标，着力破除与简政放权、放管结合、优化服务不相适应的体制机制障碍。加大"放管服"重点领域攻坚力度，进一步下放行政审批权限，减少行政审批环节，激活和催生市场主体。编制标准化工作规程和办事指南，推行一次性告知、一表申请，推行同一事项无差别受理、同标准办理。紧盯服务大厅、办事窗口，重点整治工作人员与"黑中介"相互勾结、权力寻租、非法牟利以及中介服务不规范不透明等社会反映强烈的问题，营造服务高效、公平竞争、监管有力的中介服务市场，改善企业和群众办事环境。打破各地、各部门间的数据壁垒，做到无条件归集、有条件使用，实现全区"一平台、一张网、一个库"。着力解决下放权力基层接不住的问题，推进行政执法授权和委托，加快综合执

法改革，加强对基层负责行政审批的人员的指导和培训，确保下放权力不仅接得住，还要接得好。

（三）立改废释并举，扎实推进行政立法工作

党的十九届四中全会要求，立法工作要完善立法体制机制，要坚持科学立法、民主立法、依法立法，完善党委领导、人大主导、政府依托、各方参与的立法格局，立改废释并举，不断提高立法质量和效率。当前，面对新任务、新要求，加快出台与国家法律相配套，与内蒙古高质量发展要求相适应，具有鲜明地方特色和民族特色的地方性法规规章，使我区立法工作由"有没有"向"好不好"转型，由"有法可依"向"良法善治"跨越，由"粗放型"立法向"精细化"立法升级。处理好"立、改、废"之间的关系，立法要跟上形势，不合时宜的法要及时改或废，只有"立、改、废"并举，才能真正实现良法善治。建立立法咨询论证专家库，运用好自治区、盟市、旗县三级法律法规库，加强法规规章宣传和政策解读，推动实现公开立法、网上立法。

（四）严格落实决策程序，加强合法性审查力度

抓好国务院《重大行政决策程序暂行条例》的贯彻落实，修订《内蒙古自治区重大行政决策程序规定》。将各部门各地区的重大行政决策纳入行政决策平台管理，严格实施重大行政决策的各项程序，确保行政决策质量和效率，进一步完善合法性审查机制，规范合法性审查程序，提高对规范性文件、重大行政决策及合同协议等的前置合法性审核能力，发挥政府法律顾问在依法决策中的重要作用，确保政府文件决策合法有效。进一步加强备案审查监督力度，探索专家协助审查机制和合法性审查新方式。

（五）加强行政执法监督，推进行政执法规范化建设

坚持"法无授权不可为，法定职责必须为"的原则，机关工作人员要树立文明执法的良好形象，做到有法必依、执法必严、违法必究，依法惩处各类违法行为，切实维护群众和企业利益。抓好对行政执法主体的管理，从上到下进行清理确认，梳理行政执法主体资格。加强对行政执法人员的管理，严格实行行政执法人员资格管理制度，加大对行政执法人员学习教育、培训考试力度，提升业务能力和水平，确保行政执法行为的公正性。推进行政执法规范化、信息化建设，督导行政执法部门严格落实行政执法"三项制度"，推进行政执法监督平台及智能执法终端全面应用，推行"教科书式"执法、亮证执法和执法流程的规范化管理。加强对行政执法行为的监督，通过信息系统监管、执法案卷评查、个案监督等方式，加大行政执法的监督力度，防止和纠正违法或者不当的行政执法行为。

（六）充分发挥主渠道作用，有效化解矛盾纠纷

全面推行行政复议仲裁信息化，将行政复议、仲裁案件的重要环节全部纳入多元化解社会矛盾平台，全程网上留痕，全力推行网上申请、网上送达、网上公开结果的工作机制。创新公共法律服务管理体制和工作机制。用网络坚持发展"枫桥经验"，司法所、人民调解组织通过4K机顶盒和JIPad实现与公安、法院、信访等部门互联互通，实现多元调解，提高调解效率和调解质量。建立完善公共法律服务评价机制，形成定型成熟的管理制度。

供　　稿：张　洁　内蒙古自治区司法厅
责任编辑：朱　檬

热点篇

内蒙古脱贫攻坚形势

摘要：2019年，强化组织推动，优化政策供给，统筹整合资源，紧盯"两不愁三保障"，凝聚攻坚合力，全面改善基础条件，巩固脱贫成果，持续推进脱贫攻坚，取得了决定性的成就。

关键词：脱贫攻坚；摘帽退出；相对贫困

党的十八大以来，全区始终以习近平总书记关于扶贫工作的重要论述为指导，深入学习贯彻习近平总书记关于扶贫工作的重要论述及对内蒙古工作的重要讲话和重要指示批示精神，认真贯彻落实党中央、国务院扶贫开发重大决策部署，把脱贫攻坚作为重大的政治任务和头号民生工程，持续推进脱贫攻坚。2019年，全区建档立卡贫困人口由2013年底的157万人减少到目前的1.6万人，累计实现减贫155.4万人，贫困发生率由11.7%下降到0.11%。3694个贫困嘎查村全部出列，剩余20个国贫旗县已经完成第三方评估，有望全部摘帽退出。

一、脱贫攻坚工作进展

（一）强化组织推动，压实攻坚责任

坚持自治区负总责、盟市旗县抓落实的管理体制，有效落实五级书记抓扶贫责任，实行省级领导干部"一对一"联系贫困旗县制度。将自治区专项工作推进组充实为18个，分行业分领域推动任务落实。向57个贫困旗县分别派驻由1名厅级干部带队的工作总队，常驻督导脱贫攻坚工作。向3694个贫困嘎查村选派工作队，为每个贫困户落实1名帮扶责任人。

（二）强化资金保障，加大投入力度

一是加大扶贫专项资金投入。各级财政投入专项资金99.23亿元，中央安排专项资金24.58亿元，同比增长5%；自治区安排专项资金44.87亿元，同比增长7%。

二是统筹整合使用财政涉农涉牧资金。整合76.07亿元，同比增长15.7%。

三是加强扶贫资金监管。由财政、扶贫等部门牵头成立资金使用监管指导组，对57个贫困旗县扶贫资金使用情况开展了两轮督查，及时发现问题并督促解决。严格落实公告公示制度，自治区、盟市、旗县对专项扶贫资金分配情况全部进行了公告公示。

四是精准投放扶贫小额信贷。加大扶贫小额信贷精准投放力度，做到"应贷尽贷"。加强贷前、贷中、贷后管理，有效防范化解信贷风险。新增扶贫小额信贷15.32亿元，覆盖3.71万户。

（三）优化政策供给，精准分类施策

针对一些深层次、易反弹问题，结合落实国家扶贫政策，深入研究并从顶层设计拿出系统解决方案。先后出台了《关于进一步推进产业精准扶贫政策措施》《解决"两不愁三保障"突出问题工作方案》等多项政策性文件，打出了政策组合拳。

一是全力抓好产业扶贫。实施项目8096个，扶持贫困人口115.2万人次，同比增长32.2%。农牧业产业扶贫，大力发展肉羊、肉牛、生猪、家禽、饲料饲草、玉米、马铃薯、蔬菜等八大优势特色产业，采取"菜单式"、企业带动、资产收益等多种方式，让更多贫困人口在产业链条中受益。实施项目7065个，覆盖贫困人口83.15万人次，同比增长24.7%。旅游扶贫，投入6400万元，同比增长140%，实施旅游项目152个，同比增长55%，带动贫困人口4199户。电商扶贫，帮助贫困户实现销售收入8607.5万元，带动1.14万贫困人口就业创业，同比增长8.1%。光伏扶贫，31个集中式光伏扶贫电站全部建成投运，保障4万户无劳动能力贫困人口每年增收3000元以上。"十三五"实施两批433个村级光伏电站项目，有效增加2143个贫困嘎查村集体经济收入，帮扶11.3万建档立卡贫困户。

二是有效开展就业扶贫。以技能培训、岗位开发、劳务协作为主要抓手，帮助贫困人口就近就业，实现稳定增收。实现贫困人口就业10万人次（跨省就业0.3万人次、区内就业9.7万人次）。其中，新增扶贫车间96个，实现就业4343人；公益岗位7.3万个，实现就业8.8万人。

三是稳步实施易地扶贫搬迁。"十三五"期间，全区规划搬迁贫困人口12.49万人、5.33万套安置住房的建设任务全部完成，截至目前已全部搬迁到位。因人因户落实后续扶持措施，对有劳动能力的贫困人口通过发展产业、促进就业实现稳定增收，对无劳动能力的贫困人口进行社会兜底保障，确保实现搬得出、稳得住、能致富。

四是大力实施生态扶贫。将80%以上的国家和自治区林业重点生态建设项目安排到贫困旗县，让更多贫困人口在生态扶贫中实现增收。投入国家林业重点工程资金9.52亿元、国家公益林补偿资金15.83亿元，新增护林员公益性岗位5200个。

五是强化社会兜底保障。将符合条件的建档立卡贫困人口依申请纳入低保范围，做到"应保尽保"。将15.24万未脱贫人口中符合条件的9.49万贫困人口纳入低保。为符合条件的贫困人口代缴保费，为符合条件的7.17万未脱贫人口代缴基本养老保险费，实现了代缴全覆盖。

六是积极开展消费扶贫。出台了《内蒙古自治区关于深入开展消费扶贫　助力打赢脱贫攻坚战的实施意见》，动员社会各界扩大贫困地区产品消费。开展贫困地区特色优质农畜产品"进京"行动，加强与阿里巴巴、京东、首农、字节跳动等网络平台的合作，积极探索互联网、新媒体下的消费扶贫新模式。启动自治区"农校对接"工作，有效促进贫困地区产品与学校食堂精准对接。全区组织购买、销售贫困地区农畜产品36.93亿元，带动贫困人口近9万人。

（四）统筹整合资源，攻克深度贫困堡垒

政策落实上，针对自治区确定的15个深度贫困旗县基础条件薄弱、公共服务不足等突出问题，重点从产业扶贫、基础建设、土地政策等9个方面给予政策倾斜，有效改善深度贫困地区的发展条件。完成自然资源部下达我区建设用地增减挂钩节余指标跨省域调出任务3600亩，调剂资金11.4亿元。

资金投入上，把深度贫困地区作为重点优先保障，自治区财力性转移支付、新增财政扶贫资金和涉农涉牧资金优先支持深度贫困旗县。对未摘帽的12个深度贫困旗县投入扶贫资金24.49亿元，同比增长23.4%。

（五）紧盯"两不愁三保障"，着力解决突出问题

组织盟市、旗县全面开展"两不愁三保障"排查摸底工作，精准锁定了未完成指标任务。通过实施10项"清零达标"专项行动，统筹整合各方资源，有效解决了影响"两不愁三保障"突出问题。

义务教育方面，全面改善贫困地区薄弱学校基本办学条件，完成了1793所学校达标建设。建立了控辍保学动态数据库，实时监控贫困家庭儿童辍学失学情况，义务教育阶段没有因贫失学辍学问题。

医疗保障方面，将贫困人口全部纳入基本医保、大病保险和医疗救助范围，贫困患者救治比例达99.9%，25种大病患者救治率达99.9%；33万名贫困慢病患者享受签约服务，签约率达98.5%。自治区安排财政专项资金1.3亿元，完成752所卫生室和176个卫生院达标建设。

住房和安全饮水方面，排查发现需要危房改造的贫困户8073户17056人，现已全部完成改造任务，排查出饮水安全未达标贫困人口2.1万户46817人，现已解决到位。

（六）凝聚攻坚合力，全面推进社会扶贫

一是持续深化京蒙扶贫协作。京蒙双方主要领导率团互访，各层级各领域深入对接，推动京蒙协作各项工作全面走深走实。京蒙扶贫协作年度指标任务全面完成，14.54万名贫困人口从中受益。其中，北京市省部级及以上领导9人次来访，自治区回访11人次；投入各级财政援助资金15.33亿元，同比增长26.6%，引进企业107家，实际投资

31.4亿元，帮助3.45万名贫困人口实现区内外就业；京蒙选派挂职干部（技术人才）分别为778人次和2461人次；采购和销售自治区农副产品35.71亿元。

二是扎实推进中央单位定点帮扶。中央单位领导班子成员调研对接57次，直接投入帮扶资金2.08亿元，同比增长48.57%；引入帮扶资金5.66亿元，引进项目214个，同比增长48.89%，带动8.7万贫困人口增收，选派挂职干部54人，培训基层干部和技术人员3.4万人次，贫困人口转移就业1959人。

三是积极开展社会扶贫工作。深入开展"万企帮万村"行动，共有891家企业与2092个嘎查村结对，累计投入28.7亿元，实施项目2171个，带动贫困人口13.24万人。有效发挥"中国社会扶贫网"作用，全区累计注册近60万人，累计捐赠次数10万余次，捐赠金额236万元。组织企业和社会组织以各种形式公益帮扶8000余万元，成立扶贫志愿服务团队116个，1万人，累计服务时长80万小时。持续开展"光明行"公益活动，累计筛查80.93万人，实施复明手术3.52万例。

（七）加快补齐短板，全面改善基础条件

一是开展交通扶贫。全区农村牧区道路建设重点向贫困地区倾斜，积极推进贫困地区"四好农村路"建设，全面提升贫困地区干线公路网络的通行能力和服务水平。新改建贫困地区农村牧区公路5700千米，较去年同比增长5%。

二是实施电力扶贫。结合"清零达标"专项行动，全面排摸贫困嘎查村通动力电、贫困户通生活用电情况，大力提升贫困地区供电能力和质量，有效保障偏远地区贫困人口用电需要。截至目前，已完成15个贫困嘎查村通动力电工程，惠及2300余人；解决剩余517户贫困人口通生活用电问题。

三是推进信息网络扶贫，实施网络扶贫行动，全面推进贫困嘎查村信息化建设。新建4G基站209个村，新通宽带1个村，已超额完成"十三五"规划行政村信息化建设任务。

（八）减轻基层负担，关心关爱基层干部

一是切实减轻基层负担。制定了贯彻落实解决形式主义突出问题为基层减负的26条具体举措，充分利用精准扶贫大数据平台和扶贫开发信息系统调取数据，减少基层填表报数，精简会议文件，规范督查检查，为基层留出更多时间抓落实。

二是持续开展作风治理。深入开展扶贫领域作风建设深化年活动，力戒形式主义、官僚主义等问题。畅通12317扶贫信访渠道，强化监督服务。截至11月底，共受理信访事项265件，同比下降29%；已办结252件，办结率为95%。落实扶贫、信访、纪委监委问题线索双向移送工作机制，开展全区扶贫领域信访问题专项受理行动，主动化解矛盾纠纷，解决群众合理诉求。

三是关心关爱基层扶贫干部。出台《内蒙古自治区关心关爱脱贫攻坚一线干部若干办法》，注重从脱贫攻坚一线选拔干部。表彰奖励基层干部2610人，提拔重用901人，受到处分28人。扶贫干部牺牲5人。开展分级分类培训，全区举办扶贫干部培训1203期，培训26万人次。

（九）巩固脱贫成果，防止松劲懈怠

一是做好贫困退出巩固提升工作。把防止返贫摆在更加突出的位置，开展脱贫人口常态化"回头看"，制订巩固提升专项方案，切实巩固脱贫成果。2019年，37个已摘帽贫困旗县共投入69亿元，实施巩固提升类产业项目4030个。加强动态监测，及时发现返贫风险点并采取有针对性的帮扶措施予以解决。

二是严把贫困退出关。严格贫困退出标准程序，印发了《2019年贫困旗县退出专项评估工作方案》，进一步优化完善专项评估标准程序，加强督促指导，防止数字脱贫、虚假脱贫，确保脱贫结果经得起检验。

三是落实"四不摘"要求。严格落实贫困旗县约束机制，保持摘帽退出旗县党政正职稳定。贫困户脱贫后，继续保持产业、医疗、兜底保障等政策稳定。出台《驻村工作队调整工作意见》，进一步优化

驻村工作人员结构，未出列贫困村驻村队员不少于5人，出列的不少于3人，将自治区、盟市和旗县新选派的优秀年轻干部充实到攻坚任务较重的地区，切实做到尽锐出战。强化监督管理，根据脱贫攻坚任务实际实行差异化考核，持续加强对退出旗县的督促指导。

四是持续激发贫困内生动力。实施扶贫扶志行动，细化了15条具体落实举措。深入开展文化扶贫"十进村"和乌兰牧骑巡演活动，积极宣传扶贫政策，提振贫困群众精神气。改进帮扶方式，采取以奖代补、先建后补、设置公益岗位、实行奖励积分等方式提高群众参与度，有效培育贫困群众脱贫主体意识。

（十）积极探索总结，推动脱攻坚改革创新

扶贫资产管理方面，在全国率先开展扶贫资产清查和管理工作，探索建立扶贫资产公司化管理试点，形成了到户类资产、公益类资产、经营类资产"三本账"，确保扶贫资产保值增值、持续发挥效用。

扶贫改革试验方面，推动赤峰市获批国家扶贫改革试验区，围绕建立高质量稳定脱贫机制、贫困预防机制、扶贫治理长效机制等，确定了重点改革试验项目课题，积极探索脱贫攻坚与乡村振兴有效衔接的新路子。

拓宽扶贫宣传形式方面，启动建设了全区脱贫攻坚3D网上展厅，2019年底前实现自治区、盟市、贫困旗县三级互联互通。创新"10·17"扶贫日宣传形式，通过制作公益宣传广告、开展专题研讨、召开新闻发布会、发表署名文章、举办电视访谈等多种方式，有效提升宣传质量和水平。深入挖掘全国脱贫攻坚奖推荐人选，2019年，我区4名个人、2个集体荣获全国脱贫攻坚奖。4个全球减贫案例被国务院扶贫办采用。赤峰市被列入中西部地区国家扶贫改革试验区。

二、2020年主要工作和措施

2020年是脱贫攻坚战全面收官之年，我们要全面贯彻落实党的十九届四中全会精神，深入学习贯彻习近平总书记关于扶贫工作的重要论述及对内蒙古重要讲话和重要指示精神，按照党中央、国务院决策部署，坚持精准扶贫精准脱贫方略，坚持问题导向、目标导向、结果导向，保持攻坚态势，巩固脱贫成果，提高脱贫质量，加强总结宣传，建立稳定脱贫长效机制，高质量打赢脱贫攻坚战。

一是持续压实攻坚责任。坚决落实"四个不摘"要求，力度不减、靶心不变，防止出现松懈滑坡现象。

二是全面开展脱贫攻坚"回头看"工作。围绕"三落实""三精准""三保障"开展排查整改，着力解决影响脱贫质量的突出问题和薄弱环节，2020年上半年整改落实到位。

三是对重点工作实行挂牌督战。成立专项督导组，对产业扶贫、易地扶贫搬迁后续帮扶、资金使用管理、驻村工作队管理等重点工作，开展挂牌督战，切实解决实际问题。坚决完成剩余贫困人口和新致贫返贫人口的脱贫任务，20个国贫旗县在2020年2月底前全部宣布摘帽退出。

四是建立稳定脱贫和逐步致富长效机制。聚焦特殊贫困人口，统筹落实好养老、医疗、低保、救助、防贫保险等政策。强化产业扶贫，加强技能培训，促进转移就业，做好易地扶贫搬迁后续帮扶，加大扶志扶智力度。建立健全返贫监测预警和动态帮扶机制，及时将新致贫返贫人口纳入帮扶。

五是全面做好总结宣传工作。提炼脱贫攻坚精神，加强正面宣传，完善建档立卡丰富脱贫攻坚档案。夯实基层党组织基础，关心关爱脱贫攻坚一线干部。

六是认真谋划后续工作。推深做实扶贫资金形成资产管理工作，防范化解扶贫领域各类风险，研究建立解决相对贫困的长效机制，编制"十四五"巩固脱贫成果规划，推进脱贫攻坚与乡村振兴的有效衔接，确保脱贫攻坚目标任务如期全面完成。

供　　稿：张　国　内蒙古自治区扶贫办
责任编辑：双　宝

内蒙古生态环境保护形势

摘要：美丽的生态环境是内蒙古高质量发展的重要组成部分。2019年，内蒙古以"一湖两海"综合治理为突破口，全面推进蓝天、碧水、净土三大保卫战，持续大力实施重大生态建设工程，全区生态环境呈现持续改善趋势。但受区位、产业结构、资源禀赋等影响，内蒙古生态环境保护与建设方面仍面临诸多挑战，"生态优先、绿色发展"的理念需要持续强化，生产方式、生活方式仍需加快转变。

关键词：生态优先；综合治理；绿色发展

2019年，内蒙古各级各部门以习近平新时代中国特色社会主义思想为指导，全面落实习近平总书记关于内蒙古工作的一系列重要讲话和重要指示批示精神，牢固树立"绿水青山就是金山银山"的理念，积极探索以"生态优先、绿色发展"为导向的高质量发展新路子。在全区上下的共同努力下，内蒙古经济社会发展方式加快转变，绿色高质量发展迈出坚实步伐。

一、内蒙古生态环境保护与建设成效

（一）三大保卫战成效显著

印发实施《打好污染防治攻坚战四大专项整治行动分工方案》，围绕矿山整治和违规征占用草原问题、污水处理厂排放不达标和工业固体废物问题、地下水超采和黑臭水体治理问题、重点城市空气质量改善等开展专项行动，从源头上解决了一批涉气、涉水、涉土的污染问题。

蓝天保卫战。颁布《乌海市及周边地区大气污染防治条例》，制定出台"散乱污"工业企业、工业炉窑、柴油货车超标排放专项治理方案。加强大气环境综合整治，治理"散乱污"工业企业976家，火电机组超低排放改造26台596.7万千瓦，治理挥发性有机物67家，治理工业炉窑88家，工业粉状物料堆场全封闭改造381项。实施棚户区改造5.3万套，淘汰县级以上城市建成区内10蒸吨/小时及以下燃煤小锅炉1031台，更换清洁炉具12617套，削减散煤22.7万吨。突出抓好重点区域大气污染防治，重点解决呼和浩特市散煤燃烧和扬尘污染问题，包头市"工业围城"问题，乌海市及周边地区矿山开采、煤炭自燃和众多工业园区排放叠加问题，持续改善空气质量。加强城市道路、施工工地和矿区扬尘污染治理，地级及以上城市建成区道路机械化清扫率达到61.5%。严格实施机动车"国五""国六"排放标准，推广柴油货车使用车用尿素，建成自治区级机动车遥感监测平台。

碧水保卫战。颁布《内蒙古自治区水污染防治条例》，印发实施《内蒙古自治区人民政府办公厅关于加强重点湖泊生态环境保护工作的指导意见》《黄河内蒙古段生态环境保护与修复行动计划》《内蒙古自治区重点流域断面水质污染补偿办法（试行）》等政策文件。严格落实河湖长制，扎实开展河湖"清四乱"行动，清理疏浚河道5381千米。依法划定集中式饮用水水源保护区994处，生态环境部督办的63个饮用水水源地环境问题全部完成整改。全区地下水超采量较2014年压减80%。13处城市黑臭水体完成初步治理任务。全区109座城镇污水处理厂平均达标排放率99.5%，平均负荷率76.5%，再生水利用率超过20%。

净土保卫战。推进农业农村污染治理，完成1397个建制村环境综合整治任务，全区化肥、农药使用量保持负增长，畜禽粪污及秸秆综合利用率分别达到78.8%和84.5%，当季地膜回收率为72%。完成4个土壤修复治理国家试点项目，对186家涉重金属企业实施重点监管。全区累计完成3317个加油站、14545个地下油罐防渗改造任务，累计建成工业园区渣场68个。制定印发《内蒙古自治区城镇生活垃圾分类工作指导意见》，在各盟市政府所在地全面启动了生活垃圾分类工作。

（二）强化生态环保督察和"一湖两海"综合治理

持续加大生态环保督查整改力度。2016年，第一轮中央环保督察49项整改任务完成35项，完成率71.4%；2018年，中央环保督察"回头看"及草原生态环境问题专项督察100项整改任务完成59项，完成率59%；2313个有效群众信访举报问题完成整改2278个，完成率98.5%。正式启动自治区生态环境保护督察，2020年6月底前对12个盟市全部督察一遍，切实解决一批群众关心的生态环保问题。制定出台《贯彻落实习近平总书记关于"一湖两海"生态环境治理重要批示指示精神的实施方案》，20项整改治理任务中完成7项任务，其余13项正在按序时进度实施。

呼伦湖综合治理。完成《呼伦湖流域生态与环境综合治理实施方案》修编工作，调整了治理目标体系，优化了治理项目。扎实推进综合治理二期工程13个项目，已完成7个项目的主要建设任务，完成投资10.45亿元。启动海拉尔区、牙克石市等6个地区的10个生活污水处理厂再生水回用工程，开工建设6个，累计完成投资2.47亿元。继续实施环湖周边环境整治，已累计拆除各类违规经营设施11.55万平方米，完成生态移民456户。开展各类专项执法行动6次，累计办理各类破坏自然资源违法案件268起，处理违法人员450余人，其中刑事案件11起，打击处理26人，保持了高压打击违法分子的态势。与中国科学院、中国环科院、生态环境部卫星环境应用中心、南京环科所等科研院所，针对呼伦湖水质成因、生态修复、生物多样性保护等方面的科研合作不断深入，为综合治理工作深入开展提供了科学指导。2019年11月，呼伦湖水面面积达到2037.3平方千米，较2018年扩大18.3平方千米；水质得到改善，与2018年相比，呼伦湖化学需氧量、高锰酸盐指数、总磷、总氮含量分别下降0.9毫克/升、1.2毫克/升、0.01毫克/升、0.12毫克/升；生态环境逐步改善，呼伦湖自然保护区内野生鸟类和鱼类的种数分别达到345种和32种，种群数量也有所增加，野生动物栖息繁殖地与鱼类洄游通道得到了良好保护。

岱海综合治理。以"外引内治"为主导,重点实施了"两节(农业节水、工业节水)、两补(河道疏浚、应急补水)、两恢复(生态恢复、水质恢复)"6项措施。农业节水方面,完成岱海周边退灌还水(水改旱)工程21万亩,封停机电井667眼,高效节水改造6.13万亩。工业节水方面,实施岱海电厂机组升级改造工程,目前4台机组全部完成技改,实现水冷改空冷和中水回用,不再取用岱海水的目标。河道综合治理工程方面,完成岱海流域全部22条河道的疏浚治理任务,正常降雨年份可增加地表径流量250万立方米左右。岱海流域补水工程方面,完成永兴湖向岱海湖补水工程,每年向岱海补水200万立方米左右;持续推进岱海生态应急补水工程,《岱海生态应急补水工程实施方案》《岱海生态应急补水工程可研报告》分别通过黄河水利委员会和自治区水利厅审查。生态恢复方面,完成水土保持防护、岱海滩涂湿地保护、弓坝河生物净化、环湖绿道建设、湖滨缓冲带建设与修复、退耕还湿项目6项工程,在岱海湿地范围内清理搬迁4家养殖场、28家164个鱼塘、13户违章建筑、95户种养殖户。水质恢复方面,完成岱海电厂中水回用、鸿茅镇污水处理厂提标改造、西茉莉沟整治、污水管网铺设、棚户区改造、水源地生态治理6项工程。2019年11月底,岱海湖面积为52.5平方千米,周边地下水位比2017年上涨58.86厘米,流域内植被覆盖率由2015年的68%提高到目前的70%,鸟类种类由2016年的68种增加到目前的91种,动物数量也在逐年增加。

乌梁素海综合治理。组建乌梁素海生态保护中心,重点开展乌梁素海综合治理的协调、调度工作。针对中央环保督察和"回头看"及草原生态环境问题专项督察向巴彦淖尔市反馈的意见,确定了整改方案,并逐一认真推进。制定《乌梁素海综合治理规划(修编)》《乌梁素海综合治理的实施意见》《巴彦淖尔市贯彻落实习近平总书记关于"一湖两海"生态环境治理重要批示指示精神的实施方案》等。以乌梁素海水量增加、水质改善为目标,部署了15项重点工作任务。全面实施乌梁素海流域山水林田湖草生态保护修复试点工程，计划实施七大类35个子项目，已开工31项。2019年，生态补水3亿立方米以上。

（三）生态综合治理持续推进

森林生态综合治理。深入实施天然林资源保护、京津风沙源治理、"三北"防护林体系建设，全区造林绿化面积年均保持在1000万亩以上，占全国年均造林面积的1/9。第九次全国森林资源清查结果显示，全区森林覆盖率达到22.1%，较2013年提高1.07个百分点；森林面积3.92亿亩，森林蓄积量15.27亿立方米，分别增加1905万亩和1.82亿立方米。

草原生态综合治理。实施退耕还林还草、退牧还草等国家重点生态工程，认真落实草原生态补奖政策，全区10.2亿亩可利用草原落实禁牧和草畜平衡，划定基本草原8.84亿亩，人工种草面积连续多年稳定在3000万亩以上。全面治理矿山开采破坏草原、旅游无序开发侵占草原以及过度放牧等问题，全区有35家矿山企业被确定为"国家级绿色矿山试点单位"；71家矿山企业申请列入自治区绿色矿山名录，已公告69家；自然保护区内663处工矿类开发建设活动已退出630处；排查未履行草原征占用审批手续项目3647个，完成整改3645个，整改率99.9%。草原综合植被盖度达到44%，比2012年提高了4个百分点。

沙漠沙地生态综合治理。以国家重点生态工程为依托，实施沙漠边缘林草锁边工程，五大沙地林草盖度均有提高，沙地向内收缩。第五次荒漠化和沙化土地监测结果显示，全区荒漠化和沙化土地面积持续"双减少"，与第四次监测结果比，荒漠化土地减少625万亩，沙化土地减少515万亩。

水生态综合治理。全面落实河长制、湖长制，设立四级河湖长15896人，履行河湖长职责，推进水生态修复治理。加大地下水超采区治理力度，实行取水总量、水位、机电井数量、用途、水质"五控"管理，地下水超采区治理任务完成近80%。水资源、水生态、水环境质量持续改善，湿地面积保持在9000万亩以上。全区重要江河湖泊水功能区水质达标率达80%，较2014年提高40.8个百分点。

农田生态综合治理。基本农田林网控制率稳步提高，坚持用地与养地相结合，采取多种措施提升耕地质量，建设集中连片、旱涝保收的高标准农田3867万亩，农田灌溉水利用系数从20世纪70年代末的不足0.35提高到0.543，接近全国平均水平。

（四）坚定不移地推动绿色低碳发展

农村牧区环境综合治理。制定了"厕所革命"等5项指导意见和9项技术指南，启动实施"厕所革命""十县百乡千村"示范工程，投入5.88亿元，分一类、二类、三类县梯次推进，新建和改造户用卫生厕所21.19万户，卫生厕所普及率提高6.3个百分点，达到22.4%。开展村庄清洁行动，清理农村牧区生活垃圾98.7万吨，嘎查村内水塘2573个、沟渠2.6万千米、残垣断壁3.7万处，村容村貌整体得到改善。全区农作物秸秆综合利用率84.5%、畜禽粪污综合利用率80%、地膜回收率72%，较2017年分别提高2.5个百分点、6.3个百分点和12个百分点。实施控肥增效、控药减害行动，开展减肥增效示范132万亩，推广测土配方施肥1亿亩，实施农作物病虫害统防统治4200万亩，绿色防控4300万亩。全区化肥使用量217.7万吨，同比减少5.1万吨；农药使用量1.94万吨，同比减少497吨，农牧业面源污染防控水平稳步提升。

推进重点产业低碳化。严格规范技术标准，推动传统产业在工艺技术及能源消耗等方面的提标升级。强化绿色改造，推动高耗能行业向绿色低碳方向发展。全区电解铝、电石、铁合金综合能耗分别领先全国先进标准1个百分点、1.2个百分点、0.5个百分点。着力培育绿色产业链条，形成"煤—化""煤—电—铝—铝后加工""电石—氯碱化工—精细化工""煤—电—冶"等绿色循环产业链。加强工业园区环保基础设施建设，支持建设污水处理设施项目49个、固废渣场项目60个、集中供热项目25个。支持企业建设绿色工厂，开发绿色产品，打造绿色供应链，推动节能降耗、清洁生产，发展循环经济。已创建自治区级绿色工厂55家、绿色设计产品20个、绿色园区6个、绿色供应链1条。

推进能源绿色化。一是深入推进煤炭行业供给侧结构性改革。"十三五"以来,全区已累计退出煤炭产能2590万吨、核减产能1280万吨,共计化解过剩产能3870万吨,提前两年超额完成"十三五"任务;煤矿单矿平均产能达到253万吨,为全国平均水平的近3倍。积极推广煤矿充填开采、保水开采等绿色开采技术,加快推进矿区生态修复和复垦绿化,大型煤炭矿区植被覆盖率达到70%以上,建成绿色煤矿46处。推进煤电绿色发展,加快燃煤机组升级改造。2014年以来,共关停淘汰落后煤电产能39.5万千瓦,完成超低排放改造5942万千瓦,燃煤机组污染物排放接近燃气机组排放水平。二是推进能源结构绿色化。加快可再生能源规模化、基地化发展,着力提高可再生能源在能源生产供应中的比重。截至2019年10月底,非水可再生能源发电并网装机3881万千瓦,连续多年居全国第一,占全区电力总装机的近1/3,预计2019年非水可再生能源发电量790亿千瓦·时,占全区发电量的15%,与等量火电相比,减少原煤消耗3500万吨、碳排放6600万吨,相当于造林18万公顷。三是推进能源消费绿色化。加快电气化和"气化内蒙古"进程,推进能源清洁替代。2019年前10个月,第三产业和城乡居民生活用电量同比增长5.2%,管道天然气消费量增长15.1%,新能源汽车累计推广普及超万辆。加快推进清洁取暖,积极推广利用冬季夜间低谷时期富余风电供暖,已建成投运风电清洁供暖面积468万平方米。

二、内蒙古生态环境保护与建设中存在的问题

(一)生态系统保护力度有待加强

生态系统支撑能力较弱。内蒙古属于生态多样型地区,同时也是生态较为脆弱地区,生产生活更容易造成环境污染。尤其是随着近年来内蒙古工业化、城镇化、农牧业现代化的快速推进,环境污染问题日益凸显,治理难度逐步加大。考虑未来工业化、城镇化和农牧业现代化的

持续推进，以及发展方式短期内难以大幅改观的境况，内蒙古污染排放将继续增长，污染治理的难度和压力必将会持续加大。

水资源短缺。内蒙古水资源分布不均，东部分布相对多，西部分布少，从东北向西南递减；东部多河流，降水分配不均、变化大，水资源和用水布局不匹配。由于大多数河流水源不足，加上近年来全球变暖和人类活动的加剧，造成河流断流、干枯的现象时有发生，并且水资源利用率也有待提高。

土地沙漠化现象严重。内蒙古干旱、半干旱地区且多风的生态特征，加之不合理利用土地，使原有非沙质荒漠地区出现风沙活动，沙化土地面积达到6.12亿亩，占全区国土总面积的34.48%。沙化土地遍布内蒙古12个盟市的91个旗县。

土壤盐渍化现象突出。从内蒙古盐渍化程度空间分布上看，多集中在河套平原地区。因灌溉结构不够科学，多年排水不畅，地下水位升高，造成土壤次生盐碱化严重。盐渍土广泛分布于灌区，其范围主要包括贺兰山以东的银川平原，内蒙古狼山、大青山以南的后套平原和土默川平原。

草场退化问题。内蒙古草场退化较为广泛，是土地退化最严重的形式，占全区可利用草场面积的39.37%。内蒙古牧区草场退化面积占可利用草地的40%以上，其中46.7%为中度以上退化。

（二）环境治理能力有待提高

资源型产业与绿色制造的矛盾。改革开放40年来，内蒙古大力促进三次产业协调发展，产业结构不断优化升级，三次产业产值结构由1978年的32.7：45.4：21.9演进到2017年的10.2：39.8：50.0，实现了从传统农牧业大区到工业化强区的转变，实现了由偏重工业发展到三次产业协调发展的转变。整体来看，内蒙古产业结构沿着高级化轨道不断优化升级的同时，也存在着局部不合理、不协调的情况，突出表现为传统产业多，新兴产业少；低端产业多，高端产业少；资源型产业多，高附加值产业少；劳动密集型产业多，资本科技密集型产业少。

这是当前内蒙古经济发展中诸多矛盾和困难的根源，更是新时代制约内蒙古经济高质量发展的突出短板。

进一步推进生态系统保护的多种因素相互交织，使得生态系统保护工作更为艰巨复杂。对比发达地区，内蒙古面临的环境问题更加复杂。传统煤烟型污染与PM2.5、挥发性有机物、臭氧等新老环境问题并存，生产与生活、城市与农村、工业与交通环境污染交织。随着环境治理措施深入推进，留下的很多环境问题都是难啃的硬骨头，复杂性增加，解决的难度加大，污染治理和环境质量改善的任务十分艰巨。

三、内蒙古生态环境保护与建设对策建议

自治区把百姓"盼环保""求生态"的愿望作为经济社会发展目标和要求，持续破解经济社会发展和生态环境保护协同共进课题，推进绿色发展。

（一）统筹山水林田湖草综合治理

逐步提升森林生态系统功能。深化林业改革，促进国有林区林场转型发展，巩固全面停止天然林商业性采伐成果。创新国土绿化机制，鼓励造林绿化主体多元化。建立国家用材林储备制度。加强森林防火、林业有害生物防灾减灾体系建设。

推进草原生态的保护与修复。严格落实基本草原保护制度，贯彻落实草牧场"三权分置"，明确嘎查村集体所有权、农牧户承包权、使用者的经营权，鼓励草牧场经营权流转和适度规模经营。落实新一轮草原生态保护补助奖励政策，建立和完善草原生态补偿长效机制和稳步增长机制。落实草原生态保护监测评估制度，加强草原火灾和生物灾害防控。

加大土地荒漠化沙化防治力度。建立沙化土地封禁保护制度，实施沙化土地封禁保护区建设工程，将暂不具备治理条件的连片沙化土地划为沙化土地封禁保护区，加大锁边封沙建设力度，加强封禁和管护基础设施建设，防止沙漠扩大。加大盐碱地改造力度。建设沙漠公

园。加强防沙治沙国际合作。推进产业化治沙，合理发展沙产业。

维护水生态系统。实行最严格的水资源管理制度，强化水资源消耗总量和强度刚性约束，坚持以水定需、量水而行。推进农田节水改造，在保障农田合理需水基础上，严格禁止抽采地下水种植高耗水农作物。强化河湖长责任制。

（二）推进绿色低碳发展

把转变经济发展方式作为绿色低碳发展的"牛鼻子"。立足区情实际，发挥比较优势，下决心减少对传统发展路径的依赖，加快形成优势突出、结构合理、创新驱动、区域协调、城乡一体的发展新格局。彻底摒弃唯GDP的发展思路，坚定不移地走绿色发展之路。

把产业结构调整作为绿色低碳发展的根本途径。稳妥把握产业发展的方向，鼓励发展绿色农牧业，强化工业绿色转型，巩固提高第一产业，优化提升第二产业，发展壮大第三产业，实现传统产业新型化、新兴产业规模化和支柱产业多元化。

把发展现代生态农牧业作为绿色低碳发展的基础。从土地、草牧场制度改革入手，加强新型农牧业组织体系建设，调整优化农牧业区域布局，强化农牧业科技创新，稳步提高农牧业综合效益。大力发展绿色无公害畜产品和有机农畜产品，扩大绿色农畜产品规模，加大农畜产品地理标志认定，努力打造绿色品牌，增强产业竞争力。

把夯实清洁能源生产输出基地作为绿色低碳发展的重要措施。鼓励清洁煤技术的研发及应用，探索产学研结合的创新模式，提高本地洁净煤技术研发水平。持续推进风电、光伏等新能源基地建设。

（三）强化绿色发展监督与考核

建立健全绿色发展指标体系。以生态优先、绿色发展为导向，以高质量发展为目标，根据国家和自治区已出台的绿色发展指标体系，研究制定有利于内蒙古"十四五"乃至更长时期绿色发展的系统性、引导性指标体系。

构建科学合理的评价考核体系。进一步完善政府绩效评价考核制度，明晰对政策绩效、监管绩效的评价考核。统筹规范绿色发展领域内容相近的考评工作，适度减少"运动式"考评、督查、检查等。用环境信息公开、第三方评估、公众监督等方式逐步替代各地区空气、水环境质量领域"自上而下"的考评工作。

构建全面、系统的监督体系。进一步完善绿色发展中司法监督、人大监督和公众参与制度。明确社会组织和公众对生态环境监管机构启动问责的程序，完善相关机制。把绿色发展风险纳入常态化管理，加强监测预警，构建全过程、多层级的风险防范和应急管理体系。

供　　稿：宝　鲁　内蒙古自治区发展研究中心
责任编辑：额尔敦乌日图

内蒙古民营经济发展形势

摘要：本文介绍了2019年度内蒙古民营经济发展的基本情况，总结了主要做法，分析查找了存在的突出问题，并结合自治区实际，提出了进一步加快内蒙古民营经济高质量发展的对策建议。

关键词：内蒙古民营经济发展报告；2019年度

2019年，面对复杂严峻的经济形势和艰巨繁重的改革发展稳定任务，内蒙古自治区深入落实习近平总书记在民营企业座谈会上的重要讲话和对内蒙古工作重要讲话、重要指示批示精神，认真落实《内蒙古自治区关于促进民营经济高质量发展若干措施》（以下简称《若干措施》），不断优化发展环境，推动创新创业，紧贴基层实际和民营企业需求，积极引领民营企业适应新时代、新形势，民营经济发展的质量和效益总体向好，继续为自治区改革开放和现代化建设做出重要贡献。

一、基本情况

（一）民营经济市场主体发展稳步增长

1—11月，全区各类民营市场主体共有203万户，同比增长7%，占全区市场主体总数的97.3%。其中私营企业40万户，个体工商户155万户，农民专业合作社8万户。

（二）民营经济增加值占地区生产总值六成多

1—11月，民营经济总量持续增大，占地区生产总值的比重处于较高水平。全区民营经济增加值占地区生产总值的比重达66.4%，较上半年增速回落0.3个百分点。

（三）民营工业经济保持较快增长

1—11月，全区民营经济规模以上工业增加值同比增长9.0%，高于规模以上工业增加值增长率2.7个百分点，占规模以上工业增加值的比重为49.1%，对规模以上工业增加值的贡献率为66.3%，拉动规模以上工业增加值增长4.2个百分点。

（四）民间固定资产投资稳中有升

1—11月，全区民间投资同比增长8.5%，高于全区固定资产投资增速1.8个百分点，占全部投资比重的42.6%，同比提高0.1个百分点，对全部投资增长的贡献率为53.7%。

（五）民营经济社会消费品零售额稳步增长

1—11月，民营经济社会消费品零售额占全区社会消费品零售总额的比重达94.2%，同比增长4.2%；民间投资比1—10月提高1.7个百分点。

（六）民营企业成为进出口的主力军

1—11月，民营企业进出口额710.9亿元，占全区进出口总额的71.1%，同比增长5.1%。其中民营企业出口额197.6亿元，占全区出口总额的58%，同比增长2.9%；民营企业进口额513.3亿元，占全区进口总额的77%，同比增长6%。

（七）民营经济成为吸纳就业的主渠道

1—11月，全区城镇民营单位从业人员482万人，同比增长19.7%，城镇民营单位从业人员占城镇从业人员的比重为66%。全区城镇民营单位新就业人数达18万人，同比增长44%，占城镇新就业人数的比重达70%。

（八）民营经济已成为税收的重要来源

1—11月，全区民营经济预计实现纳税额1684亿元，同比下降4%，占全区税收总收入的65%。

二、主要做法

（一）减轻企业税费负担

一是自治区减税降费政策已经全部落地。税务局将支持民营经济的税收优惠政策与国家各项减税降费政策同步研究、同步部署，并按规定为困难民营企业办理税款延期缴纳。2019年上半年，新增减税160亿元，其中民营企业减税规模达到86亿元。取消土地交易服务收费、实现省定涉企行政事业性零收费等7项降费工作任务已全部落实，2019年上半年共计实现降费99.7亿元。

二是企业用能成本大幅下降。自治区发改委推动蒙西电网一般工商业用电价格下降15%，推动蒙东电网一般工商业用电价格下降11%。

三是企业物流成本持续降低。自治区交通厅与自治区公安厅等相关部门推动实现了"三检合一"，具备条件的检验检测机构达到89家；推动实现了邮政普遍服务车辆减半收费，高速公路不停车电子收费系统（ETC）客车用户通行费按9.5折收费、货车用户按9.8折收费等差异化收费政策；印发了《内蒙古自治区大件运输许可服务与管理实施细则（试行）》和《关于优化大件运输许可路警联合审批工作的通知》，提高了大型设备和产品运输车辆的审批效率。

四是企业用工成本实质性下降。自治区人社厅、财政厅印发了《关于降低社会保险缴费率有关问题的通知》，自5月1日起，城镇职工基本养老保险单位缴费比例统一降至16%。

五是中介服务收费逐步规范。各部门委托开展中介服务时，全部通过竞争方式选择服务机构，将服务费用纳入部门预算。自治区政务服务局正在通过政务服务平台组建中介服务超市，以降低中介服务成本。

（二）解决民营企业融资难、融资贵问题

一是重点企业流动性困境有所纾解。自治区财政厅推动设立了企业流动性风险防控基金和纾困基金，2019年6月末累计投放185.9亿元。中国人民银行呼和浩特中心支行出台了《关于做好民营经济金融

服务工作的指导意见》，推动落实无还本续贷，不盲目抽贷、压贷、停贷、断贷。

二是融资担保体系不断完善。自治区地方金融监管局会同财政厅起草了《内蒙古自治区再担保集团组建方案》，出台了《2019年度融资担保工作要点》，明确提出政府性融资担保机构要重点支持单户担保金额500万元及以下的小微企业和"三农"主体增信。

三是融资质效持续提高。自治区银保监局制定了《全区银行保险金融机构进一步做好民营企业和小微企业融资服务工作的指导意见》，提出了落实解决民营企业融资难、融资贵问题的具体工作措施。自治区发改委推动建成内蒙古信用促进网，实现了银税互动平台和信用平台对接。自治区地方金融监管局多次组织召开金融"保项目、入园区、进企业、下乡村"行动调度推进会，制定了《关于发挥融资服务平台功能　加强非公经济融资服务对接工作的通知》，在内蒙古融资服务平台开辟了服务非公企业专栏。目前，企业银行开户平均时间缩短至2.5天，效率提升2/3以上，基本只需一次上门即可办结。

四是信贷总量有所扩大。中国人民银行呼和浩特中心支行牵头制定了《关于进一步加强信贷调控　做好金融服务实体经济工作的通知》《关于做好民营经济金融服务工作的指导意见》和《关于支持金融机构创新开展活体牲畜抵押贷款的指导意见》，要求各盟市人民银行用足用好货币政策工具，提高支小再贷款、支农再贷款、扶贫再贷款、再贴现等货币政策工具使用率，引导信贷资源持续向民营企业倾斜；创新了再贷款使用方式，推动债券质押式扶贫再贷款和"先贷后借"支小再贷款发放在自治区落地。

五是直接融资渠道稳步拓展。内蒙古证监局全面推进落实《内蒙古自治区推进企业上市挂牌三年实施计划（2018—2020年）》，加强企业上市培训工作，壮大后备企业资源，推动区域股权市场规范发展。目前，10家民营企业进入上市辅导期，区域股权交易市场新增6家，辖区企业通过资本市场实现融资233亿元。

（三）营造公平竞争环境

一是进一步优化市场环境。自治区市场监督管理局制定印发了《优化营商环境工作实施方案》《加快推进一体化在线政务服务平台建设实施方案》《内蒙古自治区市场监管领域部门联合"双随机、一公开"监管实施办法》等一系列政策文件，对改革做出全面部署。

二是推行行政许可标准化。编制盟市、旗县级通用清单，制定出台基础清单编制地方标准，实现行政权力"三级五同"（自治区、盟市、旗县三级实现行政权力同名称、同依据、同类型、同编码、同流程），着力破解"准入不准营"难题，对106项涉企行政审批事项开展"证照分离"改革。实行"32证合一"，申请材料平均压减15%，办理时限平均缩短30%。企业开办时间压缩至5个工作日内，比国务院要求的8.5天压减了3.5个工作日。全面取消企业名称预核准，实施网上自主申报，企业登记实现全程电子化。大力推行简易注销改革，简易注销公告时间由45天缩短为20天。

三是着力深化项目审批制度改革。政府投资项目审批和企业投资项目核准时间将20个工作日压缩到13个工作日。依托国家企业信用信息公示系统，构建全区统一的"双随机、一公开"综合监管平台，实现政府各部门数据交换、信息共享和联合惩戒全覆盖。

（四）完善政策执行方式

一是"双随机、一公开"工作机制得到落实。全区各级行政执法机关严格落实了"双随机、一公开"工作机制，广泛应用自治区涉企协同监管平台，确保对企业的行政监督检查中执法对象和执法人员随机产生，多头执法和频繁执法现象得到有效缓解，切实维护了企业正常经营秩序。

二是推动落实市场准入负面清单制。自治区发改委积极推动落实《市场准入负面清单（2018年版）》，协调召开了全区重大项目推进会。各相关部门加快推进投资审批制度改革，通过投资项目在线审批监管平台正在逐步实现联网审批，工程建设项目审批时限压缩至120个工作日。

三是加快推进一体化在线政务服务平台建设。自治区工信厅组织开展"数据大会战"专项行动，合力破解数据共享不畅、业务协同不足等突出问题，为实现"一网通办"打下坚实基础。

四是拟制聘请民营企业家担任政策落实与涉企服务监督专员管理办法。自治区工商联组成调研组赴天津、辽宁、黑龙江和贵州四省、直辖市学习、考察和借鉴，起草了《内蒙古自治区人民政府聘请民营企业家担任政策落实与涉企服务监督专员管理办法（送审稿）》，并经自治区党委统战部部务会审议通过，报送自治区人民政府审定。

（五）构建"亲""清"新型政商关系

一是建立健全诉求反映解决机制。纪委监委机关制定印发了《关于充分发挥纪检监察职能进一步净化民营企业发展生态的指导意见》，建立了涉及民营企业信访举报分类快速处置机制，认真落实"谁执法谁普法"责任制，聘请了6名民营企业人士为第一届特约监察员（共聘请30名特约监察员）。工信厅制定了《工信厅"一对一""点对点"企业首席服务官制度实施方案》，建立了工业园区联系人制度。自治区党委统战部、工商联联合制定印发《自治区党委统战部、自治区工商联领导干部联系走访民营企业工作制度》，建立起常态化、制度化联系走访机制，加强与民营企业和商会沟通交流，主动反映和协调解决企业困难和问题，加强自治区工商联与民营企业、商会的联系。目前，通过开展联系走访共收集到40件民营企业维权诉求，经与有关部门协调沟通，近90%的民营企业维权诉求得到妥善解决或正在协调解决中，有3家商会代表会员企业向自治区工商联送来锦旗表示感谢。

二是完善服务体系。自治区地方金融监管局先后4次组织召开金融支持不同产业政金企对接会，组织409家次企业参加对接会，签约项目76个，达成融资意向1584亿元。自治区发改委组织召开了全区支持民营企业发展金融政策辅导电视电话会议、全区诚信典型选树暨民营企业"信易贷"守信激励工作会议和民营企业重大项目融资对接会。自治区工商联积极推进"蒙商鸿雁行动",缓解小微企业融资难问题。截至目前,"蒙商鸿雁行动"发放"蒙商鸿雁卡"743张,授信额度增加至14597万元,"金马驹钱包卡"321张,分期授信额度6564万元。自治区工商联与邮储银行内蒙古分行共同举办了"服务实体、助力民营"金融服务推进会。根据民营企业融资需求特点,推出了支持民营企业、小微企业的20条举措和更有针对性的金融产品服务。现场为包头市塞北机械有限公司等4家企业发放贷款2600万元。自治区商务厅积极组织了中美省州合作机制经贸促进活动,组织20余家企业参加了第三届克拉斯诺亚尔斯克边疆区食品机械博览会。

三是强化正向激励和考核监督。自治区党委宣传部策划了主题为"激发民营企业内生动力,助力民营企业高质量发展"等宣传报道。自治区编办已委托第三方评估机构,对自治区12个盟市和2个计划单列市的营商环境进行了首次评价。自治区纪委监委机关将《若干措施》落实情况列为监督工作的重要内容。

（六）保护企业家人身和财产安全

一是建立健全平台机制。自治区工商联起草并推动自治区党委政法委、自治区高级人民法院、自治区人民检察院、自治区公安厅、自治区司法厅共同印发了《关于建立内蒙古自治区民营企业家法律维权服务联席会议制度的指导意见》。该意见对联席会议制度的指导思想、工作原则、组织制度、工作任务、民营企业家法律维权诉求事项工作程序等做出明确规定,为依法保护民营企业家的合法权益提供了政策指导,并在自治区工商联设"联席会议"办公室。自治区工商联与自治区人民检察院共同印发了《关于建立健全检察机关与工商联沟通联系机制的实施意见》,明确各级检察机关在工商联设立检察工作室,定期为民营企业开展法律咨询和法律维权等工作。

二是加大法律知识培训力度。自治区工商联印发了《关于开展"法律三进"活动的通知》,要求各级工商联把"法律三进"活动和法律咨询、法律维权、参与立法等工作结合起来,共同提高工商联法律服务工作质量。据不完全统计，全区各级工商联共开展"法律三进"50余次，为各级工商联、商会和民营企业8000余人提供了法律咨询服务。自治区工商联利用"网上工商联"微信公众号、微信工作群和《内蒙古商报》等媒体开展政策法规宣传，先后刊登中央和自治区有关法律法规和政策文件100多件、法律新闻信息300多条。自治区工商联先后举办了依法保障和服务民营经济高质量发展政策解读专题讲座、个人所得税税法知识讲座、仲裁法律制度培训班等5期培训，近1500多名商会和企业负责人参加培训，提高了商会和民营企业负责人学法、知法、用法的能力和水平。自治区工商联印制了《重要学习材料》《民营企业法律维权政策法规资料汇编》《商会人民调解工作文件汇编》1000册，发给800多家商会和企业学习。

三是推进商会调解工作。自治区工商联与司法厅共同印发了《关于推进商会人民调解工作的实施意见》，该意见对商会人民调解的指导思想、工作目标、调解范围、基本原则做出明确要求。自治区工商联和自治区司法厅共同召开全区商会人民调解工作推进大会，对全区商会人民调解工作做出部署和安排，成立了45家自治区工商联所属商会人民调解委员会，并向45家商会人民调解委员会颁发了牌匾，全区各级工商联所属商会人民调解委员会300多人参加了会议。自治区工商联举办了全区工商联系统人民调解员培训班，邀请全国工商联、自治区高级人民检察院、司法厅专家授课，200多名商会人民调解员参加了培训。成立内蒙古自治区总商会人民调解委员会，设立总商会人民调解室，并建立健全各商会人民调解委员会档案资料。目前，全区成立的90多家商会人民调解委员会已成功调解各类矛盾纠纷100余起，涉及金额28.5亿元。

三、存在问题

（一）思想解放程度不够

缺乏创新、大胆、活跃的思想意识是内蒙古与发达地区最大的差距。广大干部群众的思想状态还不能较好地适应市场经济的发展要求，仍缺少解放思想的魄力和勇气，全民创业的意识亟待强化；部分民营企业在认识上还存在误区，有事不找市场找市长的现象还较普遍；政府管理职能向服务职能转变力度还不够大，"服务员"的角色意识仍需强化。

（二）政策落实还没有完全到位

一是存在中央和自治区政策落实不到位的情况。一些政策措施在执行层面上存在着不及时、不连续、不完善等问题，没有发挥出应有的叠加效应。盛泰汽车有限公司反映，增值税率降低后电价没有相应调整，电费抵扣由原先的17%变成16%，反而增加了企业的负担。

二是执行国家安监、环保、消防等政策存在"一刀切"的情况。随着国家对安监、环保、消防等领域的标准提高，监督检查力度也不断加大。相关部门在验收、检查时，没有根据企业的具体情况进行区分对待，而是采取"一刀切"的办法，影响企业正常生产经营。如小尾羊公司、亚新隆顺特钢有限公司都反映，企业在建设厂房期间遇消防验收标准提高，厂房建设后不能达到新标准，无法通过验收。亿利集团反映，因蒙西电网电力不足，政府采取网上临时调峰调度策略，对辖区内企业全部限电，缓解高峰期网上缺电，造成亿利分公司经常低负荷运行，影响了企业的正常生产。

三是政府失信或拖欠企业工程款，对企业造成很大压力。蒙草生态环境集团反映，企业近年承建了自治区境内所辖盟市多个重点绿化生态项目，前期投入大，政府拖欠企业款项，对企业现金流造成很大压力。兴泰置业集团和万正集团均反映，因地方政府公司拖欠企业巨额款项，企业无法按期归还银行贷款，导致企业信用记录受损，无法获得新的融资。

四是政府部门间的政策相互掣肘。呼和浩特中润石油反映，企业在经营加油站过程中，安监部门要求按安全规定建设围墙，而城建部门却根据市容相关规定不允许建设，导致企业无所适从。

五是对本土民营企业的政策支持力度不够。央企、国企和招商引资来的企业享受的政策更优惠，而在政府项目审批和招标采购上，对本土民营企业的条件要求更高。明拓铬业公司反映，该企业属于节能环保企业，却无法享受优惠电价，而招商引资进来的企业能享受优惠电价。

六是政策宣传力度不够，信息共享机制不健全，民营企业对优惠政策知晓度不高。从调查情况看，内蒙古女企业家商会和内蒙古昌盛泰集团均反映对各项优惠政策的宣传力度和学习力度不够，没有明确具体的解释，企业不知道如何才能享受优惠政策。

（三）融资难、融资贵问题仍然突出

一是有效抵押物不足或是对企业厂房、土地等不动产抵押贷款比率低。如包头北方嘉瑞公司是一家从事防弹装甲、掩体等产品开发的军民融合企业，属于人才知识密集型企业，拥有核心知识产权，但属于轻资产行业，有效抵押物不足，融资困难。大青山机械制造公司反映，企业有2亿元的固定资产，却只能得到1000万元的贷款，抵押率过低。

二是有些行业的企业不在银行信贷政策支持范围内。电石、煤炭、电解铝、房地产等行业的企业很难获得贷款。如包头森林春天城市广场和鄂尔多斯万家惠欢乐世界都属于商业地产，项目所需资金全部为自筹，没有得到任何银行贷款。

三是贷款利率高，贷款期限短。目前，对小微企业的贷款利率普遍比基准利率上浮50%左右，加上产权登记、抵押鉴定、保证金、融资担保等费用，部分小微企业的融资成本高达15%左右。受金融政策影响，企业只能获得短期贷款，很难获得长期融资，只能"一年一倒贷"或是"短贷长投"，无形中增加了民营企业的融资成本。

四是抽贷、断贷现象时有发生。在去杠杆、防范金融风险的大环境下，银行因怕自身担责，抽贷、断贷现象时有发生，企业资金链受到影响甚至断裂，导致企业经营困难。

五是企业信用记录修复时间长。企业在生产经营过程中，无论是

否故意,一旦因为无法按期还贷造成企业信用记录受损后,需要7年才能恢复。在这期间,企业无法获得任何融资,造成企业经营困难甚至倒闭。鄂尔多斯兴泰集团、万正投资集团和包头红卫日化均遇到此类情况。

(四)民营企业人才短缺

一是引进人才难,留住人才更难。受地域、气候等条件的限制,自治区民营企业高端人才很难引进、成本高,中低端人才留不住。灵奕公司反映,因目前企业存在暂时困难,很多员工都被西门子等大型企业高薪挖走。

二是用工短缺现象比较突出,专业技术人才缺乏。销售淡旺季明显的企业,往往在生产旺季时难以招到工人,特别是技能型人才短缺,部分行业出现结构性用工短缺现象。蒙拓农机公司、科沁万佳公司、精诚绝缘子公司反映,技术工人难招,有经验的待遇要求高,大学生怕吃苦,干不了。

三是人才引进优惠政策有待完善。自治区在人才的落户、住房、职称评定、子女教育等方面的配套政策还不具有足够的吸引力。

四、对策建议

(一)进一步解放思想转变观念

要认真学习习近平总书记有关民营经济的重要论述和对内蒙古工作重要讲话和重要指示批示精神,深刻领会精神实质与核心要义,努力实现思想上的解放和观念上的转变。要不折不扣地落实中共中央、国务院《关于营造更好发展环境支持民营企业改革发展的意见》,努力营造"发展民营经济人人有责,人人为民营经济发展做贡献"的良好氛围,让民营企业家在社会上有地位、政治上有荣誉、经济上得实惠、法律上有保障。教育引导各级党政机关干部要用新的视野、新的姿态、新的思路认识和支持民营经济发展,鼓励支持全民创业,让更多的人把心思放在创业上,把资金投在创业上,把能力用在创业上,努力在全社会形成"人人争当小老板""人人想创业、敢创业、会创业"的良好氛围。

（二）加大政策落实力度

一是不折不扣地抓好民营经济26条措施的落地落实落细，建议有关部门要按照要求细化具体措施，没有出台的要加快研究制定，尽快下发实施。建议纪检监察部门要把落实民营经济26条措施与整治"四官"问题结合起来，对落实政策不得力的部门主要负责人进行问责，对不作为、乱作为的干部依法依纪进行严肃查处。

二是执行环保、安监、税务等检查时，要能根据民营企业的实际情况而区别对待，坚决纠正和杜绝简单粗暴的"一刀切"做法。

三是要保持政策的延续性，积极兑现政府承诺，不要因政府部门更换负责人而发生改变。现在政府大力倡导推进诚信体系建设，要求企业讲诚信的同时，政府更应该讲诚信，积极兑现承诺政策，保护企业的积极性。特别是要重视政府部门拖欠企业工程款的问题，制订清欠计划，积极兑付工程款。

四是建议自治区政府尽快研究印发聘请民营企业家担任政策落实及涉企服务监督专员办法，开展监督评议工作。

（三）拓宽企业融资渠道

一是简化融资审批程序，适当降低贷款门槛和利率，探索推行"无还本续贷"，解决企业"过桥贷款"难题，缓解民营企业的资金周转压力。

二是积极推动自治区民营企业上市。支持符合条件的民营企业通过发行企业债、公司债、短期融资券、私募债、信托以及资产转让等方式增强融资能力。

三是创新金融产品。借鉴发达地区的经验，帮助有发展前景的企业，采取应收账款质押、无形资产质押等贷款方式，缓解企业现金流紧张的困境，保证企业可持续发展。

四是建议政府设立救助基金，帮助发展前景好、产品市场好却因短期流动性问题陷入困境的民营企业渡过难关。

（四）进一步优化营商环境

一是要在优化营商环境上持续发力，大力推进"最多跑一次"改革，加大对相关工作人员的培训、检查、处罚、曝光工作力度，解决审批部门"求稳怕乱不作为"的问题，提高主动服务的意识和水平。

二是采取有效措施，保障民营企业在投融资、税费、土地使用等方面与国有企业、外来企业享有同等的待遇。要特别注意保护本土企业发展的积极性，凡是参与招商引资项目建设的本土企业，应该享受与外来企业同等的政策待遇。

三是要切实保护民营企业合法权益。针对涉及非公有制企业的案件，规范执法办案程序，依法保障民营企业诉讼权利，形成平等保护民营经济发展的社会氛围。

四是建立企业投诉处理机制，畅通民营企业投诉渠道，使民营企业反映问题、解决困难有途径。

五是建议制定出台《内蒙古自治区推进构建"亲""清"政商关系的实施意见》，开列"正面清单"和"负面清单"，积极搭建党委、政府与企业商会沟通协商的制度化平台，加快构建"亲""清"新型政商关系。

（五）积极搭建服务平台

民营企业特别是中小企业获得要素资源的能力相对较弱，围绕民营企业需求，建立公共服务平台，有效降低企业成本和提升创新能力十分关键。建议构建"六大服务平台"：一是大型仪器设备共享平台，引入市场机制，既解决民营企业的需求，又解决科研院所及相关部门设备闲置的矛盾；二是产业链精准对接平台，使民营企业对产业链上下游分布情况更加了解，实现低成本精准对接或延伸自身产业链；三是企业信用信息平台，通过整合集成政府部门有关企业信息资源，解决政府、银行、企业间信息不对称问题，提高服务与合作的效率；四是专利交易平台，汇聚更多专利资源，方便企业购买有用专利技术，实现专利技术向产业转化；五是政府服务快速反应平台，打造政府服务版"110"，在企业遇到突发困难时，帮助企业解决实际困难；六是人才培养和引进平台，进一步完善在落户、住房、职称评定、子女教育等方面的配套政策，加强对民营企业经营管理人才的培训，畅通民营企业申报"草原英才"等各类人才计划的渠道，切实兑现对民营企业高端人才的相关待遇。

供　　稿：赵庆禄　内蒙古自治区工商联
责任编辑：辛卓语

专题篇

关于构建人类命运共同体
开创中蒙睦邻友好合作新局面的研究

内蒙古自治区社会科学院课题组

摘要：人类命运共同体思想，为构建新型国际关系提供了理论基础和正确路径。作为山水相连，搬不走的邻居，中蒙两国在百变的国际环境中，应守望相助，共同担当、携手，共同进步，繁荣发展，共同铸牢中蒙全面战略伙伴关系。作为发展中国家，中蒙在许多国际和地区问题拥有相同或相近立场，构建人类命运共同体的思想与实践，将为中国与蒙古国在政治、安全、经济、文化、生态领域的全方位合作提供保障，创造机遇，中蒙全面战略伙伴关系也将取得进一步发展。

关键词：人类命运共同体；中蒙睦邻友好；全方位合作

自2012年召开中国共产党第十八次全国代表大会以来，习近平主席立足中国发展实际，从全球大局出发，科学把握当今世界发展的总体趋势，深刻揭示当今国际关系发展的特征和规律，提出了"构建人类命运共同体"的重要思想，在维护世界和平、促进共同发展、改革全球治理等事关人类进步事业的重大问题上取得了非凡成就。人类命运共同体，顾名思义，就是指人类世界是一个整体，每个民族、每个国家的前途命运都牢牢联结在一起，人类应该团结合作，风雨同舟，荣辱与共，实现国家间的共同发展。人类命运共同体所倡导的建设持久和平、普遍安全、共同繁荣、开放包容、清洁美丽的世界的核心理念符合人类发展的共同诉求，为世界各国走出全球治理困局提供了普适、可行、合理的"中国智慧"。蒙古国是中国北方的重要邻国,有着近4710千米的共同边境线,两国在地理位置、历史、宗教、民族、经济、文化等方面紧密相关,两国早已结成休戚与共的命运共同体。2019年是中蒙建交70周年及《中蒙友好合作关系条约》修订25周年。我们愿同蒙古国共筑更加紧密的中蒙命运共同体,为推动构建人类命运共同体树立典范。

一、习近平主席提出构建人类命运共同体重要思想

进入21世纪以后,特别是进入第二个十年以后,"世界正在经历百年未有之大变局。世界多极化、经济全球化、社会信息化、文化多样化深入发展,全球治理体系和国际秩序变革加速推进,新兴市场国家和发展中国家跨速崛起,国际力量对比更趋均衡"。与此同时,许多不确定因素在中国周边、世界各地出现,中国和世界面临的不稳定性、不确定性问题突出,"世界经济增长乏力,贸易保护主义、孤立主义、民粹主义等思潮不断抬头,贫富分化日益严重,地区热点问题此起彼伏,恐怖主义、网络安全、重大传染病、气候变化等非传统安全威胁持续蔓延"[1]。新旧问题的交织出现,要求国际社会必须联合起来共同面对和应对,以习近平同志为核心的中国新一代领导集体,审时度势,提出"一带一路"国家合作的倡议,并通过这一跨越五大洲的国际合作实践以及国际社会对"和平与发展"时代需求,围绕"建设世界和平、促进全球共同发展、维护国际秩序"三个维度的深入思考,提出构建"人类命运共同体"的全球发展新理念,是"和平与发展"时代主题的多元化思考,旨在促进国家之间合作,维护国际关系繁荣与稳定。

(一)人类命运共同体倡议是对人类历史发展进程的阶段性总结

人类历史上战乱频仍,生灵涂炭,教训惨痛而深刻。距离我们最近的第二次世界大战虽然已经结束了70多年,但战争阴霾并未因时

---

[1] 中共中央宣传部.习近平新时代中国特色社会主义思想学习纲要[M].北京:学习出版社,人民出版社,2019:2.

间的远逝而消失。时至今日，还有很多家庭因这次战争而骨肉分离，家庭支离破碎，留下"月圆人不圆"的遗憾与痛苦。"要和平，不要战争"是各国人民朴素而真实的愿望。如何维护和平，拒绝战争，"建设一个什么样的世界、如何建设这个世界"是国际社会在思考的问题，也是中国新一代领导层深度思考的问题，"建设一个持久和平的世界。国家之间要构建对话不对抗、结伴不结盟的伙伴关系"[1]。即在和平、普遍安全的环境下，走共同发展之路，推动国际关系的健康发展，构筑并维护国际秩序的和谐有序，促使人类走向持久和平、普遍安全、共同繁荣的世界。这个"开放包容、清洁美丽的新世界"是与中国、蒙古国在内所有热爱和平国家和人民休戚相关的命运共同体，即人类命运共同体。建设"持久和平、普遍安全、共同繁荣、开放包容、清洁美丽的世界"是人类命运共同体建设的终极目标。"要和平不要战争，要发展不要贫穷，要合作不要对抗，要共赢不要单赢"是其核心内涵要义。这是党的十八大以来以习近平同志为核心党中央总结历史，立足全球，以科学的态度提出的睦邻周边、惠及"一带一路"沿线国家、面向全球新困局而提出的"中国方案"，其目的是"努力建设一个远离恐惧、普遍安全的世界，坚持共同、综合、合作、可持续的新安全观，营造公平正义、共建共享的安全格局；努力建设一个远离贫困、共同繁荣的世界，坚持你好我好大家好的理念，让发展成果惠及世界各国，让人人享有富足安康；努力建设一个远离封闭、开放包容的世界，坚持世界是丰富多彩的、文明是多样的理念，让各种文明和谐共存；努力建设一个山清水秀、清洁美丽的世界，坚持人与自然共生共存的理念，共同营造和谐宜居的人类家园"[2]。对于中国向北开放的重要邻国，中国更有必要与蒙古国携手构

---

[1] 习近平. 携手建设更加美好的世界——在中国共产党与世界政党高层对话会上的主旨讲话 [M]. 北京：人民出版社，2017.

[2] 傅守祥，魏丽娜. 人类命运共同体构建与文明开创的新时代 [J]. 马克思主义文化研究，2019（1）.

建符合中蒙发展利益的命运共同体。

（二）人类命运共同体的核心要义及其对人类社会发展的贡献

人类命运共同体，顾名思义，就是指人类世界是一个整体，每个民族、每个国家的前途命运都牢牢联结在一起。人类只有团结合作，风雨同舟，荣辱与共，才能实现共同发展，实现世界和平这个终极目标，实现全球的共同繁荣、共同富裕的价值诉求。尤其是在新一轮科技革命和产业革命融合发展的新时代，各国相互联系、相互依存，各国人民前途命运越来越紧密地联系在一起。在"一带一路"倡议推进过程中，习近平总书记多次强调，与沿线国家构建命运共同体，一定要坚持共享共建、合作共赢、交流互鉴和低碳绿色原则和理念，这样才能惠及老百姓，赢得合作国家的信任和认同。

共享共建，建设普遍安全世界基础。人类生存在同一个地球上，一国的安全不能建立在别国的不安全之上，别国面临的威胁也可能成为本国的挑战。面对日益复杂化、综合化的安全威胁，单打独斗不行，迷信武力更不行，应该坚持共同、综合、合作、可持续的新安全观。[1]

合作共赢，建设繁荣世界必经之路。发展是第一要务，适用于各国，而人类命运共同体追求的是共同发展。发展不平衡不充分问题仍然普遍存在，我们应该坚持"你好我好大家好"的理念，推进开放、包容、普惠、平衡、共赢的经济全球化，创造全人类共同发展的良好条件，共同推动世界各国发展繁荣，共同消除许多国家民众依然面临的贫穷落后，让发展的成果不仅惠及合作国家，还能普惠到世界各国，让人人享有富足安康。[2]

交流互鉴，建设绚丽多彩的世界。尊重世界文明多样性，以文明交流超越文明隔阂、文明互鉴超越文明冲突、文明共存超越文明优

---

[1] 习近平. 携手建设更加美好的世界——在中国共产党与世界政党高层对话会上的主旨讲话[M]. 北京：人民出版社，2017.

[2] 习近平. 携手建设更加美好的世界——在中国共产党与世界政党高层对话会上的主旨讲话[M]. 北京：人民出版社，2017.

越。人类文明多样性是世界的基本特征，也是人类进步的源泉。不同文明凝聚着不同民族的智慧和贡献，文明没有高下、优劣之分，只有特色、地域之别。文明差异不应该成为世界冲突的根源，而应该成为人类文明进步的动力。不同文明要取长补短、共同进步，让文明交流互鉴成为推动人类社会进步的动力、维护世界和平的纽带。

低碳绿色，建设清洁美丽新世界。地球是人类共同的家园，也是人类到目前为止唯一的家园。要坚持环境友好，合作应对气候变化，保护好人类赖以生存的地球家园。要解决好工业文明带来的矛盾，以人与自然和谐相处为目标，实现世界的可持续发展和人的全面发展。要牢固树立尊重自然、顺应自然、保护自然的意识。我们要倡导绿色、低碳、循环、可持续的生产生活方式，平衡推进2030年可持续发展议程，不断开拓生产发展、生活富裕、生态良好的文明发展道路。

（三）人类命运共同体得到国际社会的广泛认可，被写入联合国文件

自2013年在莫斯科国家关系学院首次提出"构建人类命运共同体"后，习近平主席多次在不同的重要场合阐述了人类命运共同体思想。这是因为宇宙只有一个地球，人类共有一个家园。面对深刻复杂的国际形势和前所未有的挑战，没有任何一个国家可以独善其身，也没有任何一个国家可以独自应对。"人类命运共同体的构建是我们能够解决全球性的危机的重要根本途径。"[1]唯有携手合作，我们才能有效应对气候变化、海洋污染、生物保护等全球性环境问题，实现联合国2030年可持续发展目标；唯有并肩同行，才能让绿色发展理念深入人心、全球生态文明之路行稳致远。

中国的理念逐渐得到国际社会的认可。2017年2月10日，联合国社会发展委员会第55届会议一致通过"非洲发展新伙伴关系的社会层面"决议，"构建人类命运共同体"理念首次被写入联合国决议中。

---

[1] 贾晗. 习近平人类命运共同体思想提出的北京及意义[J]. 大庆社会科学，2017（6）.

同年3月17日,联合国安理会通过关于阿富汗问题的第2344号决议,"构建人类命运共同体"理念首次被载入安理会决议。3月23日,联合国人权理事会第34次会议通过关于"经济、社会、文化权利"和"粮食权"两项决议,"构建人类命运共同体"理念首次被载入联合国人权理事会决议。11月2日,中国关于"构建人类命运共同体"的理念又被写入联大"防止外空军备竞赛进一步切实措施"和"不首先在外空放置武器"两项安全决议。

构建人类命运共同体不仅充分拥抱了中国自身历史发展的新时期,还致力于解决联合国正在关注的问题。实现可持续发展目标、社会进步以及生态环境可持续,"让和平的薪火代代相传,让发展的动力源源不断,让文明的光芒熠熠生辉,是各国人民的期待"[1]。构建人类命运共同体思想反映了中外优秀文化和全人类共同价值追求,反映了全人类的普遍愿望和共同心声,因而产生广泛而强烈的国际共鸣。

二、构建命运共同体对推动中蒙睦邻友好合作关系具有重要现实意义

人类命运共同体思想为构建新型国际关系提供了理论基础和正确路径。在这一思想的指导下,中国将秉持亲诚惠容的周边外交理念,坚持与邻为善、以邻为伴的方针,坚持睦邻、安邻、富邻的政策,与邻国共享发展成果。构建人类命运共同体的思想与实践,将为中国与蒙古国在政治、安全、经济、文化、生态领域的全方位合作提供保障和创造机遇,中蒙全面战略伙伴关系也将取得进一步发展。

(一)有利于增进中蒙政治互信

《中蒙友好合作关系条约》第一条即为"缔约双方应在互相尊重独立、主权和领土完整、互不侵犯、互不干涉内政、平等互利、和平

---

[1] 习近平. 共同构建人类命运共同体——在联合国日内瓦总部的演讲[EB/OL]. [2017-01-19]. http://politics.people.com.cn/n1/2017/0119/c1001-29033860.html.

共处原则基础上发展两国睦邻友好合作关系"。此外，中蒙两国在发展双边关系的过程中，取得的首要共识就是双方互不侵犯，互不使用武力，互不干涉内政，平等互利，和平共处，相互尊重各自选择的发展道路，尊重彼此核心利益和重大关切。可以说，中蒙友好关系发展的重要原则与人类命运共同体的内涵是一致的，两者相互联系，相互依赖。发展好中蒙关系将为人类命运共同体的构建提供典范，而人类命运共同体的打造也将为中蒙关系的发展提供保障，增进双方在政治领域的共识与互信。

（二）有利于扩大中蒙经贸往来

人类命运共同体追求在符合各国国情发展战略之上，实现共同发展及提升各自发展能力。中国是全球最大的能源消耗国，市场巨大，而蒙古国自然资源丰富，国内市场相对较小；中国拥有雄厚的基础设施建设和资源开发的资金与技术实力，蒙古国则缺乏相应足够的支撑与支持。在这种互补性的作用下，中蒙贸易呈现出贸易量不断增长、合作项目不断增加、合作领域不断拓宽、互惠互利不断深化的特点。中国在蒙古国实施的重要项目符合蒙古国国家发展战略，推动蒙古国社会经济发展。例如，蒙古国一直致力于构建和完善国家公路铁路网，开发本国电力能源，中国承建了蒙古国第一条高速公路（乌兰巴托市新机场高速公路）、雅尔玛格立交桥、两座跨图拉河钢筋混凝土桥及多条省际公路，以及第一条跨区域高压输变电线路（乌兰巴托至曼德勒戈壁输变电线路）。在这些项目开展的同时，中方向蒙方传授了技术与经验，为蒙古国培养了专业人才与技术工人，提升了蒙古国的自主发展能力。事实上，中蒙经贸合作正在实践人类命运共同体思想。由于人类命运共同体致力于共同发展、增强自主发展能力，并且强调优先发展伙伴关系，支持发展成果更多惠及全体人民，随着未来人类命运共同体思想理念的深入人心，将会进一步推动中蒙经贸关系的良性发展，而不断实践这些核心理念将有助于两国发展战略的进一步对接，使中国自身发展成果更好地惠及蒙古，中蒙经贸合作也会因此提升至新的水平。

（三）有利于推动中蒙人文交流

人类命运共同体思想以承认和尊重世界文明的多样性为前提，将文明互鉴视为推动人类社会发展的动力。2014年3月，习近平在联合国教科文总部的演讲中集中阐述了文明交流互鉴的问题。他强调，文明如水，润物无声，我们应该推动不同文明相互尊重、和谐共处，从不同文明中寻求智慧、汲取营养，为人们提供精神支撑和心灵慰藉，携手解决人类共同面临的各种挑战。所谓"文明交流互鉴"，一是承认文明具有多元性，这是文明交流互鉴理念存在的前提；二是文明并无高低、优劣之分，承认文明具有平等性，这是文明交流互鉴的理念基础；三是提倡文明之间包容合作，只有坚持开放包容、多元互鉴，各国才能实现共同发展，共同繁荣，这是文明交流互鉴的核心内容。人类命运共同体思想不仅把握住了人类社会进步的基本特征，还在强调文明交流互鉴意义的同时，指出文明文化的力量与价值。不应忽视的是，蒙古文化的基因之中，同样包含文明间开放合作的理念，蒙古文化是草原各民族长期交融的结果，它聚集不同部族的文化传统，其文化结构具有多元性与开放性的特征，因此，中蒙两国能够利用各自文化思想内涵中存在的共通性，在人类命运共同体思想的文化层面凝聚共识。

近年来，中蒙两国人员往来日益密切，双方已相互举办多次文化周活动，两国人民对彼此间文化的了解不断深入，这为人类命运共同体思想的落地生根同样创造了有利条件。随着开放包容与互学互鉴理念在中蒙两国不断深入人心，两国人民对彼此文化的理解和欣赏也将逐步深入。这不仅将巩固中蒙在人文领域交流与合作的基础，还将推进中蒙人文交流各种互动机制的完善，带动彼此经典著作和影视作品的互译与传播，扩大两国人员的往来。

（四）有利于促进中蒙生态领域合作

人类命运共同体不仅是一种政治主张，一种国家间发展与交流的模式，还揭示了人与自然共生共存的关系，代表着中国人对人类命运与生态文明关系的基本判断，中国将以自己的行动成为全球生态文明建设的重要参与者、贡献者和引领者。2017年1月，在联合国日内瓦总部的演讲中，习近平向全球阐述了中国坚持绿色发展道路的决心以及将绿色发展融入全球生态环境治理的理念。习近平表示："绿水青山就是金山银山。我们应该遵循天人合一、道法自然的理念，寻求永续发展之路。"中国与邻国山水相连，面临相同或相似的生态环境问题，无论是构筑尊崇自然、绿色发展的全球生态体系，还是寻求可持续的发展道路，中国都必须与邻国保持紧密合作。因此，中国在推动构建人类命运共同体的过程中，对中蒙两国在中国生态文明建设、蒙古国绿色发展政策框架下的双边合作，将会发挥促进作用，助推双方共同应对气候变化，抗击自然灾害。构建人类命运共同体，对于蒙古国的可持续发展具有重要意义。据蒙古国环境部的公开数据显示，受气候变化和过度放牧的影响，蒙古国占国土面积77.8%的土地面临荒漠化的威胁，其中10%的土地极易退化，这一数据比2006年增加了2%~3%。在人类命运共同体思想的指导下，中蒙两国未来可共建绿色丝绸之路，在发展绿色经济方面展开密切交流，在蒙古国关心的防沙治沙、矿区环境恢复及城市雾霾治理等方面，实施更为具体的合作项目。

三、百年大变的国际环境决定中蒙须携手共建人类命运共同体

作为山水相连，搬不走的邻居，中蒙两国在百年大变国际环境中，须守望相助，共同担当、携手，才能共同进步，实现繁荣发展，共同铸牢中蒙全面战略伙伴关系。中蒙拥有4700多千米边界线，占蒙古国边界线的近一半，双边开设了14个陆路口岸，是推动两国地方合作的重要窗口，在中蒙两国的区域合作中发挥着重要作用。中蒙是彼此边境、边疆安全稳定的重要保障，是彼此社会稳定、经济繁荣、国防安全的重要保障。早在1987年，时任蒙古人民共和国蒙古人民革命党中央委员会总书记巴特蒙赫在会见到访的彭冲副委员长时，就曾表

示,"发展两国睦邻友好关系符合两国人民的根本利益"。20多年的实践充分证明,中蒙只有发展睦邻友好,才能互信互鉴,风雨同舟;只有睦邻友好,才能把中蒙两国共同利益结合起来;只有睦邻友好,才能为两国的繁荣发展赢得契机,才能为两国人民的长治久安谋福利,才能夯实携手迈向合作共赢、共同发展的新时代基础。

(一)务实合作赋予全面深化战略伙伴关系新内涵

2015年11月,蒙古国时任总统额勒贝格道尔吉受邀访问中国时,中蒙签署《关于深化发展全面战略伙伴关系的共同声明》。这是在1994年4月签署的《中蒙友好合作关系条约》和2014年签署的《中华人民共和国和蒙古国关于建立和发展全面战略伙伴关系的联合宣言》基本原则和精神基础上,依据中蒙处在历史最好时期这一背景下,双方认为有必要提升双边关系,以便适应新时代下双边关系发展的需要。

这个新时代不仅是国际政治和经济的大调整、大变革,还有区域双边关系在这种背景下与时俱进的调整与发展。2014年,中、蒙、俄三国首脑在阿斯塔纳的首次会晤起航"中蒙俄经济走廊"建设。这是中国"一带一路"国际合作倡议提出后,针对东北亚以及中蒙俄三国彼此接壤、经济互补、人文交流频繁、地区合作实际提出的一条向北开放的区域合作倡议。2015年7月,中、蒙、俄三国领导人第二次会晤,签署了《三方合作中期路线图》,明确指出"扩大三方政治对话,发展三方经贸领域合作,加强三方在国际和地区事务中的相互协调"。2016年9月,三方签署《建设中蒙俄经济走廊规划纲要》,为中蒙俄区域合作指明方向,同时为中蒙双边扩大合作搭建新平台,提升蒙古国在地区事务中的地位。

《中蒙全面深化发展战略伙伴关系联合声明》签署4年来,双方高层通过互访和国际多边场合的会晤和接触,为两国关系发展创造了更多机遇。2015年11月,全国人大常委会副委员长严隽琪访蒙并启动两国立法机构定期交流机制。2016年6月,习近平出席上海合作组织成员国元首理事会塔什干峰会期间,同蒙古国总统额勒贝格道尔吉和俄罗斯总统普京再次举行中、俄、蒙三国元首会晤，并同蒙古国总统举行双边会晤。2017年5月，蒙古国总理额尔登巴特来华出席"一带一路"国际合作高峰论坛，期间受到习近平主席、李克强总理等领导人会见。2017年7月，李克强总理受邀访蒙出席在乌兰巴托举行的第十一届亚欧首脑会议。访问期间，李克强总理同蒙古国时任总理额尔登巴特举行会谈，会见蒙古国时任总统额勒贝格道尔吉、国家大呼拉尔主席恩赫包勒德。同年10月，中共中央政治局常委、中央书记处书记刘云山访蒙，分别会见蒙古国总统额勒贝格道尔吉、国家大呼拉尔主席恩赫包勒德、总理额尔登巴特。蒙方认为，刘云山这次访问，"将会对更加发展中蒙两国全面伙伴关系、扩大各层级合作做出重要贡献"[1]。10月18日，蒙古人民党主席、国家大呼拉尔主席恩赫包勒德来华出席中国共产党与世界对话会，习近平主席、张德江委员长、刘云山书记分别会见。这次访问对加大两个执政党之间的合作与交流发挥了积极作用。2018年4月，蒙古国总理呼日勒苏赫受邀访华，并出席博鳌亚洲论坛年会。在此期间同习近平主席、李克强总理、栗战书委员长分别举行会见会谈。6月，蒙古国总统巴特图勒嘎来华出席上海合作组织成员国元首理事会青岛峰会，同习近平主席举行双边会晤，中、蒙、俄举行三国元首会晤。同年9月，习近平主席出席俄罗斯东方经济论坛期间，会见蒙古国总统巴特图勒嘎。10月，中共中央政治局委员、天津市委书记李鸿忠访问蒙古国，分别会见蒙古国议长米·恩赫包勒德和总理呼日勒苏赫。2019年4月，蒙古国外长朝格特巴特尔访华，王岐山副主席会见，王毅国务委员兼外长同其举行会谈。4月，蒙古国总统巴特图勒嘎对华进行国事访问并出席第二届"一带一路"国际合作高峰论坛，习近平主席同其举行正式会谈，李克强总理会见。同年7月，王岐山副主席访问蒙古国，分别与蒙古国总统、总理、外长举行会晤，并参加蒙古国国家节日那达慕节。

---

[1] 中共中央政治局常委、中央书记处书记刘云山圆满完成对蒙古国访问[N]. 蒙古国消息报，2016-10-06（1）.

目前，中蒙两国就立法、政府、政党之间建立了新的合作交流机制，切实推动中蒙全面战略伙伴关系向前发展。其中，中蒙政府间经贸科技联委会、中蒙矿能和互联互通合作委员会为稳定双边经贸合作发挥着举足轻重的作用。外交部间战略对话机制在深化双方战略沟通与互信，规划并推动两国各领域关系发展方面发挥积极作用。中蒙人文交流共同委员会通过统筹协调两国人文领域交流合作，夯实双方友好社会基础，是"促进两国人文领域合作、拉近两国国民感情、营造双方友好氛围的有效平台"。

（二）"三位一体、统筹推进"充实全面战略伙伴关系经济合作新内容

根据2015年签署《中蒙深化发展全面战略伙伴关系联合声明》经贸合作既定内容，一方面继续推进2014年双方签署的《中蒙经贸合作中期发展纲要》中的合作内容，改善贸易结构，扩大投资方向，使其成为"深化发展两国全面战略伙伴关系的主要支柱"；另一方面根据"大项目合作有利于两国经济发展造福两国人民，开展大项目合作十分重要"的精神，借助双方就矿产资源开发、基础设施建设、金融合作的"三位一体、统筹推进"共识，首先推进两国大项目合作，以标志性大项目推进中蒙跨境经济合作区农业现代化、文化旅游业的务实合作。2016年2月27日，中蒙签署《中蒙旅游合作协议》，就跨境旅游及文旅产业合作等达成8项合作内容。其中打造"茶叶之路"国际旅游品牌是亮点项目，将资源优势转化为经济优势是目标，为全面深化发展战略伙伴关系注入新动力，实现了中蒙旅游业发展的历史新突破。

2017年7月，中蒙签署《关于中国"一带一路"项目和蒙古国"发展之路"项目对接备忘录》，其中包括涉及贸易投资经济合作，涉及海关、司法、教育、人文合作的各个领域和方面，具有很强的现实意义，解决了中蒙关系中多个迫切需要解决的问题，进一步强化了中国与蒙古国高校、科研机构之间的交流与合作，有助于蒙古国提升产业技术含量。

2019年6月4日，中蒙签署《中华人民共和国政府与蒙古国政府关于建设中蒙二连浩特—扎门乌德经济合作区的协议》，这是两国落实"一带一路"和"发展之路"合作项目的一个具体成果。其次，通过支持贸易便利化、东北亚博览会、中蒙俄经贸合作洽谈会、中蒙博览会等方式，为双方的企业家创造经贸合作商务环境。根据中国海关和蒙古国统计局公布数据显示，2018年，中蒙贸易额85.4亿美元，同比增长24.7%，占蒙古国对外贸易总量的60%。其中，中国对蒙出口16.5亿美元，同比增长33.1%，占蒙古国进口总量的一半；自蒙古国进口63.4亿美元，同比增长22.7%，占蒙古国对外出口总量的80%以上。2018年，中国对蒙古国投资1.1亿美元，蒙古国对中国投资41万美元。中国在蒙古国新签工程承包合同额25.9亿美元，同比增长335.3%；完成营业额7.6亿美元。中国连续多年成为蒙古国第一大贸易合作伙伴、最重要的投资来源国和援助提供国。双方正朝着到2020年双边贸易额100亿美元的目标顺利推进。

（三）不断扩大的人文合作夯实全面战略伙伴关系的社会根基

近年来，特别是巴特图勒嘎担任蒙古国总统以来，非常重视科技创新对蒙古国经济发展的作用。受到世界能源价格起伏难料以及蒙古国自身科学技术水平低下等客观因素影响，作为蒙古国支柱产业的矿产能源产业发展始终难以升级，形成链式发展模式。作为传统基础产业的畜牧业同样因为技术原因面临产业升级的现实问题，严重制约蒙古国产业多元化发展。因此，2016年，蒙古国议会提出包括振兴蒙古国传统产业畜牧业、大力发展绿色产业旅游业、提质能源产业"高端化"，复兴传统民族文化、大力发展文化产业的产业多元化发展思路。在中蒙领导人会晤时，蒙古国希望在农畜产品深加工、医疗保健卫生、旅游、人文领域加强交流与合作。2017年5月，"一带一路"国际合作高峰论坛期间，中蒙两国签署了《关于成立中蒙人文交流合作委员会谅解备忘录》《关于加强经济、技术合作谅解备忘录》《关于发展蒙古国科技园区与创新基础设施建设合作谅解备忘录》和《关于青年科学家交流计划合作谅解备忘录》等与人才培养、技术升级、科技发展密切相关的合作性文件。

自2014年中国决定增加蒙古国来华留学人数以来，每年有近3000名蒙古国留学生分布在全国各高校和科研机构学习，打破过去集中在内蒙古、北京、上海等高校和科研机构的局面。这些留学生对促进中蒙两国人文交流与合作发挥了重要作用。此外，中蒙两国分别在首都设立了国家文化研究中心，旨在向对方宣传彼此国家文化，增加互信渠道和通道。

近年来，为方便中蒙两国人员往来以及货物往来，提升客运量与货运量，中蒙两国的公安、交通、海关、边检、检验检疫等部门也在通力合作。首先，两国立法机构议员、友好小组成员互访频繁，从法律层面解决两国"互联互通"遇到的问题。2016年9月，中国公安部出入境管理局和蒙古国司法与内务部直属外国公民和国籍事务管理局共同签署《关于创造简化公民相互旅行的便利条件备忘录》，大大缩短了中蒙两国公民相互往来的签证、报关、安检等手续。2017年，蒙古国开通与中国多条航线就是两国航空公司合作的成果。2017年1月，蒙古国中央银行董事会同意授予中国工商银行在蒙古国设代表处许可，这就为在蒙华商提供了更为便利的金融服务。2017年7月6日，中蒙两国的中央银行续签双边本币互换协议，规模仍保持为150亿人民币（5.4万亿图格里克）旨在方便双边贸易和投资，促进两国经济发展。

根据2019年7月23日中蒙签署的《中蒙建交70周年纪念活动计划》项目清单，2019年又有70多项双边活动分别在两国举行。按照中国"逢五遇十要大庆"的传统习俗，纪念活动中必有大项目予以衬托，既有相互访问增信友好的互访活动，又有类似援建医院、学校及修建公路、污水厂社会民生的基建项目，但更多的是关于人文交流的活动。例如，相互翻译文学作品，媒体记者相互培训、考察、交流等，进一步推动中蒙全面战略伙伴关系走得更远、更深，形成"邻里心灵相通，命运与共"的新型邻国关系。

自2014年8月习近平主席对蒙古国进行历史性访问的6年来，中蒙在政治、经济、人文教育、军事等领域的合作均取得可喜成果。这充分印证两国彼此认同的程度不断加深，合作的愿望越来越深，合作的机制与制度越来越完善，合作的内容越来越务实，合作的道路越来越宽、越来越清晰，合作的理念越来越明朗。

未来，中蒙两国在新历史起点上，继续"保持高层引领，巩固政治互信，深化互利合作与民间交流，加强地区国际合作，不断充实全面战略伙伴关系内涵"，推动两个"国家间合作典范"国家做"互尊互信的战略伙伴，互利互惠的合作伙伴，常来常往的友好伙伴和互帮互助的多边合作伙伴"[1]。中蒙只有携手共建、谋发展，加强地区国际合作，才能为彼此赢得更大的和平环境。

（四）推动"一带一路"与"发展之路"深度对接

"一带一路"是构建人类命运共同体的实践平台，迈向人类命运共同体是"一带一路"倡议的初衷和最高目标。"一带一路"倡议遵循共商共建共享原则，弘扬和平合作、开放包容、互学互鉴、互利共赢的精神，加强同沿线国家的政策沟通、设施联通、贸易畅通、资金融通、民心相通。2013—2018年，已有126个国家和29个国际组织同中方签署"一带一路"合作文件。中国与"一带一路"沿线国家货物贸易总额超过6万亿美元，中国企业对"一带一路"沿线国家的直接投资超过900亿美元，在沿线国家新签对外承包工程合同额超过6000亿美元。[2]

蒙古国在2014年提出"草原之路"倡议，根据此前规划，"草原之路"倡议由5个项目组成，总投资需求约为500亿美元，具体包括连接中俄的997千米高速公路，铺设1100千米电气线路，扩展跨蒙古

---

[1] 王岐山访问蒙古国[EB/OL]. [2019-07-13]. http://china.cnr.cn/news/20190713/t20190713_524690076.shtml.

[2] 乘风扬帆！"一带一路"六年成果超乎想象[EB/OL]. [2019-04-25]. http://www.xinhuanet.com/politics/xxjxs/2019-04-25/c_1124416481.htm.

国铁路、天然气管道和石油管道。为更好地将本国发展战略与"一带一路"对接,蒙古国将"草原之路"发展战略升级为"发展之路"。2017年5月,蒙古国政府召开专题会议讨论通过了"发展之路"国家战略规划,其宗旨是加强交通运输、电力能源、通信联络、矿产开发、观光旅游业的基础设施建设。

"一带一路"和"发展之路"是中蒙两国扩大开放、加强对外合作的国家战略。"一带一路"构想将实现国家间基础设施的互联互通作为核心内容,这与蒙古国"发展之路"欲建设连接中俄的高速公路、电气化铁路、扩展跨蒙古国铁路等项目形成利益交汇点。与此同时,蒙古国希望利用"发展之路"倡议的落实,来发挥自身位于中俄之间的地缘优势,利用跨境运输贸易振兴经济,这也与"一带一路"及"中蒙俄经济走廊"建设高度契合。在上述背景下,2015年11月,中蒙两国在《中华人民共和国和蒙古国关于深化发展全面战略伙伴关系的联合声明》中指出,双方将加快两国发展倡议的全面对接,积极探讨商签两国政府间关于发展战略对接的协议。2019年4月,中蒙两国签署《推进"一带一路"倡议和"发展之路"倡议对接合作规划》。

目前,中蒙"两路"对接的重点,聚焦于交通基础设施建设和电力能源产业。就蒙古国而言,两者是国家实现现代化和经济发展多元化的基础。2010年,蒙古国议会通过《国家铁路运输领域建设规划》,提出分阶段建设5683.5千米的新铁路基础设施。该项目建成后将大幅提升蒙古国境内铁路运力,实现蒙古国南戈壁省塔温陶勒盖煤矿、奥尤陶勒盖铜金矿、那林苏海图煤矿等大型矿区至蒙古国边境口岸铁路直运。[1]为解决国内电力供应紧张问题,蒙古国政府加快了对国家电力基础设施建设速度,提出一批对现有电厂进行改造扩容和新电厂建设项目。由于目前蒙古国国家财政紧张,蒙古国政府鼓励利用外资,通过各类政府和社会资本合作(PPP)模式参与电力基础设施投资

---

[1] 山水相连好邻居,携手赴康庄大道——蒙古国[EB/OL]. [2019-05-10]. http://obor.nea.gov.cn/detail2/8406.html.

建设。除火力发电，蒙古国还致力于发展可再生能源。根据蒙古国政府制定的能源电力发展目标，蒙古国计划在2020年前实现国家电力需求的25%来自可再生能源，包括太阳能、风能、地热和水力发电等。若从中蒙的合作现状来看，中蒙基础设施和能源领域合作不断取得进展。2015年12月，中企在蒙开工建设的第一个大型电站项目——巴格诺尔电站项目，在乌兰巴托市正式开工。2017年5月，由中国承建的蒙古国首条330KV最高电压等级的输变电重点工程——乌兰巴托市至曼德勒戈壁输变电线路、变电站建设项目专用贷款协议在"一带一路"峰会期间签署。2018年，中蒙电网互联互通的首期项目——锡伯敖包煤电输一体化项目可行性研究完成。2019年7月，中蒙两国"一带一路"建设框架下的重要合作项目，中国承建的蒙古国首条高速公路——乌兰巴托至中央省西格新机场高速公路顺利移交蒙古国政府。[1]

建设交通基础设施和发展电力能源产业不仅是蒙古国实现国家现代化和经济发展多元化的基础，还是中蒙合作倡议对接的重要契合点，而且中蒙在交通和能源通道方面的互联互通，对于落实"一带一路"倡议，具有示范意义。未来，为推动"一带一路"与"发展之路"的对接，两国需要优先并加快推进相关合作项目的落地，中方应积极研究蒙方提出的共建"东北亚超级电网"的方案，并通过联合资源调研，制定具体合作路线图以及提供贷款等路径，加强同蒙古国在可再生能源领域的合作。同时，王毅外长在2018年访问蒙古国时，提出与蒙方共建"一带一路"的倡议，即支持蒙古国基础设施建设，更加注重改善蒙古国民生，更加重视环境和生态保护，助力蒙古国多元及自主化发展。中国政府和媒体应紧紧围绕这一倡议或承诺，以增进两国互信、构建人类命运共同体为目标，借助蒙古国媒体和两国各层级的交流活动，驳斥"中国威胁论"的错误言论，向蒙古国社会讲好"一带一路"倡议的内涵及两个"更加"的合作新理念，强调"一带

---

[1] 山水相连好邻居，携手赴康庄大道——蒙古国 [EB/OL]. [2019-05-10]. http://obor.nea.gov.cn/detail2/8406.html.

一路"倡议对于蒙古国国家发展和扩大海外市场的重要性。

四、加强地区国际合作，创造一个稳定繁荣的新合作环境

2019年是中蒙建交70周年和《中蒙友好合作关系条约》签署25周年。两国携手共建，将睦邻友好关系提高到全面深化战略伙伴关系得益于两国高层对"天时、地利、人和"的准确把脉与引领，得益于双方对彼此制度、文化、发展道路选择的尊重，得益于对"共商、共建、共享"的合作理念和原则认同，得益于对"和平、发展、合作、共赢"发展潮流的清醒认识，得益于对"你中有我，我中有你"合作现实的认同。作为发展中国家，中蒙在许多国际和地区问题拥有相同或相近立场。

（一）在联合国框架内发展两国关系和国际关系

联合国是第二次世界大战以后成立的为国际社会普遍认同的政府间国际组织，在维护世界和平与安全、解决国际争端，促进经济、社会合作等领域的作用发挥着其他国际或地区组织所无法替代的作用。由联合国制定的《联合国宪章》是各国公认和遵守的国际关系基本准则。各国事务由本国政府和人民决定，国际事务则由相关国家平等协商处理。各国在尊重彼此历史文化、社会制度和发展模式基础上取长补短，求同存异，共同发展。

中蒙都是联合国成员国，维护国际秩序和国际法则，遵法守则，遵守国际、地区组织的规则，通过和平方式、政治手段解决国际分歧争端是双方恪守的原则。双方一直在尊重彼此领土、主权完整和核心利益的基础上发展两国关系。《中蒙友好合作关系条约》签订25年来，两国基本保持在国际和地区事务中的沟通、协调与合作，共同维护地区和平，稳定与发展中国家利益，共同为构建持久和平、共同繁荣的和谐地区环境而努力。

（二）在尊重彼此核心利益的基础上发展与国际和地区组织关系

1994年，中蒙两国签署的《中蒙友好合作关系条约》和2015年签署的《中蒙全面深化战略伙伴关系联合声明》均强调"和平共处五项原则"在处理两国关系中的地位,将"尊重相互尊重独立、主权、领土完整和各自选择的发展道路"作为发展两国关系的宗旨和准则。

多年来,中国始终尊重蒙古国独立及主权、领土完整,尊重蒙古国人民自主选择的发展道路,始终支持蒙古国无核化地位,支持蒙古国加入亚太经合组织,成为其成员国家。中国也愿意同蒙古国加强在上海合作组织、亚欧会议、亚信会议、大图们倡议等国际和地区组织内合作,并在多边合作机制框架下寻求共同利益,"中方将秉持亲诚惠容理念,继续积极支持蒙古国经济发展和民生改善,同蒙方一道,牢牢把握正确政治方向,统筹规划推进全方位合作,努力构筑符合时代要求的中蒙关系,推动两国关系不断迈上新台阶"[1],支持蒙方积极参与东北亚、东亚合作,"欢迎在联合国支持下于乌兰巴托建立无出海口国家国际研究中心","支持蒙古国以适当方式参与东亚峰会和中日韩合作"。重视蒙古国提出的"东北亚安全乌兰巴托对话倡议",愿就此同蒙方保持沟通。

20多年来,蒙古国始终坚定奉行一个中国政策,承认台湾和西藏都是中国的一部分,涉及台湾和西藏的事务都是中国内政,支持中国通过和平手段解决两岸统一问题。2013年,中国提出"一带一路"国际合作倡议后,蒙古国"愿在'丝绸之路经济带'倡议下合作,以创始成员国身份参与亚洲基础设施投资银行建设",并倡导实现了2014年中、蒙、俄三国首脑会晤,同时推动构建完成"中蒙俄经济走廊"建设合作框架,开辟东北亚新区域合作模式。

中蒙在国际、地区事务之间的相互协商、相互合作、相互支持不仅增强了两国之间的互信能力,还提升了双边的协调能力,扩大了在本地区的影响力,为双边的进一步合作以及推动中蒙俄、东北亚区域合作奠定了政治、经济、文化、外交基础。

---

[1] 习近平同蒙古国总统巴特图勒嘎举行会谈[EB/OL].[2019-04-25]. http://www.xinhuanet.com/politics/leaders/2019-04-25/c_1124415931.html.

（三）务实推进"中蒙俄经济走廊"建设

作为"一带一路"国际合作的重要组成部分，"中蒙俄经济走廊"建设是一条惠及中蒙俄三国的国际区域合作道路，是"一带一路"框架下首条正式开建的多边区域经济合作道路，旨在以走廊为依托，加快区域合作步伐，提升区域合作水平，培育亚洲地区新的经济增长极。"中蒙俄经济走廊"建设对接中俄、中蒙、俄蒙双边合作，是优势互补、取长补短、扩大合作的新平台、大舞台。

第一，通过这个平台，可以将中蒙合作的优势延伸到俄罗斯毗邻地区，补充蒙古国与俄罗斯在经济合作与交流过程中资金、技术、劳动力、融资等方面的不足。

受西方制裁影响，俄罗斯经济尽管处在复苏阶段，其远东和西伯利亚地区的社会经济发展相对滞后欧洲部分地区，包括交通在内的基础设施建设落后的现状也直接影响"中蒙俄经济走廊"建设的互联互通。与中俄比较，蒙古国经济基础相对薄弱，产业结构相对单一，高附加值产业少，但两国都是资源丰富国家，都是未来发展潜力、空间较大的国家，如果中蒙、中俄在能源产业、基础设施建设等领域合作，赋予产业发展更多高附加值，将实现物流、人流、商品流的高效快速流通。

第二，通过"中蒙俄经济走廊"合作平台，为中蒙及中蒙俄开辟多元"出海通道"。

中、蒙、俄三国的合作领域包括交通基础设施发展及互联互通、口岸建设和海关、产能与投资合作、经贸合作、人文交流合作、生态环保合作、地方及边境地区合作等七大方面。这些合作中既有中俄优势领域，又有中蒙优势领域，还有俄蒙强项。俄罗斯横跨欧亚，中蒙俄跨境区域合作向东可以通过"海上丝绸之路"与东北亚日、韩等发达经济体连接，向西与欧洲经济圈连接。

目前，由中国起运的"中欧班列"全部通过"中蒙俄经济走廊"合作区域，因此要做好中蒙俄口岸建设、海关合作机制，做好进出通道高质量服务，以各种口岸服务项目为基点开展边境地方合作，以点连线、带面成片发展跨境区域合作，借助"中欧班列"把中国、蒙古国更多的商品、产品送到世界各地。

2019年7月，中、蒙、俄就航空运输通道签订空中管制合作协议，实现人流近距离高效互动，提升中、蒙、俄之间人员流动的便利化。借助丝路基金、亚投行等金融机构的合作平台，实现投资风险最小化，资金流通、结算的最大便利化，获得共享利益最大化。

第三，"中蒙俄经济走廊"建设有助于中蒙妥善处理应对各种问题和挑战，共同变压力为动力，构建政治安全、人文交流、经贸共同驱动的合作框架。

当今世界充满变数，许多深层次的矛盾不时浮出水面，霸权主义、强权政治仍未消失，保护主义和单边主义势力抬头，"治理赤字、信任赤字、和平赤字成为摆在全人类面前的严峻挑战"[1]。问题是国际性、地区性的，需要各国齐心协力应对。

"中蒙俄经济走廊"建设是三个不同主体民族、不同文化、不同国情、不同意识形态，不同价值观、利益观、安全观的国家之间的合作，是建立在双边良好关系基础上的合作。尽管中国多次向世界做出"永远不称霸，永远不搞扩张的庄严承诺"，中国倡导构建人类命运共同体也被写入联合国文件，但是"强国必霸"的冷战思维和"零和博弈"的老框框还在影响国际社会和蒙古国一些民众的心理，导致他们对"中蒙俄经济走廊"建设持否定或者反对态度。这就需要中、蒙、俄联手，在签署的双边对接协议和三边合作协议的框架下，秉承共商共建共享的全球治理观，在深入推进经济合作同时，扩大人文交流与合作，缩小认同差异，扩大利益交汇点，增添发展新动力，将抗风险压力变为合作发展动力，构建彼此互信的政治安全、人文交流、经贸合作"三轮驱动"的合作框架。

---

[1] 中共中央宣传部. 习近平新时代中国特色社会主义思想学习纲要 [M]. 北京: 学习出版社，人民出版社，2019：209.

作为"一带一路"国际合作的倡议者、组织者和参与者，中蒙是这一国际合作继续推进的重要力量，发挥着"保驾护航"的作用。6年来，中蒙借助中国"一带一路"国际合作"大"平台和"中蒙俄经济走廊"建设的"小"平台相互协商、相互支持，互利合作，成为本地区国家关系一种模式和典范。"路熟了走起来容易，人熟了聊起来容易"，中蒙关系取得的成绩与高层频繁互访、地方合作热络、人文交流与合作密不可分。"欲粟者务实，欲治者因势。"面对风云激荡的国际和地区形势，中蒙只有牢牢把握世界多极化、经济全球化、区域化、一体化的大势，携手地区内其他国家，共迎机遇，共对挑战，共筑合作共赢的命运共同体。

"国泰民安、繁荣富强"是包括中蒙两国人民在内世界各国人民共同追求的目标。21世纪以后，国际格局多极化、经济区域化、全球化趋势不可逆、不可挡。"互联网+"电子信息技术的快速发展将国际社会分工拉得越来越近，彼此呈嵌入式发展。"你中有我、我中有你"的依赖关系将地球变成一个"小村落"，彼此距离不再遥远。国家之间、地区之间、国际组织与国家和地区之间的关系越来越密切。G20、上合组织、欧亚会议、亚信会议、东盟地区论坛、大图们江国际合作等涉及东亚、东北亚地区合作的国际组织在本地区合作中发挥着作用。中蒙是这些地区和国际组织的重要参与者，并在其中发挥积极作用。通过这些合作组织一起捍卫东北亚地区的和平与稳定。

中蒙两国历史发展已经证明，只有与时俱进，遵循、顺应社会和时代发展潮流，彼此尊重、彼此理解，走和平发展道路，才能为人类留下一个多种文化和多种文明共存发展、繁荣发展的美好局面；只有国家都走和平发展道路，各国才能共同发展，才能和平相处。

课题负责人：包思勤
课题组成员：范丽君　额尔敦陶克套　李　超
　　　　　　哈斯巴特尔　其乐木格　白希力木格

内蒙古高质量发展水平评价及路径选择

乔 瑞

摘要：本文从经济发展、创新能力、协调效率、绿色发展、开放水平和共享程度6个维度构建高质量发展评价体系，对全国31个省、自治区、直辖市高质量发展水平进行测度。同时对比西部12个省、自治区、直辖市和东北三省，衡量内蒙古高质量发展水平，进一步分析内蒙古高质量发展的优势与差距，并以此为依据提出内蒙古在6个维度推进高质量发展的具体路径。

关键词：高质量发展；评价；路径

本文在深入理解高质量发展内涵的基础上，构建经济高质量发展评价指标体系，并对全国31个省、自治区、直辖市高质量发展水平进行测度，同时对比西部12个省、自治区、直辖市和东北三省，衡量内蒙古高质量发展水平，分析内蒙古高质量发展的优势和差距，并以此为依据提出推进内蒙古高质量发展的路径。

一、高质量发展指标体系构建

"创新、协调、绿色、开放、共享"新发展理念是引领高质量发展的思想武器。新时代，高质量发展应在经济总量扩张的基础上，实现创新驱动、城乡区域协调、绿色低碳循环、全方位开放、人民共享成果的发展。

本文通过设定经济发展、创新能力、协调效率、绿色发展、开放水平、共享程度6个维度来构建高质量发展评价体系。

第一，经济发展。选取地区生产总值增速、一般公共预算收入增长率、规模以上工业增加值增速、社会消费品零售总额和居民消费价格指数波动率作为测度经济发展水平的指标。

第二，创新能力。选取研发强度、研发力量、新产品销售收入、专利授权数和技术市场成交额作为测度创新能力水平的指标。

第三，协调效率。选取第二产业增加值占地区生产总值比重、第三产业增加值占地区生产总值比重、税收收入占一般公共预算收入比重、城乡居民人均可支配收入比和城乡居民人均消费支出比作为测度协调效率水平的指标。

第四，绿色发展。本文选取森林覆盖率、建成区绿化覆盖率、单位地区生产总值电耗、生活垃圾无害化处理率和工业固体废物综合利用率作为测度绿色发展水平的指标。

第五，开放水平。选取货物进出口总额占比、外商直接投资发展速度、国际旅游收入（外汇）占比、旅客周转量和非户籍人口占常住人口比重作为测度开放水平的指标。

第六，共享程度。选取居民收入与经济发展的增长速度比、城镇失业率、每千人拥有医疗机构床位数、每万人拥有公共交通车辆数和居民人均消费支出作为测度共享水平的指标。

以上共选择30个指标，建立经济高质量发展指标评价体系。

二、实证分析及主要结论

（一）实证分析

本文运用SPSS工具，选取2017年数据，从6个维度分别进行因子分析，计算出全国31个省、自治区、直辖市各因子得分和加权平均后的综合得分及排名，结果见表1所示。

表1 2017年全国31个省、自治区、直辖市高质量发展竞争力各因子得分、综合得分及排名

地区	经济发展（15）		创新能力（22）		协调效率（15）		绿色发展（17）		开放水平（16）		共享程度（15）		加权平均后结果	
	因子得分	排名	因子得分	排名	因子得分	排名	因子得分	排名	因子得分	排名	因子得分	排名	综合得分	排名
北京	0.2318	13	0.4357	6	1.7855	1	0.9564	4	0.1368	11	1.2927	1	0.7768	4
天津	-0.4680	25	-0.0540	13	-0.5727	24	-0.6483	26	0.1519	10	-0.1892	20	-0.2823	21
河北	-0.3979	24	-0.1679	14	-0.7392	28	0.2771	11	0.0060	15	-0.0604	18	-0.1685	18
山西	-0.0984	18	-0.5735	19	0.0994	12	-0.3299	23	-0.6363	28	-0.5517	27	-0.3667	23
内蒙古	-0.6571	28	-0.6502	21	0.0386	13	-0.0843	20	-0.5011	24	-0.5225	25	-0.4087	25
辽宁	-0.1164	19	-0.2046	16	0.3601	8	0.1759	14	0.2736	8	0.5941	6	0.1543	9
吉林	-0.3075	20	-0.6345	20	-0.2426	17	-0.5080	25	-0.5755	27	-0.3150	21	-0.4478	26
黑龙江	-0.5384	27	-0.6689	24	0.1228	11	-0.8428	28	-0.6532	29	0.7150	5	-0.3500	22
上海	0.4588	7	0.5186	5	1.0858	4	-0.1955	21	1.2165	2	1.1745	2	0.6834	5
江苏	1.2392	2	2.5658	2	-0.6068	25	0.7038	6	0.8664	3	0.5608	7	1.0017	2
浙江	0.6229	4	1.9199	3	-0.5290	23	0.9888	3	0.7428	4	0.4799	8	0.7954	3
安徽	0.2955	12	0.3437	7	-0.7980	30	0.4073	9	0.0359	14	-0.5393	26	-0.0057	13
福建	0.5809	5	0.1412	9	-0.7682	29	1.0257	2	0.2381	9	0.1853	15	0.2432	8
江西	-0.3150	21	-0.2433	17	-0.8561	31	0.8098	5	-0.3246	21	-0.4607	24	-0.2126	19
山东	1.0915	3	1.3144	4	-0.2173	16	0.5201	8	0.2943	7	0.3623	12	0.6101	6

· 211 ·

续表

地区	经济发展(15) 因子得分	排名	创新效率(22) 因子得分	排名	协调发展(15) 因子得分	排名	绿色发展(17) 因子得分	排名	开放水平(16) 因子得分	排名	共享程度(15) 因子得分	排名	加权平均后结果 综合得分	排名
河南	0.4464	8	0.0832	11	-0.6636	26	0.0652	15	0.3174	6	-0.3896	22	-0.0108	14
湖北	0.3241	11	0.2062	8	-0.7188	27	0.0438	17	0.0901	12	-0.0376	17	0.0024	12
湖南	0.2160	14	0.1395	10	-0.2657	19	0.5481	7	0.7218	5	0.7875	4	0.3500	7
广东	1.3629	1	3.1240	1	0.2808	9	1.2305	1	2.5334	1	-0.4093	23	1.4870	1
广西	-0.3167	22	-0.6643	23	-0.3532	21	0.3480	10	-0.1726	18	-1.2315	29	-0.3998	24
海南	-1.9313	31	-0.9451	30	0.7846	5	0.2404	12	-0.5725	26	-1.0833	28	-0.5932	28
重庆	0.5278	6	-0.0385	12	-0.3116	20	0.1785	13	-0.2668	20	0.4552	9	0.0799	11
四川	0.3937	9	-0.1687	15	-0.2479	18	0.0409	18	-0.2167	19	0.8514	3	0.0847	10
贵州	0.1876	15	-0.7253	27	0.6547	6	-0.3213	22	-0.4713	23	0.0236	16	-0.1597	17
云南	0.3733	10	-0.6824	25	0.6076	7	-0.0704	19	-0.5607	25	-0.1238	19	-0.1232	16
西藏	0.0660	16	-1.0164	31	1.2789	2	-1.3402	30	-1.0520	31	-1.3484	30	-0.6203	31
陕西	-0.0455	17	-0.3040	18	-0.1777	15	0.0527	16	-0.1582	17	0.4020	10	-0.0564	15
甘肃	-1.3941	30	-0.6917	26	1.2539	3	-1.0710	29	-0.1157	16	-1.5194	31	-0.6017	29
青海	-0.5332	26	-0.8817	29	0.1649	10	-1.3415	31	-1.0491	30	0.1890	14	-0.6168	30
宁夏	-0.3707	23	-0.6504	22	-0.3774	22	-0.4106	24	0.0593	13	0.3869	11	-0.2576	20
新疆	-0.9282	29	-0.8268	28	-0.1282	14	-0.7488	27	-0.3579	22	0.3215	13	-0.4767	27

将31个省、自治区、直辖市高质量发展竞争力进行分类,结果如表2所示。

表2　2017年全国31个省、自治区、直辖市高质量发展竞争力聚类分析结果

类别	省、自治区、直辖市
1	广东、江苏、浙江、北京、上海、山东
2	湖南、福建、辽宁、四川、重庆、湖北
3	内蒙古等其他19个省、自治区、直辖市

(二)实证结论

1.内蒙古高质量发展水平在全国的地位

从分析结果看,内蒙古2017年高质量发展水平综合得分在全国排名中处于靠后位置。各维度中,仅有协调效率排名相对靠前,说明内蒙古的产业结构协同度和城乡区域发展协调性水平较高,这是内蒙古的发展优势;其他5个维度均排在后面。

协调效率方面,内蒙古第三产业增加值占地区生产总值比重和税收收入占一般公共预算收入比重这两项指标数值相对较高,拉高了协调效率的因子得分。

经济发展方面,内蒙古经济发展水平排名倒数第四位,其中人均地区生产总值、规模以上工业增加值增速和社会消费品零售总额这3项指标较低,说明内蒙古经济发展活力较差。内蒙古面临传统资源型产业转型升级任务艰巨,而现代服务业和战略性新兴产业发展不足等困境,造成经济下行压力加大,工业和民间投资动力下降,整体经济发展形势不容乐观。

创新能力方面,内蒙古在全国处于落后水平。内蒙古创新能力方面的各个指标都比较低,研究与开发经费投入比低,研究与开发全时当量人员数量少,新技术新产品销售收入低,专利技术授权数也较少。内蒙古长期发展资源型产业,形成路径依赖和锁定效应。高质量

发展拼的主要是科技和人才，而内蒙古很多潜在创新者都在资源部门工作，挤出创新活动和产业，资金也从研发部门转向初级部门。同时，生育率下降、人才大量外流等因素也对内蒙古的发展质量造成不利影响。

绿色发展方面，内蒙古的排名虽然比经济水平和创新能力稍高一些，但是仍然低于全国平均水平。内蒙古的资源产业是其支柱产业，以资源换发展的代价就是环境受到损害、资源约束趋紧、生态系统退化，表现为内蒙古的绿色发展水平有待提高。

开放水平方面，内蒙古处于全国后列。内蒙古对外贸易总额、外商直接投资速度、旅客周转量等指标都较低，直接拉低开放水平的分值。

共享程度方面，内蒙古2017年的数据结果和综合得分排名一致，都是第二十五位。内蒙古共建水平和基本公共服务均等化水平较低，虽然近年来体制机制不断完善，但目前很多政策还处于起步期或者释放期，效果还没有得到明显体现。

2.内蒙古高质量发展水平在西部省、自治区、直辖市的地位

从表3可以看出，内蒙古高质量发展水平在西部12个省、自治区、直辖市位列第八。内蒙古的创新能力在西部省、自治区、直辖市排名相对靠前，说明内蒙古对科技创新的重视程度和投入水平在西部省、自治区、直辖市中相对较高。四川省和重庆市近年来在科技创新和公共服务方面的持续投入，使两省、自治区、直辖市经济发展质量在西部省、自治区、直辖市位居前列。宁夏和甘肃制定政策，大量引进外商投资；陕西积极推动人文旅游，接待旅客量较多，这些因素拉高了三省、自治区对外开放分值。内蒙古经济发展状况和开放共享水平均处于西部省、自治区、直辖市后列，协调发展和绿色发展竞争力方面在西部省、自治区、直辖市处于中游位置，随着绿色经济的发展壮大和机构改革的不断深化，未来这两方面内蒙古的竞争水平仍有上升空间。

表3 2017年西部12个省、自治区、直辖市高质量发展竞争力排名情况表

地区	经济发展排名	创新能力排名	协调发展排名	绿色发展排名	开放水平排名	共享程度排名	加权平均后结果排名
内蒙古	10	4	6	6	9	9	8
广 西	7	6	11	1	4	10	7
重 庆	1	1	10	2	6	2	2
四 川	2	2	9	4	5	1	1
贵 州	4	9	3	7	8	7	5
云 南	3	7	4	5	10	8	4
西 藏	5	12	1	11	12	11	12
陕 西	6	3	8	3	3	3	3
甘 肃	12	8	2	10	2	12	10
青 海	9	11	5	12	11	6	11
宁 夏	8	5	12	8	1	4	6
新 疆	11	10	7	9	7	5	9

3.内蒙古高质量发展水平与东北三省比较

从表4可以看出，内蒙古在协调效率、绿色发展和开放水平方面与东北三省相比，略微具有优势，而经济发展和共享程度这两方面表现较差。内蒙古非户籍人口占常住人口比重和居民收入与经济发展的增长速度比这两项指标得分最高，在一定程度上拉高了内蒙古的开放水平和协调效率的分值，而涉及经济实力、创新能力以及绿色发展的指标都不占优势，导致内蒙古整体经济质量不高。

表4 2017年三省一区高质量发展竞争力排名情况表

地区	经济发展排名	创新效率排名	协调发展排名	绿色发展排名	开放水平排名	共享程度排名	加权平均后结果排名
内蒙古	4	3	2	2	2	4	3
辽宁	1	1	3	1	1	1	1
吉林	2	2	4	3	3	3	4
黑龙江	3	4	1	4	4	2	2

三、推进内蒙古高质量发展路径选择

（一）推动传统优势产业优化升级，支撑高质量发展

内蒙古要推进高质量发展，还需以较高速度增长的物质产品和服务供给来支撑。传统产业是内蒙古的优势产业。内蒙古应在推动传统产业高质量发展上下功夫，促进传统产业转型升级，实现新旧动能转换，延长产业链，提高附加值，改变"四多四少"局面，让传统产业成为新时代推动内蒙古高质量发展的重要支撑。

（二）全方位提升创新能力，驱动高质量发展

创新能力是制约内蒙古高质量发展的一大短板。内蒙古需提高全要素生产率实现创新驱动，完善技术创新平台，依托传统优势产业和战略新兴产业的龙头骨干企业，在新技术、新材料、新能源、装备制造等领域组建各产业专业技术创新平台，为企业发展提供技术支撑。同时加大对创新企业引进创新人才的资金支持力度，提升企业创新能力。

（三）加快体制机制改革，助力高质量发展

加快放开服务业的市场准入限制，大力发展服务业，改善内蒙古产业机构和生态环境，提高就业率，提升就业质量，从而提高居民收入。加快医疗卫生文化体制改革，在财政可承受范围内提高最低工资、养老金、低保金等转移性支付标准，促进区域城乡协调发展。

（四）发展壮大绿色经济，助推高质量发展

大力发展生态农业、生态工业、生态旅游、环保产业、绿色服务业，加快构建以"生态产业化和产业生态化"为主体的绿色经济体系。财政、税收和金融等政策要支持鼓励绿色经济发展，投资、贷款转向低耗能低污染行业，提高高污染、高耗能、高排放企业税收，降低或减免绿色低碳企业税收。

（五）积极扩大对外开放，促进高质量发展

进一步放宽外商投资准入限制，扩大跨境合作的领域和空间，鼓励外资进入金融、保险、证券等服务业领域，支持外资参与能源、交通、水利、市政等基础设施建设，提高外商直接投资的速度和规模。优化进出口商品结构，提高外贸科技含量。抓住"中蒙俄经济走廊"建设和新一轮"东北振兴"战略机遇，加强与蒙古、俄罗斯、东北三省的经贸、文旅、研发等领域的合作互助。

（六）不断完善公共服务体系，保障高质量发展

通过体制机制改革改变劳动报酬在初次分配中的比例，提高城乡居民人均可支配收入。加大医疗、卫生、教育、社会保障和就业等民生支出领域的财政支出力度，不断提高基本公共服务均等化水平。减少制度障碍，促进人才、技术、资金等要素在地区间的自由流动。

作者单位：内蒙古自治区社会科学院经济研究所

内蒙古现代能源经济高质量发展的区域合作路径

辛倬语　鲍海峰　毛伟华

摘要：2018年，全区卫生健康系统全面贯彻党的十九大精神和自治区第十次党代会精神，有序推动健康内蒙古建设，深入实施健康扶贫，深化医药卫生体制改革，提高基层医疗卫生服务质量，加强公共卫生能力，提升医疗服务水平，推动蒙医药中医药振兴，强化卫生健康综合保障水平，推进人口家庭发展工作，努力开创卫生健康事业新局面。

关键词：卫生；健康；家庭；发展

2018年，习近平总书记在参加十三届全国人大一次会议内蒙古代表团审议时指出："要把现代能源经济这篇文章做好。"内蒙古既是我国的主要煤炭产区，又是我国重要的清洁能源输出基地，能源发展承担着保障国家能源安全和支撑地方经济发展的双重角色。当前，能源系统日趋复杂，能源供给的结构性矛盾以及能源供给与需求的高效匹配是关系能源安全和经济发展的主要问题，内蒙古现代能源经济应探索以能源区域合作为突破口的发展路径。

一、当前内蒙古能源经济发展面临的主要困境

（一）对煤炭依赖程度过高

原煤和煤电是内蒙古能源产业中对经济增长贡献最高的行业。尽管风电及光伏发电等新能源行业发展迅速，但由于本地消纳和远距离运输依然存在一定的技术瓶颈，行业已进入探索分布式发展的新阶段。此外，内蒙古其他能源储备非常有限，对其他非煤产业的培育和发展也需要相当长的周期。因此，内蒙古在未来相当长的时间里都难

以改变以煤为基础和重要支撑的经济发展格局。内蒙古能源经济在较长的时间内要面临三方面的风险：第一，煤炭及煤炭下游产品（化工产品或电力）的跨区调动受制于滞后的公路、铁路、电网基础设施等运输通道建设；第二，能源的清洁化发展抑制外部市场对于内蒙古煤炭的需求，势必拖累区域整体经济增长水平；第三，煤炭及下游产品价格波动存在不确定性，煤化工行业发展前景堪忧。

（二）外部市场开拓阻碍多

由于内蒙古经济发展较为滞后，产业发展规模普遍偏小，对能源的需求较弱，过剩的能源产品只能依靠寻求外部市场来消纳。煤炭外送通道建设的问题比较容易协调和解决，通过规划和建设公路和铁路线路，以较小的投资数额和较短的建设周期就可以缓解煤炭运送不出去的情况，但在产量控制的政策约束下，煤炭产能过剩是客观存在的问题。电力外送虽然同属通道建设问题，但其不仅对技术、管理、资金要求非常高，而且暂时难以跨越输配电网市场的自然垄断这一体制屏障，同时考虑到国家能源安全的需要，实现电力大规模、远距离调运并不是短期内就可以解决的问题。因此，煤炭产能过剩和电力产能过剩在内蒙古将是未来能源经济发展需要面对的新常态，外部市场的开拓需要破除的阻碍依然较多。

二、内蒙古能源区域合作的机制建设

（一）竞争与协调机制

构建能源及相关领域竞争与协调发展相统一的机制，提高区域能源资源优化配置效率。从产业竞争优势的观点来看，竞争对手一方面会激励能源企业静态地创新效率，另一方面也可以提供能源企业改进和创新的原动力。竞争会使能源企业彼此竞相降低成本，提高产品质量和改善服务品质，研发新产品和新流程，促进区域场内产业集聚和升级。当前，能源供给过剩所形成的充分竞争敦促行业进行深度调整，低碳、清洁、高效的能源转型发展导向也为行业发展提出了新的要求，不同能源区域在创新领域和生态文明领域的合作机会凸显。可以通过与其他区域共建创新体系，推进生态文明领域的区域合作，开展能源及相关领域的创新示范区及示范点建设，促进能源及相关领域主体在新兴领域的竞争与合作，从而实现科技创新资源的有效整合，形成有形创新资源和无形创新资源在本地的结合与转化。

（二）利益分享与补偿机制

健全能源资源输出地与输入地之间的利益分享与补偿机制，实现区域经济协同发展。从全国能源系统的角度来看，能源资源型地区发展能力不足会限制其在清洁能源供应、生态保护等方面发挥更大的作用。

一是积极争取国家政策和东西帮扶政策支持，建立长效东西帮扶机制，争取东部对西部的支持力度，破解矿区生态治理不足、自身发展能力不足以及自身投资能力不足的劣势，进一步改善生产生活条件，培育可持续发展能力，保障相对落后地区民生，从而实现共享。

二是研究制定深化区域合作的政策措施文件，加强与东西部的跨区域合作。加强政策引导和组织协调，为内蒙古企业与东西部企业对接搭建平台，更好地承接东部地区产业转移。

三是鼓励支持受能地区与能源输出地区通过资金补助、对口协作及共建园区等方式实施生态补偿。尤其是资源环境协调的技术支持领域，内蒙古提供能源，东部地区提供提高煤矸石资源利用效率和煤矿瓦斯的抽采利用率技术以及治理因采煤被破坏生态环境的绿色技术。

（三）技术交流与合作机制

与国内外能源企业及组织搭建常态化的技术交流与合作机制，为能源转型发展提供持续的外部技术支撑。通过技术的引进，解决产业面临的技术瓶颈，引导资本、人力向低碳、清洁、高效的能源领域逐步转移。一方面积极引进国外能源化工先进经验技术，围绕能源转型、技术创新和重大项目合作，带动优势行业的技术、装备和服务"走出去"；另一方面整合产业链，共同开拓世界市场，实现光伏发电、风力发电产品的普及化应用，促进新能源产业持续发展。

一是抓紧布局国家能源重点实验室体系，构建开放、协同和高效的共性技术研发平台，健全需求为导向、企业为主体的产学研一体化创新机制。

二是与"长三角"等技术先进地区合作建立区域行业组织、标准及检测认证单联合研究协调机制。在风电机组并网、设备性能质量、光伏电池组建、逆变控制器等产品方面开展合作研究，并在检测认证机构的建设方面加强交流，推动形成具有地区特色的国际先进水平的可再生能源产业；围绕氢能、燃料电池技术、去碳化、能源安全等能源领域高端关键技术和设备联合开发，共同推动能源科技创新发展；合作开展煤炭清洁生产技术，支持气化采煤、褐煤提质等核心技术研发及产业化示范；共同开展煤炭气化、净化、合成、"三废"处理、节能节水等关键技术研发，重点解决尾气转化利用，提升技术集成和系统集成能力。

（四）市场一体化机制

探索构建能源市场化一体化机制，以减少市场交易成本，增强市场竞争力，提高经济效益。

一是深化电力体制改革试点。以蒙西电网输配电改革试点为契机，积极推动在发电侧和售电侧引入竞争机制，建立购售电竞争新的格局，进一步扩大电力多边交易、大用户直供电范围，并积极借助于互联网技术、能源数据流，积极探索企业售电、用电一体化发展新模式，增加电力系统活力。

二是破除能源市场的垄断。实行统一的市场准入制度，在制定负面清单的基础上，鼓励和引导各类市场主体依法平等进入负面清单以外的领域，推动能源投资主体多元化。

三是探索利用市场机制保障生态补偿的方法，推进用能权、用水权、排污权和碳排放交易市场的建立，推动企业在用能权、用水权等方面的交易。在能源消费总量和碳排放总量控制的机制下，建立区内碳排放大户碳排放权抵消机制。

四是按照"适度超前"原则，深化区内电网、管网体制改革，积极探索实施配售电改革专项试点，推进投资主体多元化，构建合理、安全、智能、协调的现代电网和油气管网。

三、内蒙古能源区域合作的保障措施

（一）加强政策沟通和规划对接

成立能源合作协调小组，定期研究推动双方合作问题。充分交流和协调区域能源发展政策和规划，联合制订合作规划和实施方案，协商解决合作中的问题，共同为推进务实合作提供政策基础。积极完善区域能源治理结构，以区域能源合作为基础，共同构建绿色低碳的能源治理格局，推动区域绿色发展合作。能源治理方式实现从重审批向重战略、规划、政策、标准、监管、服务的转变。优化服务，提高效率，改善营商环境。能源环保产业不应仅依赖于政策推动，更需要培育内生创新来提升自身价值。通过设立区域能源合作专项资金、产业投资基金，拓展区域能源合作的多元投融资渠道，支持跨境合作区建设，扶持跨境合作开发项目和区域内能源转化中小企业的发展。

（二）加快区域创新要素集聚

以大型企业为主体，多元化所有制并存，坚持国有资本和社会资本"两条腿"走路，在国家政策范围内吸引更多民营资本进入能源领域。鼓励企业以直接投资、收购并购、政府与社会资本合作模式等多种方式，深化能源投资合作，与包括京津冀在内的各省、自治区、直辖市的各类所有制企业开展合作，把股权合作领域拓展到煤焦钢、煤电铝材等下游其他领域。鼓励金融机构深度参与能源区域合作相关产业全生命周期过程，形成能源产融合作模式。加强与东北亚地区地方政府能源管理部门的联系，通过资本纽带将资源和市场进行有效对接，借此打通煤电产业链上下游。通过合作促进技术进步、积累相关人力资本、引导区域合作机制建立、优化配置资源。

（三）培育壮大能源合作的重要平台

通过在产业、财税、金融、土地、人才等方面的政策引导和资金支持，鼓励支持以重点产业园区（基地）、各类试验区和示范区（新区）、各级各类展会（洽谈会）、信息服务中心、产学研协同创新中心、"互联网+"新业态新商业模式等为重点的平台做大做强，围绕产业链、供应链、创新链、价值链，面向世界集聚高端要素，着力发展新一代新能源产业，壮大先进技术集群，依托云计算、大数据、物联网等发展智慧数字经济和共享经济，拓宽渠道，共享前沿知识。把握新技术新动能，在合作阶段实现产业转型。积极培育两大能源合作产业集群：一是掌握核心关键技术，实现自主技术与产业协同发展的产业集群；二是产业基础好、配套基础设施和产业链完整的产业集群。建设区域能源合作中心，推进与周边区域电力联网，支持内蒙古相关企业集合国内外先进技术，通过投资、运营管理、工程承包、设计咨询等多种形式，开展发电、输变电、电网改造和建设等重大电力项目合作，提升电力基础设施水平。支持内蒙古建设区域性国际化电力供给中心、交易中心和技术中心。内蒙古与"泛珠三角""长三角"电力合作的最终目标是形成一个以西部能源产区为卖方，东部负荷中心地区为买方，通过跨省区电网进行区际能源交易的大市场。

（四）加强能源区域合作的基础设施建设

围绕国家大气污染防治行动计划和"北开南联，承东启西，服务全国，发展自己"的开放战略定位与市场定位，加强蒙西、蒙东至华北、华中（华东）地区的外送电通道和油气管道建设，全力打造"立体、高效、安全、便捷"的清洁能源外输通道布局。加强智能电网建设，提升电力系统效率；改善可再生能源并网、储能的设施，加强煤运系统、LNG管线等能源通道建设，实现区域能源网络对接，提高区域能源保障能力；发展清洁能源服务产业，提升能源保障能力，实施绿色、清洁能源转化工程。

作者：内蒙古自治区社会科学院经济研究所"现代能源经济高质量发展与内蒙古路径研究"课题组

2020年后扶贫政策接续及其解决相对贫困战略重点

双 宝

摘要：党的十九届四中全会《决定》提出的坚决打赢脱贫攻坚战，巩固脱贫攻坚成果，建立解决相对贫困的长效机制，具有重大的战略指导意义。保持现行政策的总体连续性和稳定性，建立减贫对象精准识别的动态更新机制，建立统筹城乡的常态化减贫机制，推进减贫与乡村牧区振兴有效衔接是建立统筹城乡的减贫政策体系的重点内容。

关键词：2020年后；政策接续；相对贫困；战略重点

随着全面建成小康社会时间节点的临近，全国范围内的脱贫攻坚战将圆满收官，但这并不意味着贫困的终结，可持续的长期减贫事业将开启解决相对贫困的新进程。准确把握扶贫工作转变新趋势，推动扶贫政策接续，明确2020年后扶贫开发的目标、方向和重点，建立统筹城乡的贫困测量、识别、瞄准和干预政策体系已成为亟待研究的重大课题。

一、脱贫攻坚基本成效

党的十八大以来，内蒙古把扶贫开发作为第一民生工程来抓，以发展产业、促进就业增收、减贫摘帽为核心，突出重点，点线面相结合，全方位加大脱贫攻坚力度，为使贫困人口和贫困地区同全国一道迈入小康社会奠定了坚实基础。2018年，全区减贫23.5万人，贫困发生率下降到1.06%，与2012年的贫困发生率10.60%相比下降了8.54个百分点。

图1　2012—2018年全区贫困人口存量与贫困发生率

2019年，自治区党委、政府紧紧抓住完成剩余脱贫任务和巩固脱贫攻坚成果两条线，聚焦深度贫困地区和特殊贫困群体，全面解决"两不愁三保障"突出问题，着力夯实贫困人口稳定脱贫基础，将实现减少14万以上农村牧区贫困人口、剩余20个国贫旗县全部摘帽的目标任务

二、接续推进减贫工作面临的问题与挑战

2020年后的减贫工作要实现由集中性脱贫向常态化减贫转变，由解决绝对贫困向解决相对贫困转变，由解决农村牧区贫困向城乡减贫融合发展转变。基于这个底层逻辑，无论是巩固脱贫攻坚成果防止返贫，还是新扶贫战略的确定并推进，都需要做好对扶贫开发形势及其所面临挑战的再认识和再判断。

（一）区域经济发展带动扶贫开发的效能减弱

经济由高速增长阶段转向高质量发展阶段，这是党中央对新时代我国经济发展特征的重大判断。从回归均值理论来看，经济还会在合理区间持续增长，但是像过去那样年均10%以上的增长可能很难再出现，预计在未来会按6%、5%甚至更低的速度增长。这就给解决相对贫困问题带来两方面的挑战：一是经济增长带动减贫的速度减慢。在探索生态优先、绿色发展的高质量发展新路子的背景下，传统产业扶贫模式将被生态绿色产业主导的扶贫开发和减贫动力新体系替代。推进产业结构的绿色转型必然带来就业结构、方式以及农牧民收入结构来源的新变化，如何适应这种新变化已成为贫困地区亟待破解的重大课题。二是公共财政支持减贫的能力受到削弱。贫困问题都是分阶段解决的，中国的扶贫政策一般以10年为一个周期。改革开放以来，中国政府制定过3条不同生活水平的贫困线，按每一次标准，贫困人口减少得差不多以后就会提高标准。现行贫困线标准是"2010年标准"，其目标为到2020年将绝对贫困人口整体脱贫，然后在新的标准下继续解决相对贫困问题。面对2020年后必将以更高的扶贫标准实施新的减贫战略，加之财政收支矛盾持续加剧的趋势，可能会进一步增加贫困旗县公共财政支持减贫的负担。

（二）人口结构变动制约扶贫开发内生动力的增强

内生动力是扶贫开发最根本、最稳定、最持久的力量。如期打赢脱贫攻坚战，建立解决相对贫困的长效机制，关键要增强脱贫内生动力。内蒙古各地区采取爱心超市、扶贫车间、孝扶共助、学习讲堂等多种举措，积极推进增强脱贫内生动力工作，取得了良好的效果。当前，在农村牧区人口低速增长、人口老龄化、劳动人口比例下降、青年劳动力流出较多的背景下，增强贫困地区和贫困人口内生动力的任务变得更加艰巨。截至2017年底，内蒙古常住人口2528.6万人，与2010年相比增加56.4万人，年均增长3.2‰，低于全国平均增长5.2‰的水平。2010年，内蒙古乡村65岁及以上人口比重达8.2%，城市为7.05%，二者相差1.15个百分点。近年来，深度贫困旗县集中的赤峰市、呼伦贝尔市、乌兰察布市、通辽市、兴安盟等5个盟市常住人口有不同程度的减少，知识技能型人口净流出趋势凸显，老年农牧业已成为普遍现象。以通辽市为例，常住人口由10年间增加5.57万人转变为近7年减少5.57万人；2016年和2017年上线大学生分别为2.1万、2.2万人，回到通辽工作的分别为1万、1.2万人。进一步从建档立卡贫困人口构成来看，截至2018年底，全区贫困人口共有15.24万人，其中残疾人2.05万人，大病患者1.9万人，60岁以上老年人6.2万人，均是贫困人口中的弱势群体，很多都不具备自我发展能力和条件。

（三）贫困治理逐步由农村牧区向城市转移

城镇化加速发展趋势在未来一个时期仍然持续存在。2018年，内蒙古城镇化率为62.7%，2020年以后最终可能达到70%~75%的水平，城镇化率还有10%~15%的上升空间。这表明有大量的农村牧区人口在未来一个时期要融入城市，而且规模可能达到上百万量级。农村牧区人口流向城市后，由于受城乡二元结构及其生活和就业能力的限制，部分流动人口将会成为城市贫困人口的新构成，导致贫困问题逐步由农村牧区向城市转移。此外，城市还有大量的农村牧区进城务工人员、城市低保户和城市"三无"人员，解决这些低收入人群的贫困问题的扶贫方式，相比现在应对农村牧区贫困问题的扶贫方式可能需要一个大的变化。用城镇居民人均可支配收入中位数的一半作为城市相对贫困线来测算，农民工的收入贫困发生率为26.33%，消费贫困发生率为65.65%。可见，城镇化带来的城市贫困问题也是制定2020年后减贫战略需要重点关注的问题之一。

（四）牧区生态建设和反贫困政策的叠加效应有待增强

内蒙古作为我国五大牧区之首，有33个牧业旗，其中近1/3为国家扶贫开发重点县。牧区是建设亮丽内蒙古的重点区域，统筹推进草原生态建设和扶贫开发是未来一个时期牧区振兴的根本任务。近几年来，牧区脱贫攻坚和生态建设取得了重大成效，可内蒙古不但草原面积大，而且类型多样，这就决定了建立生态环境保护扶贫大格局，实现牧区生态建设与扶贫开发"双赢"的复杂性、长期性和艰巨性。精准脱贫瞄准的是贫困嘎查和贫困户，主要做法仍停留在以畜牧业为主导的产业扶贫，具有被动应对区域性生态保护的行动特征。全要素网格化的牧业不但失去了传统游牧的生态功能，而且成本收益也难成正比，难以填补机会成本。建立解决牧区相对贫困的长效机制，需要重新审视牧区的基本盘，以草原生态为突破口，构造生态建设和扶贫开的闭环，推动各方面制度更加成熟、更加定型。

三、建立解决相对贫困长效机制的战略重点

（一）保持现行政策的总体连续性和稳定性

保持现行政策的连续性和稳定性是2020年后减贫战略的基础。2020年实现脱贫攻坚目标后，要继续坚持中央统筹、省负总责、市县抓落实的工作机制，对已摘帽的贫困旗县再延续3年的专项扶贫和行业扶贫相结合的缓冲期支持政策，实现脱贫攻坚和解决相对贫困政策的无缝对接。在缓冲期内，要全面解决"两不愁三保障"突出问题，集中力量攻克深度贫困堡垒，通过特色产业提升工程和易地搬迁后续帮扶等措施，进一步做实"五个一批"方略，使其彻底摆脱贫困。同时，坚持大扶贫格局，继续深化京蒙扶贫协作、对口支援、定点帮扶工作，加强贫困人口的社工服务，动员社会力量参与扶贫工作，形成持续的强大合力。

（二）建立减贫对象精准识别的动态更新机制

减贫战略转变的本质是由消除绝对贫困向解决相对贫困转变，新贫困标准的制定是2020年后减贫战略首要回答的问题。依据到2035年基本实现现代化和乡村振兴的目标，新标准将更加注重缩小人们的收入和生活水平的差距，预计会设定地区人均可支配收入比例（如25%）为测量标准，而由于各省、自治区的发展水平不一样，未来各地区的相对贫困标准或不尽相同，不太可能像现在有全国统一的标准。从全面、多维、动态的角度出发，制定新标准不仅要考虑统筹城乡因素，还要考虑家庭成员因教育、残疾、患病等增加的刚性支出。同时，要推进地方政府减贫治理体系和治理能力现代化，整合建档立卡户和城乡低保户信息平台，逐步建立城乡居民家庭收入数据平台和数据共享机制，解决减贫对象精准识别和动态调整难题。

（三）建立统筹城乡的常态化减贫机制

建立统筹城乡的长期减贫机制和政策体系是2020年后减贫战略的

核心内容，最根本的就是把减贫与社会保障、教育、医疗等基本公共服务相衔接，避免减贫对象和其他边缘群体之间产生"悬崖效应"和"福利陷阱"。

一是加大专项资金投入力度，发挥财政资金的杠杆"撬动"作用，重点改善贫困地区生产生活设施条件，增强贫困群众自我发展能力和抵御风险能力。

二是围绕"完善覆盖全民的社会保障体系"，扩大社会保障覆盖面和提高保障水平，尤其扩大农村牧区的养老、医疗和教育保障水平。扩大城市低保覆盖范围，实现城市常住人口最低生活保障全覆盖。

三是完善针对特殊困难群体的救助政策，重点在贫困儿童营养、健康和教育，贫困老年人、重病患者的救助和护理，残疾人医疗、康复和就业以及农民工住房和子女教育方面制定有关支持政策。

四是引入竞争性激励机制，激发贫困人口内生动力。

（四）推进减贫与乡村牧区振兴有效衔接

解决相对贫困不仅是2020年后减贫战略的目标，还是实施乡村牧区振兴战略的内在要求和长期任务。推进减贫与乡村牧区振兴有效衔接，要合理界定政府和市场的边界，创新保障性减贫和开发式减贫方式，把减贫战略有针对性地融入生态振兴、产业振兴、人才振兴、文化振兴与组织振兴当中，补牢农牧产业发展基础，改善基本公共服务，丰富农牧民文化生活，提高生态环境质量，提升乡村牧区治理水平，逐步解决贫困地区和贫困人口的可持续发展问题。

作者单位：内蒙古自治区社会科学院社会学研究所

草原生态赤字产生的原因及其消减的对策[1]

王关区 陈晓燕

摘要：本文通过一定的定量测度与定性分析，认为草原处于生态赤字状态，草原牧区生产方式粗放，单位地区生产总值的资源消耗较高，草原退化加剧，草原品质不断降低，而草原多种功能开发不足、综合效能不能充分发挥等是草原生态赤字产生的主要原因；对减少草原生态足迹，提高生态承载力，从而消除草原生态赤字的对策进行思考。

关键词：草原生态赤字；生态足迹；生态承载力

所谓草原生态赤字，就是对草原生态足迹和草原生态承载力的测算结果进行比较分析，如果一定草原区域的生态足迹超过其能够提供的生态承载力，则草原生态赤字存在，表明该草原区域的人类负荷超过了其生态容量，该草原区域发展是不可持续的；如果草原区域的生态足迹在其生态承载力的范围内，表现为草原生态盈余，说明该草原地区处于可持续发展状态。例如，2012年内蒙古草原生态足迹为1.3900平方千米/人，草原生态承载力是0.2955平方千米/人，草原生态足迹是其生态承载力的4.7倍，人均草原生态赤字达到1.0945平方千米。党的十八大以来，随着诸多草原生态保护建设工程项目的深入实施，取得了一定成效，治理区的草原生态环境出现了一定的好转，草原生态足迹有所减少，但草原生态环境总体恶化的势头还没有得到根本遏制，草原生态赤字仍然存在，草原生态文明建设任重而道远。

---

[1] 本文系国家社科基金一般项目"内蒙古不同类型草原生态赤字测评及其成因分析"（项目批准号：7BMZ104）阶段性研究成果。

一、草原生态赤字产生的原因

（一）草原牧区生产方式相对粗放，劳动生产率偏低，单位地区生产总值的资源消耗较高

一方面人类生产对草原的压力增大，在一定程度上耗竭草原资源、破坏草原生态，使草原生态承载力下降；另一方面生产是用来满足人类需求的，生产对草原资源的耗损相对增多，导致单位人对草原资源的需求也增大，草原生态足迹间接增加。草原生态承载力下降，而其生态足迹增加，生态赤字逐渐产生。

草原牧区传统精华的理念、技能和现代先进的意识、科技结合得不够紧密，生态经济欠协调，产业结构不合理，发展模式及经济增长方式仍然比较粗放落后。草原畜牧业是草原牧民生产的主要对象和生活的主要依托，然而现实的草原畜牧业生产经营方式比较粗放，既在一定程度上丢弃了传统游牧业对草原资源的合理利用及对草原生态环境的有效保护，又缺乏现代草原畜牧业的集约化、规模化、标准化经营，草原畜牧业的发展还遭遇草原退化加剧等瓶颈的制约。草原牧区的二、三产业，一方面表现为发展不足；另一方面又呈现出产业结构的扭曲和不合理，"一煤独大"，采矿业等行业的掠夺式扩展，不仅损耗草原资源和矿产资源，还破坏草原生态、污染草原环境。此外，草原畜产品的多层次开发、利用和深度加工远远不够，牧区畜产品加工业拓展不足。

（二）草原退化加剧，草原品质不断降低，草原生态承载力下降，然而草原生态足迹不断增加，这样草原生态赤字便产生，并且日趋加大

草原是广大牧民赖以生存的基础，是我国"三北"地区的主要生态屏障。我国拥有各类天然草原近4亿公顷，约占陆地国土面积的2/5。然而，由于开垦、开矿及不合理利用草原资源等因素的影响，使我国的草原退化严重，目前内蒙古草原的退化率在70%以上。草原退化引起的草原产草量和牧草饲用价值等方面的下降，使得草原畜牧业发展受到严重制约。草原退化也使草原生态环境恶化，草原生态系统的生态功能变弱。这样，草原的草原生态承载力降低，往往使草原的生态足迹增大，因为草原品质劣化，所以单位人维持一定的生活标准所需的草地面积增加。

（三）草原多种功能开发不足，综合效能没能充分发挥，既影响草原生态承载力的放大，又制约其生态足迹的缩小，使得草原生态赤字向生态盈余转变遭遇瓶颈

由于对草原的功能和价值认识不足、开发不够，多种资源及综合效能没有充分利用及发挥出来，单纯利用牧草资源、单纯挖掘草原牧养牲畜的经济价值，使人口增加、经济增长的压力主要集中在"草"上，势必对草原生态造成巨大压力，使得草原生态赤字产生并加大。

草原具备生态保护、食品保障、原料供给、观光休闲、文化传承等多种功能。我们可以依托草原的生态保护功能，打好绿色牌、生态牌、特色牌，发展特色产业和绿色产业。草原能够提供牛羊肉、羊绒、牛奶等大量优质畜产品，满足人们的日常生活需要。在发展畜牧业的同时，带动饲料业、食品业、生物制药业、皮革业、乳品业、服装业等相关产业的发展，从而有效地推动草原牧区产业化进程。草原还拥有丰富的野生动植物资源，拥有野生植物1.5万种，野生动物2000多种。目前仅有少数种类被开发利用，且多数被利用的植物资源收获方式仍采用原始的采摘和挖掘等，这样的粗放方式不利于资源的永续利用。草原可供旅游、观赏、娱乐、休闲等，不同类型的草原能够形成各具特色的景观资源，为草原特色旅游业的发展提供广阔的天地，而草原旅游业具有吸引投资、改善草原牧区基础设施及公共服务、促进其第三产业加速发展等作用。草原风能资源、太阳能资源及生物能源十分丰富，为发展清洁能源和绿色能源产业奠定了基础。

二、草原生态赤字消减的对策

（一）草原生态系统中各类自然资源的开发度、利用量要严格限定在草原生态阈限的范围之内

草原生态阈限是指草原生态系统的承载能力、净化能力、抗扰能力以及系统资源的利用限度等，是系统承纳及其资源使用的最高界限。若草原生态系统承纳水平及主要资源的使用强度不超过生态阈限，其结构功能状态良好，生态平衡网络体系巧妙维系，自恢复、自更新、自净化等机制能够正常发挥作用，否则，草原生态系统结构走向无序，功能不断下降，出现恶性循环、逆行演替。可见，草原生态系统中各类自然资源的开发度、利用量要严格限定在草原生态阈限的范围之内，草原生态足迹也应该小于或等于草原生态承载力。

（二）转变生产方式，推进草原牧区产业绿色化、集约化，发展中国特色的现代草原畜牧业

现代草原畜牧业，主要是指立足于游牧业的精华技术和现代先进的畜牧、兽医、草业等适用科技，基础设施完善，营销体系健全，管理科学，资源节约，环境友好的优质高效绿色产业。推进草原畜牧业向现代草原畜牧业转型，要调整品种结构、畜种结构和畜群结构，改良畜种，优化品质，提高畜牧业的科技含量，加快引进草种繁育、草产品加工等先进技术，提高牧草供给能力，从而有效提高畜群对牧草的转化效率等，放大草原的生态生产力和生态承载力。

（三）采用合理的生活方式，回归绿色消费，保持节俭消费，倡导简约生活

采用合理的生活方式和科学的消费模式，可以使生态足迹随着生活水平的提高保持稳定或减少。草原牧区适当回归、保持与自然和谐、亲近的生活消费方式，不攀比消费、过度消费，不浪费资源，不在消费过程中污染草原生态环境等，就能降低生态足迹，减少甚至消除生态赤字。

（四）草原生态保护建设要合理有效，要遵循草原牧区的自然与经济规律

当前某些保护建设草原欠合理、不科学的做法，需要修正和完善。比如盲目开垦原生草场、种植高产牧草，结果往往人工草地种不成，天然草原也被破坏；局部草原过度搞围栏建设，破坏草原生态系

统的完整性，影响草原畜牧业的正常生产。通过草原封育，给草场一个充分积累营养物质和休养生息的机会，是提高草原植被高度、盖度的有效办法。草原封育一般不要超过5年，若草原长时间封育不用，其草群结构就要退化，优质牧草就会减少。

（五）认识并放大草原的多种功能，促进草原资源的综合利用和高效利用

草原具有多种功能，草原资源是物质需要、精神需要和生态需要的财富总和，要从单一功能利用转为多种功能开发利用，充分发挥草原资源的综合效益。要在畜产品加工、草产品加工、草原观光旅游、草原文化产业等方面寻求经济增长点。例如，充分挖掘绿色食品发展潜力，开发有机绿色草畜产品，打造草原品牌；适当开发草药资源、食品资源、花卉资源、草坪资源、固沙资源、水保资源、绿化资源、野生动物资源等，积极发展特色产业等。

作者：王关区系内蒙古自治区社会科学院科研管理处研究员
　　　陈晓燕系内蒙古自治区社会科学院牧区发展研究所副研究员

增强内蒙古农牧业转移人口就业服务的对策建议

天莹 史主生 山丹

摘要：就业是民生之本。目前，我区农牧业转移人口就业质量不高，具体表现为收入与城镇职工差距不断拉大，养老保障覆盖面小，合同签订率偏低，就业环境不尽人意等方面。发挥政府在就业中的重要作用，对于实现农牧业转移人口高质量就业十分必要，建议从5个方面增强公共就业服务，提升农牧业转移人口就业质量。

关键词：农牧业转移人口；就业服务；信息化；培训

就业是民生之本。进入新时代，党的十九大把提供全方位公共就业服务作为实现更高质量就业和更充分就业的重要举措。党的十九届四中全会进一步强调健全公共就业服务机制，把健全公共就业服务机制作为国家治理体系现代化的重要内容，凸显出公共就业服务对于实现高质量就业的重要性和必要性。2014—2018年，内蒙古农牧民转移人口就业人数每年约250万人次，转移6个月以上约200万人次，通过项目吸纳、创业带动就业、技能培训计划实施、政策支持、家庭服务业品牌建设、加强信息化建设等一系列措施，我区在稳定就业、扩大就业方面取得了明显成效。但就业结构性矛盾仍然比较突出，农牧业转移人口就业不稳定、收入与城镇职工有拉大趋势、参加各类社会保险的比例和劳动合同签订率偏低，因而存在着就业质量不高的问题。进一步提升公共就业服务水平，更好地发挥政府在促进就业、稳定就业中的作用，对于促进农牧业转移人口体面劳动、高质量就业以及国家治理体系现代化具有重要意义。

一、农牧业转移人口就业服务存在的问题

（一）基层就业服务体系在人员、待遇、信息化程度等方面建设不到位，难以适应就业形势的需要

目前，我区已经基本形成从自治区、盟市、旗县区、街道乡镇苏木、社区嘎查村五级就业服务网络。但基层就业服务体系建设还不健全，存在以下问题：

第一，编制少，任务多，无法做到专岗专用。乡镇、街道劳动保障事务所是最基层的就业服务部门，负责区域内城镇企业下岗职工、失业人员、退休人员和农村剩余劳动力有关劳动和社会保障的管理服务工作。其主要工作职责：对失业人员进行失业登记，并审核、发放失业救济金；为求职人员提供用工信息，开展求职登记、职业指导和推荐就业，办理辖区内外出人员就业卡；对辖区内劳动力资源进行摸底调查和登记，并对辖区内所有用工单位的用工情况和用工需求情况进行调查摸底和登记，等等。可见，劳动保障事务所职责较多，任务较重，并且劳动保障事务所、街道在编专职人员少，往往不能专岗专用，普遍存在一岗多职，相当一部分是通过公益性岗位，包括"4050"人员、应届大学毕业生进行补充，均在一定程度上削弱了就业工作。

第二，服务期短，待遇偏低。聘用的公益性岗位人员服务期限一般最长不得超过3年，聘用期工资为每月2500元，扣除社会保险后为2100元左右。由于服务期限较短、与正式编制员工工资福利水平差异大等原因，导致这些人员不能安心开展本职工作，且人员极不稳定，未到服务期满离职的现象时有发生。频繁变更工作人员造成职工刚刚熟悉业务便离职，重新招聘的人员又需要从头进行培训，这势必影响基层就业服务质量。同样，嘎查村劳动保障协理员工作经费低，开展劳动力转移就业的统计和动态跟踪难度加大，很难做到全覆盖。劳动保障协理员工作经费一年只有1800元，且一人兼多职，除了就业工作，还兼任妇联、社会保障等工作，工作量大且经费少，积极性不

高，很难做到对全村劳动力转移和就业状况的精准把握和动态跟踪。农村劳动力转移输出情况报送次数不能达到要求的情况时有发生。

第三，嘎查村劳动保障平台信息化程度滞后。近些年，电脑等设备未及时更换，某些嘎查村甚至出现所有工作人员共用一台电脑的情况，加上电脑超期"服役"，延迟、卡顿现象时有发生，这些严重影响了劳动保障协理员及时、高效地开展工作。此外，一些村的年轻劳动力大多外出务工，协理员由年龄偏大的人员担任，往往跟不上农村劳动力转移工作信息化建设的步伐和要求。

（二）部分职业学校、培训机构理论和实际操作型教师配备不平衡，师资力量不强且设备老化

培训学校师资力量的强弱关系着培训效果的好坏，与接受培训者未来的就业质量密切相关。在调研过程中，我们发现公办学校与民办学校同样存在师资力量薄弱的情况。公办学校师资力量的薄弱主要体现为实操型教师缺乏。当前职业技术学校通常以统一事业单位招聘的方式招录教师，对招录教师岗位要求为本科以上学历应届毕业生，而招聘的这些教师在校期间大多接受的是以理论为主的专业教育，专业实习和社会实践相对缺乏。而实际操作能力强的教师，往往学历上又达不到要求，很难以事业单位考录的方式进入职业培训学校，这就导致理论方面的教师多，而实际操作能力强的老师缺乏的困境，往往需要外聘一部分教师。民办培训学校师资力量的薄弱主要表现为专职教师的相对缺乏。民办培训学校由于工资及其他待遇问题，往往留不住专职教师，所以大量地招聘兼职教师。以某民办培训机构为例，教师基本工资为每月3000元，但基于成本核算，学校只为稳定工作3年的人员缴纳社会保险，因此虽然该校管理人员与教师共有80余人，专职管理人员及教师却不足20人，其余皆为兼职，专职教师比重不足25%。不高的工资待遇及不稳定的教师队伍很难保证职业技能培训的质量。同时，因投入不足，不能及时更新，设备老化问题较为突出。

（三）创业担保贷款难，且难以达到最高额度

返乡创业农牧民工及建档立卡贫困人口可以申请创业担保贷款。2019年3月12日，财政部发布《关于做好2019年中央财政普惠金融发展专项资金管理工作的通知》，加大了创业担保贷款贴息及奖补政策力度。中央财政创业担保贷款贴息的个人创业担保贷款，最高贷款额度由10万元提高至15万元；我区有的地方最高额度可以增加至30万元，贴息的小微企业创业担保贷款，最高额度由200万元提高至300万元。根据《内蒙古自治区创业担保贷款实施办法》第十四条，贴息资金由中央和地方财政共担。中央财政和地方财政的分担比例为7∶3；地方财政30%的部分，由自治区和盟市财政共担，分担比例为7∶3。有的盟市参照国家自治区规定的比例，对于超出国家、自治区规定额度的创业担保贷款，其超出部分的贴息按属地，由市本级财政与各旗县区财政按照7∶3的比例分担。在实际调研中了解到，因旗县财政困难，难以负担贴息资金，因此，实际获得的贷款往往不能达到最高额度。

为促进创业就业，内蒙古自治区人力资源和社会保障厅印发了《内蒙古自治区创业担保贷款实施办法》。文件规定："除助学贷款、扶贫贷款、首套住房贷款、购车贷款以外，个人创业担保贷款申请人及其家庭成员（以户为单位）自提交创业担保贷款申请日起向前追溯5年内，应没有商业银行其他贷款记录。"但部分创业者通过创业担保贷款政策扶持，成功地推动了创业项目的发展壮大，带动了许多人就业，并按规定还清了贷款，但在再一次申请创业担保贷款时由于第一次申请的创业贷款记录不能予以批准。特别是农村牧区户籍的创业人员，绝大多数都有购置农牧业生产资料的商业贷款，新政出台后，对于创业担保贷款申请人员有一定限制，导致一些盟市今后贷款发放困难。

（四）各级财政就业资金投入不平衡，且拨付环节增多，影响了使用效果

随着经济结构调整、转型升级，我区地方财力增长缓慢，导致一些盟市本级就业补助资金投入近几年出现不断下滑的趋势，基层就

业服务资金支持不足。尤其是旗县更是财力有限，增加就业资金投入困难加大，有的旗县没有建立创业发展资金，有的没有将创业发展资金列入财政预算或没有拨付到位。同时，中央就业专项补助资金使用项目限定严格，出现了结余。一方面是资金不足，另一方面是资金有结余，如何让中央就业补助资金更好地发挥作用，提高资金使用效益是需要进一步研究的课题。同时，有的地方就业补助资金拨付环节比过去增多，导致资金不能及时到位，延缓了资金对企业的支持引导作用，影响资金的使用效益和服务效果。

（五）就业服务信息化建设城乡发展不平衡，手段相对滞后

全区自上而下还未全部使用统一的经办系统，导致就业服务效率不高，公开透明度不够。比如，有的地方在市区使用了自治区劳动就业核心系统，但在在旗县部分街道、乡镇还没有使用该系统。

就业服务部门发布培训信息渠道、方式与农牧民获取信息渠道不能有效衔接，导致实际效果不尽如人意。就业服务部门发布职业技能培训信息的方式包括传统的纸质传单、张贴广告、在报刊登录信息，也涵盖电视广告、招聘网站、微信公众号平台等形式。然而，一些农牧民不太关注纸媒、电视，而是关注微信公众号平台，并把大量时间花在使用抖音、快手等短视频平台上。可见，公共服务部门发布信息的渠道与农民获取信息的渠道不完全一致。虽然就业服务部门在发布培训信息方面投入了大量的资源，采取了多种多样的方式，但由于信息发布平台更新慢，与农民关注的信息平台不匹配，一定程度上影响了岗位、培训信息发布的实际效果。

（六）"先垫后补"的培训补贴方式一定程度上导致参加培训的学员数量下降，成为职业学校、培训机构发展的瓶颈

为了提高职业培训质量，确保就业补助资金使用安全规范有效，2016年1月4日，财政部与人力资源和社会保障部印发了《关于印发就业补助资金管理暂行办法的通知》，明确规定了职业培训补贴实行"先垫后补"的办法。内财社〔2019〕289号文件也明确了当前职业培训采取"先垫后补"的方式，一般程序为符合培训补贴条件的学员先向政府认定的培训机构全额缴纳培训、鉴定费，培训结束后，学员持相关材料经人社部门审核后，按规定支付（补）到申请者本人银行账户或个人信用账户。此项政策出台后，我们也发现公办职业培训机构培训学校招生困难，参加培训的人数逐年减少。导致参加培训人数减少的原因，一是政府通过对培训市场的规范，将滥竽充数、套取补贴资金的培训机构及个人剔除在外，保证了培训资源真正用到具有培训需求的人身上；另一个重要原因则是农牧民或因思想观念问题，或因不信任，担心培训后得不到补贴，主动性不强，不愿垫钱参加培训，还有的因收入太少无力先行全额垫付培训、鉴定费用而主动放弃培训。公办培训机构财务管理上的严格限制，导致无法先行为学员垫付学费，虽然公办培训机构信誉更好，场地、师资、设备更有保障，但招生反而更加困难，处于尴尬境地。

二、增强农牧业转移人口就业服务的对策建议

（一）强化基层就业服务体系建设，增强服务能力

第一，将基层公共就业服务平台建设纳入法制轨道，进一步稳定人员，增加编制，提高待遇，改善办公条件，加强信息化建设。根据新时代就业服务工作的新需要、服务人数规模和工作量，增加正式编制数量，保证专岗专用，更好地做好就业服务工作。

第二，建立激励机制，增加工作经费，进一步提高岗位待遇。在现有工资水平的基础上，根据工作绩效情况和表现，提高工资待遇，提高服务人员工作的积极性，让他们安心工作，保证其基本生活无忧。根据工作表现，延长工作年限，将工作年限由3年增加至5年，保证工作的连续性，提高基层服务岗位的相对稳定性。将协理员年工作经费提高到每年3000~5000元，以激励他们做好村级就业服务工作。加快村嘎查和偏远地区网络化建设，做到没有死角，并不断改善办公条件，为每位协理员配备一台电脑，并按期更新，保证实时跟踪农村劳

动力转移动态,及时上报相关数据,提高数据的准确性和可靠性。

第三,加强培训,提高协理员的服务能力。要加强轮训、培训,在现有培训的基础上,增加培训次数,延长培训时间,进一步提高培训质量,提升协理员的工作能力。完善服务制度,规范服务流程,基层劳动保障协理员要定期以入户和电话、微信访谈的方式与本村农牧民进行交流沟通,了解每家每户劳动力转移情况,包括转移时间、输入地、从事的行业、收入、社会保障、就业是否稳定、子女教育等,严格按照每月一报的要求,向镇劳动保障事务所报告劳动力转移情况,做好劳动力转移跟踪监测工作,为就业部门制定就业政策,做好就业服务提供基础数据,为就业动态管理提供参考。

(二)扩大培训规模,提升培训质量,提高农牧业转移人口就业能力

第一,要不断扩大培训规模。需要设立周六、周日培训班和夜校,同时,开展"实地培训+网上培训"相结合的方式,保证进城农牧民通过多种途径、灵活多样的方式自主开展学习培训,扩大培训规模。严格上岗门槛,凡是进入企业务工的人员,必须有培训证书方可录用,对农牧民工因培训误工给予补贴,提高他们参加培训的积极性和主动性。学习德国和日本企业的经验,鼓励企业建立自己的培训学校,增强对普通员工的上岗前引导、技能培训、岗中技能提升培训,解决培训与就业脱节的问题。根据培训数量和效果,就业部门对企业和培训机构实施补贴或购买服务,培训补贴与培训人数和质量挂钩,加快农民工从体力型向技能型转变,为新产业新业态发展提供技能型、实用型人才。

第二,优化就业培训师资队伍。要将理论型教师和实操型教师设置不同的准入门槛,唯能力而不是唯学历,保障职业院校所需的实操型教师顺利进入技能培训学校工作,解决职业院校实操型教师不足的问题,提高实操课程质量,提升农牧业转移人口的就业技能,增强就业竞争力。

第三，及时调整更新就业培训目录，适应新产业、新业态发展的需要。随着经济社会的发展，新产业、新业态兴起，新岗位、新工种涌现，培训需求也发生着变化。但当前大多培训机构多局限于烹饪、家政服务、月嫂、美容美发、会计等专业，专业设置陈旧，跟不上产业发展变化的需要，这就要做出适时调整。因此，建议国家做好顶层设计，及时调整发布培训目录，取消已经不适应社会发展需要的专业，增加新工种，适应新的就业岗位的变化，并将新工种、紧缺工种列入政府补贴扶持范围，同时提高补贴标准，引导培训机构、职业院校调整优化专业，为经济社会发展培养更多的技能人才、紧缺型人才，进一步优化就业结构，缓解就业结构性矛盾。

第四，调整培训补贴政策，发挥公共培训机构的作用。"先垫后补"的政策实施导致公办的培训机构生源持续下降，培训难以进行下去，由此造成一些师资强、设备好的公办机构无法持续开展培训，浪费了培训资源。因此，对于公办培训机构，要积极开展试点，在政策允许范围内创新补贴方式，重点要通过强化监管环节来解决套取资金的问题，发挥公办培训机构的作用。

第五，开展双语培训。就业培训应根据地区特点、民族特点，编制蒙汉两种教材。在蒙古族集中的旗县、乡镇，采用蒙汉双语授课，采用蒙汉双语试卷，有利于让蒙古族更好地理解掌握培训内容和技能，提高培训质量。

（三）完善劳动保障制度和提高合同签订率，提高保障水平和权益保护能力

首先，提高养老保障水平。农牧业转移人口进城就业，大部分没有参加城镇职工或城乡镇居民养老社会保险，近些年，虽然有所提高，但比例依然较低，养老保障依然是影响就业质量的薄弱环节。这既有自身原因，也有单位缴费比例高的问题，还有转移接续不畅的问题，从而影响着农牧业转移人口的就业质量。为此，要加大宣传，提高农牧业转移人口的参保意识，加大对企业的监督，促使企业自觉主

动为农牧民工缴纳养老保险。同时，完善养老接续办法，在跨省流动时顺利接续，保障养老保障制度的连续性，扩大农民工的社会保障覆盖率。对于流动性大、灵活就业的农牧业转移人口，通过社区精细化管理，及时跟踪辖区内农牧业转移劳动力的社会保障状况，有针对性地入户，加大宣传引导，逐步将其全部纳入城乡居民养老保险体系，实现全民参保。

其次，加强监督执法，提高合同签订率。要加强对企业实行劳动合同制度的监督、指导和服务，落实《内蒙古自治区社会法人劳动保障信用失信惩戒办法》，将失信企业列入黑名单，督促企业认真履行义务，提高合同签订率。同时，要提高农民工签订合同意识，保护自己的合法权益，同时也要树立履行合同的意识，不得随意离开、违约，造成务工企业损失。继续加强"两网化"劳动保障监察体系，进一步加强劳动仲裁工作的规范化、标准化、专业化、信息化建设，加大劳动人事争议调解仲裁和劳动保障监察力度，维护农民工的合法权益。

（四）调整就业专项资金使用项目，简化中间环节，提高资金使用效率

建议国家扩大中央就业补助资金的使用范围，提高对创新创业以及基层就业服务体系建设的支持。通过报备案制度等办法，赋予地方政府结合实际、有针对性地使用资金的权力，最大限度发挥政策性资金的使用效益，减轻地方基层就业服务资金投入不足的压力。

加快资金拨付，减少中间环节，提高资金使用的时效性。做到早预算、早拨付，优化资金拨付渠道，简化中间环节，保障资金足额及时到位，提高资金使用效益和就业服务效率。并对财政困难的少数民族地区，创业担保贷款取消地方贴息，由国家承担全部贴息；对于创业担保贷款额度超过国家规定的部分，由盟市财政承担贴息，取消旗县财政贴息部分，进一步提高贷款额度，更好地支持创业，实现创业带动就业，扩大就业规模，提高就业稳定性。

（五）加强信息化建设，提高就业服务信息化程度

就业服务信息化是就业服务、管理的重要手段。重点要加强信息化建设，推进自治区就业核心系统向旗县乡镇延伸，做到全覆盖。增加投入，及时配备更新电脑，保证基本的硬件条件。对基层服务人员加强培训，培训内容要更加细致，提高培训质量和基层服务能力。创新就业服务信息化手段，在微信、抖音、快手等各种新的传播手段快速发展的形势下，就业服务也要加紧研究，用更新、更快且农牧民更容易接受的形式发布就业岗位信息，进行就业指导、职业介绍、法律咨询等服务，搭建起农牧民与用人单位之间的桥梁，保证供需双方及时对接和沟通，提高农牧民就业的成功率，维护农民工的合法权益。

（六）改善就业环境，扩大农牧民的就业空间

积极打造农民工创业园，实现创业带动就业的倍增效应。进一步落实创业园内税费减免政策，减轻负担。加大对农民工创业园的补贴，补贴金额要与带动就业数量挂钩，降低创业贷款门槛，提高贷款额度，为农民创业提供资金支持，促进农民工创业园健康持续发展，以创业带动就业。

加快城镇建设，以县城和重点镇为载体，扶持特色农畜产品加工业、手工编织业、少数民族服饰加工业的发展，积极开拓国内外市场，打造自治区级品牌，提高品牌知名度；带动农民在加工、销售、运输各个环节的就业，扩大小城镇就业容量，形成城镇化、工业化、农业现代化协调发展。要加强对城镇劳动密集型的中小微企业的扶持和服务，减免税收，为企业发展创造宽松的环境，促进中小微企业发展，吸纳更多的农村牧区劳动力就近转移就业。

要增强产业支撑，扩大产业规模，加快产业转型和升级，促进新产业、新业态发展。要大力发展城市现代服务业，促进电子商务、快递业发展，推动家庭服务业国家级和自治区品牌建设，扩大就业容量。要引导实力强、就业人数多的企业建立自己的培训学校，加大对农牧业转移人口的培训，不断提升其就业能力。同时，加强监督和监

管，督促企业为农牧民工缴纳养老保险，提高就业质量。

尤其是要扩大东部城市、中心城市人口规模，加强与周边城市群的联系，加强与京津冀、东北城市群的联系和合作，寻求人才联合培养、交流，补齐人才短板，为产业发展提供技术和人才支持。加快基础设施建设，尤其是高速公路和铁路建设，加快人流、物流、信息的流动和传递，增强城市活力，促进经济发展，以经济发展带动就业。充分利用森林、草原、湖泊等自然资源和文化资源，加快旅游业的发展，加快旅游文化融合，打造具有地方特色的旅游品牌，吸纳更多的农村牧区劳动力转移就业。

作者单位：内蒙古自治区社会科学院城市发展研究所

高质量发展背景下内蒙古人才队伍建设研究
——以通辽市人才工作为例

包娜娜　高国青　张晓莺

摘要：人才是引领高质量发展的关键基础。为了更好地服务于自治区高质量发展，优化人才工作格局，本文以通辽市人才工作为切入点，通过对人才工作整体情况的调查研究，在总结人才工作成效的同时找出制约人才工作的短板和瓶颈，并就如何建设与高质量发展相适应的人才队伍提出对策建议。

关键词：人才队伍；内蒙古；高质量发展

人才是第一资源，是引领内蒙古高质量发展的关键基础。为了更好地服务于自治区高质量发展，优化"一心多点"的人才工作格局，2019年7月25—30日，由自治区党委组织部、人社厅、教育厅和社科院组成的联合调研组赴通辽市，就人才工作进行了专题调研。调研期间，调研组与当地人才工作者和人才专家代表进行了深入座谈交流，并先后赴蒙元基因、金煤化工、农业科学研究院、蒙中药材研究发展管理中心、蒙东铝及新材料研究院、院士专家工作站等企事业单位和创新平台现场考察。通过实地调研了解各地区和相关单位人才工作的整体情况，找准制约人才工作的瓶颈，着力探索引才育才用才新路径，以人才引领发展理念，助推自治区高质量发展。

一、通辽市人才工作的主要做法与成效

通辽市大力实施人才强市战略，紧扣创新驱动引才聚才，改革体

制机制选才育才，优化政策环境用才留才。目前，全市各类人才达到35.81万人，其中党政人才1.62万人、专业技术人才5.32万人、企业经营管理人才4.42万人、技能人才21.4万人、农村牧区实用人才2.81万人、社会工作人才0.24万人。各类人才平台载体77个，其中博士后科研工作站2个、院士专家工作站11个、通辽市博（硕）士工作站9个、产业技术创新战略联盟3家、自治区重点实验室15个、工程技术研究中心10个、高新技术企业27家，为"九链五都一市一城"[1]建设提供了坚实的人才保证和智力支持。

（一）大力推进人才发展体制机制改革

通辽市通过出台专项文件、成立人才工作领导小组、推进人才项目平台建设等形式推动人才发展体制机制改革，坚持以"放权、松绑、管理、服务"为核心，不断释放人才体制机制的内生动力。通辽市通过成立以市委书记、市长担任组长的人才工作领导小组，加强对人才工作的组织领导。制定出台《关于深化人才发展体制机制改革的实施意见》及7个配套文件，明确了40项重点改革任务。深入推进"科尔沁英才"工程，累计评选"科尔沁英才"110名，宣传优秀典型，营造浓厚人才工作氛围。深入推进通辽北部地区人才改革试验区建设，探索创新人才集聚引进培育新模式，实现人力资源优势向人才资源优势的转变。2018年9月，霍林郭勒工业园区被自治区人才工作协调小组命名为"人才改革试验园区"。

（二）多渠道引进高层次高素质紧缺人才

通辽市通过不断完善机制、创新举措，畅通了制度化、规范化、常态化的引才通道，创建了招才引智的通辽品牌。2016年以来，通辽

---

[1] "九链五都一市一城"："九链"即绿色生态农牧业、玉米生物、铝镍硅新材料、肉牛产业、现代蒙医药、煤化工乙二醇、沙产业、会展业、文化旅游等九条产业链。"五都"即中国草原肉牛之都、国际蒙医药之都、中国小品种氨基酸之都、中国蓝宝石之都、全国乙二醇新材料深加工之都。"一市"即现代能源经济示范市。"一城"即"一带一路"草原名城。

市人才引进工作领导小组连续赴北京、吉林、辽宁等地知名高校举办了14场"引进人才双选会"，累计刚性引进急需紧缺人才1646名。深化市校人才交流合作，先后与中央民族大学、吉林大学等高校签订人才培养合作等协议，为高层次人才和高校、科研院所提供双向交流服务。2018年11月，吉林大学植物科学学院通辽博士工作站在库伦旗挂牌成立。依托驻外机构和通辽商会，在北京、武汉和呼和浩特设立4处"通辽人才驿站"，吸引更多人才到通辽市创新创业。启动"1111"人才引进工程，力争用5年左右的时间，吸引集聚100名博士研究生、1000名科技人才、1万名高层次人才和10万名大学毕业生到通辽创新创业。

（三）加大资金投入力度，着力优化人才发展环境

为了使人才引得进、留得住，通辽市完善人才开发专项资金的投入保障机制，着力提高人才综合服务水平。2018年4月，通辽市制定了《通辽市人才引进实施办法》，优惠政策涵盖人才住房、科研资助、创业扶持等多个方面，3年时间内，博士研究生可获得近25万元，硕士研究生、本科生可获得近10万元。2018年，共为270名引进人才发放530万元补贴资金。2015年，通辽市政府出台《通辽市人才公寓建设使用管理办法》，采取政府引导、企业配建等方式，在全区率先建设"人才公寓"，先后建成各类人才公寓1700余套，切实解决了引进的高端人才的住房问题，进一步营造良好的人才发展环境。

（四）以乡情纽带吸引人才、留住人才

在引导人才向基层流动的过程中，通辽市通过编制保障机制，以乡情为纽带，破解基层人才"引得进，留不住"的问题。近年来，通辽市坚持"走出去"招才引智，并把重点放在内蒙古生源较多的高校和地区，设立"通辽人才驿站"，建立编制保障机制。事业单位空出编制除政策性安置、招聘考试和调配，全部用于引进重点行业和领域"高精尖缺"人才。如开鲁县在开辟人才引进"绿色通道"过程中，将引进高层次人才限制为开鲁县户籍，从2015年开始共引进428人，目前引进的人才都能安心工作；科左后旗从2018年开始启动"好孩子回家计划",主要针对科左后旗籍大学毕业生,直接给予事业单位编制,2018年引进的20人都已是各单位的骨干力量。实践证明,限制本县户籍这一做法十分有效。

(五)以项目和产业发展集聚人才

立足地方特色和资源优势,通辽市以产业集聚人才、以人才引领产业,助推人才集聚,与产业协同发展。霍林郭勒市积极打造"煤电铝人才改革试点区",通过建立铝产业高层次人才交流研讨长效机制,不定期邀请中国铝工业协会专家和企业高级技术人员进行专题研讨,推动本土资源优势与国内外企业资金、技术、人才优势相结合,累计引进中国工程院王国栋等院士6名、教授高级工6人、博士生15人、硕士生121人、高级技师497人,南山铝业专家刘明火等创新创业人才团队6个,建成院士工作站2个、博硕士工作站1个,培养煤电铝产业工人1万余人,形成有较强竞争力的产业人才队伍。通辽市奈曼旗依托深厚的蒙医药文化资源和良好的蒙中药材种植基础,通过实施蒙中药材产业人才工程,建成蒙中药材博士服务站1个,肖培根院士专家工作站(待揭牌)已通过中期评估,培养蒙中药材种植能手800余人。目前全旗蒙中药材种植面积达20万亩,平均亩效益增收800元以上。同时,通辽市在其发展的重点产业里,自主设立了9个市级博(硕)士工作站,为高层次人才搭建了载体平台。

二、高质量发展背景下通辽人才队伍建设存在的问题与不足

(一)人才结构与高质量发展要求不相匹配

一是人才总量不多。全市专业技术人员5.3万人,副高级以上人才仅占比18%,企业专业技术人员比例不足10%,高技能人才4.52万人,多集中在机关事业单位,对产业转型升级的技术支持力度不强。

二是人才结构不优。以教育、卫生系统为例,资源布局不均,年龄未形成橄榄型结构,中青年骨干人才贫乏。近几年引才的主体是硕士生、本科生等六七类人才,高端人才因工作生活环境不优等诸多原

因，引不来、留不住。

三是基层人才缺乏。受城乡差别影响，基层招人难、留人难，如乡镇农技人才、乡镇卫生人才短缺，人员老化断档。

四是产业工人特别是高技能人才短缺问题依然突出。在霍林郭勒工业园区调研时，联晟、创源等三大煤电铝公司反映，由于气候、生产生活条件等因素，现有产业工人流失率达20%以上，每年7月、12月是员工流失高峰期。如联晟新能源材料股份有限公司总共有640多人，目前高技能人才、普通技术工人缺口分别为7人、100人左右。

（二）专业技术人员职称评聘管理中矛盾突出

调研中，基层反映最多的问题是专业技术人员评聘矛盾问题。个别单位出现有资格参与评审，但是评审材料"冲不出单位"，或者已经获得职称，由于指数限制"到退休也聘不上"的现象。比如某科研院所共有专业技术人员130多人，正高按4%核定只有5个指标，目前已有11人评上正高，10年内不能再聘其他人员，特别是现在改为评聘结合后，很多人连评正高的机会都没有，一定程度影响了中青年专业技术人员的工作积极性。另外，地区级科研院所处于研究末端与推广前端，不宜套用大院所的评价模式，农业推广序列正高职称没有省级评审标准细则。部分企业技术人员申报专业技术资格通道尚未畅通。

（三）人才引进程序仍有诸多不畅

市级统一公开招考的程序多、周期长，如人才招聘和引进过程中，经过笔试、面试、上编等程序，多则需要1年时间，个别考生因等待周期过长而另谋高就，客观上造成人才流失。能否考虑简化程序，或者试点将招考权力逐级下放。另外，基层所需的音、体、美、医等特殊专业领域人才刚性引进标准较高（如要求学历为"985"院校硕士研究生或取得省部级奖项者），刚性引进引入人才困难较大，而柔性引才方式操作性不强，导致难以引进特殊专业人才。

（四）人才队伍建设生态环境仍需完善

人才发展的软环境方面仍有较多探索空间。首先，制度环境方面，人才工作相关配套政策有待完善。一是市级人才引进有相应补贴政策，而旗县没有相关政策；二是科技成果转化的利益分配没有具体实施意见做指导；三是针对特殊专业特色行业人才保障措施尚未健全，例如传统小作物研究没有保障；四是对特色优势产业和中小创新企业扶持力度不足。其次在文化和服务环境方面，个别单位存在"重引进、轻培养"现象。各单位都在千方百计地吸引人才，而对当地人才重视程度不够，有时甚至发生"引来女婿气走儿子"的问题，出现了本土培养的成熟人才为了享受引才待遇而跳槽的情况。那些引进来的为数有限的专门人才，由于缺乏科研体系支撑，无法最大限度地发挥其能量。

三、建设与高质量发展相适应的人才队伍的几点建议

人才优势决定发展优势。建设与高质量发展相适应的人才队伍，应着眼于产业结构调整、新旧动能转换和生态优先绿色发展的要求，根据产业布局和人才需求，树立人才意识，转变用人理念，坚持改革驱动和机制创新，以人才项目为平台支撑，着力提升人才服务水平，以人才的集聚助推内蒙古高质量发展。

（一）牢固树立人才意识，转变用人理念，坚持以人才引领高质量发展

牢固树立人才意识，把人才工作放在高质量发展的战略位置。坚持以用为本的人才理念，既要注重高端人才，又要注重基础人才。加大引进人才力度的同时，更要重视本土人才培养。有些地区将人才工作重点放在了"985""211"院校和"双一流"等高等院校毕业生上，虽然引进人才可以填补人才缺口，优化人才结构，但是本土人才在人才结构中的比重大、流动性小，更有利于人才队伍的稳定和长久发展，且不乏很多与引进人才同样优秀的本土人才因为乡情而固守在本地。因此要对本土人才与引进人才一视同仁，完善事业单位留人、政策留人、感情留人和待遇留人的有效措施，保留好现有人才，不断

激发人才创新创业活力。

（二）持续深化改革，改进事业单位人员岗位管理模式，激发事业单位人员创新创业活力

事业单位集中了大量的专业技术人员，因此应深化事业单位"放管服"改革，破除体制机制障碍，向用人单位放权，为人才松绑，激发事业单位人员创新创业活力。

一是改进基层机关事业单位编制使用办法。在不突破编制总量的前提下，对旗县、苏木乡镇机关事业单位特别是贫困地区的编制进行独立核算，并在安排年度进人计划时给予倾斜，力求做到"有编必补"。允许旗县、苏木乡镇将本年度自然减员腾出来的空缺编制用于当年考录、招聘。考虑到公开招聘和应届毕业生就业的时间性特征，当年招聘计划应在上一年度11月底前提前下达。降低体育、音乐、美术等领域的引才门槛，针对实际情况所需，放宽学历、获得省部级奖项等要求。同时，充分发挥用人单位在人才培养、吸引和使用中的主导作用。

二是探索建立事业单位人员"县管乡用"办法。针对乡镇基层基础设施落后、工作生活环境不优、人才吸引力不强的实际，降低基层一线急需紧缺人才准入门槛，建立人才定向招募机制，开辟引才绿色通道。按照"县管校聘、县管乡聘"的原则，以旗县为单位，为基层中小学和医疗卫生机构招聘教师、医疗医技人员，并在辖区内进行统一分配，定期轮换，提升基层教育、医疗水平。实行一岗一薪，只在苏木乡镇享受工资，离开后就取消。

（三）坚持机制创新，以灵活的引才策略集聚高层次人才，助推高质量发展

内蒙古自治区仍属于欠发达地区，人才吸引力不够，实现刚性引才难度越来越大，要建立更加灵活的引才机制，利用好环京津冀的区位优势，积极融入"一带一路"倡议和京津冀一体化人才发展规划，依托自治区在冶金、能源、装备制造、畜牧业及乳业等领域的产业优势，提高人才引进和科研支持、岗位激励标准，吸引更多人才到内蒙古工作，形成高层次人才集聚效应，并建立科技人才表彰制度。自治区层面建立柔性引才专项奖励制度，设立自治区"鸿雁奖"或"荣誉市民"称号，专门表彰柔性引进的为自治区经济社会发展做出突出贡献的各类专家人才，特别是对招才引才工作突出的地区、单位要予以表彰奖励。同时，对引进的高层次人才在职称待遇上走绿色通道，不受单位指标名额限制，激发引进人才的工作热情。

（四）加大对人才、项目和平台的扶持力度，充分发挥人才对高质量发展的支撑作用

一方面，持续加强院士专家工作站、博士后流动站等人才平台建设，充分发挥院士等专家的引领作用，促进本土专家团队的技术水平和创新能力的提升，引导院士专家与企业对接，通过科技成果转化的技术创新，带动产业转型升级。另一方面，自治区"草原英才"工程平台作用发挥明显，建议要继续加强自治区"草原英才"工程建设，并颁发"内蒙古英才卡"，定期组织自治区"草原英才"专家体检，在子女教育等方面保证绿色通道畅通。同时，对内蒙古特色的产业，如炒小米、荞麦等行业，自治区应该设立扶持传统行业的科研支撑项目。

（五）强化人才服务保障，提升优势产业集聚区的人才综合服务水平

高新技术园区是优势产业集聚区，也是人才集聚区，应着力提升优势产业集聚区的人才综合服务水平，以充分发挥人才链和产业链的融合促进效应。首先，优化人才生态软环境，加强高新技术园区（人才集中区域）的基础教育、医疗卫生、交通等生活性配套设施建设，设立人才综合服务窗口，提供"一站式"便捷服务，切实保证高层次人才享受到优质公共资源。其次，营造优越的人才居住环境，对地处偏远的工业园区，可在市区建设配套的产业工人住宅区，实行共有产权房等制度，采取政府提供土地、企业自建等方式，实现筑巢引凤，让产业工人安居乐业，在提高工人归属感的同时，带动当地消费，促

进当地就业。

　　作者单位：包娜娜　内蒙古自治区社会科学院公共管理研究所
　　　　　　　高国青　内蒙古自治区人力资源与社会保障厅
　　　　　　　张晓莺　内蒙古自治区教育厅

内蒙古蒙古语言文字标准化法律问题研究[1]

白永利　白双成

摘要：内蒙古自治区蒙古族语言文字发展相对于其他地区有长足进步，不但出台了相关的地方性法规，而且在民族语言教育和传承、专业人才培养和公务员招录、民族幼儿园和义务教育等方面取得显著成绩。经调查研究发现，蒙古语言文字发展方面尚存一些不足，亟待解决的主要问题有语言文字标准化和市面用语标准化、蒙古文编码标准化等相关问题。本文通过研究蒙古民族语言标准化存在的问题及相关法律制度，给出相关建议。

关键词：民族语言；标准化；地方性法规

蒙古语言文字是蒙古民族在长期政治经济社会发展过程中创制和发展，并被广泛使用的一种语言文字。它是国内八省、自治区蒙古族主要的交流工具，在蒙古国和俄罗斯也被广泛使用，差别体现在国内和国外语言发展的趋势和语言文字的变迁。通过立法保护和传承蒙古族语言文字不仅是蒙古族自身认同和扩大对外交流的需要，还是保持文化多样性、发挥文化的创新引领作用的必要条件。现在国家层面和各个省、区都有相关规定保护民族语言文字的使用、发展和传承。本文主要研究内蒙古自治区的地方性法规和政府规章对于保护蒙古语言文字标准方面的规定和实施情况、存在的问题和解决思路，为蒙古语言文字正确、广泛使用和良好发展，参与国际交流提供法律保障。

---

[1] 本文系内蒙古自治区民族事务委员会资助课题"少数民族群众语言文字权益保障"（MW-YB-2016027）阶段性研究成果。

一、内蒙古自治区有关蒙古语言文字的立法情况

内蒙古自治区在少数民族语言权利保障上,一方面贯彻落实《中华人民共和国宪法》《中华人民共和国民族区域自治法》《中华人民共和国教育法》《中华人民共和国国家通用语言文字法》等法律,《汉语拼音方案》《地名管理条例》《扫除文盲工作条例》《幼儿园管理条例》《中华人民共和国义务教育法实施细则》《民族乡行政工作条例》《广播电视管理条例》《中华人民共和国专利法实施细则》《中华人民共和国文物保护法实施条例》等由国务院制定的行政法规以及《国务院实施<中华人民共和国民族区域自治法>若干规定》《关于广播、电影、电视正确使用语言文字的若干规定》等相关规定;另一方面,制定地方性法规和政府规章,体现民族特点和地区特色。1996年4月16日,自治区人民政府办公厅颁布《内蒙古自治区社会市面蒙汉两种语言文字并用管理办法》(共12条)。2001年9月10日,内蒙古自治区人民政府颁布实施《内蒙古自治区人民政府关于学习使用蒙古语文奖励办法》,该办法共5章。2004年11月26日,第十届自治区人大常委会第十二次会议通过,并于2005年5月1日实施《内蒙古自治区蒙古语言文字工作条例》(以下简称《条例》)。《条例》共6章40条,更为细致地规定了蒙古语言文字使用权利,使用范围,蒙古语文标准化、信息化的工作任务,以及财政保障、主管部门、双语教育、蒙古语言文字津贴、翻译岗位设置、人才培养、文化遗产保护和相应的法律责任等内容,是内蒙古自治区第一次以地方性法规的形式保障使用和发展蒙古语言文字的权利,完善了我国少数民族语言文字法律法规体系,标志着少数民族语言文字保护工作进入法治化阶段。接着,呼和浩特市和包头市也分别制定了《呼和浩特市社会市面蒙汉两种文字并用管理办法》和《包头市社会市面蒙汉两种文字并用管理条例》,并随着经济社会的发展变化做了两次修改。

近年来,自治区制定实施了《内蒙古自治区蒙古语言文字中长

期规划纲要》《内蒙古自治区蒙古语言文字信息化建设中长期规划（2014—2020）》，出台了《内蒙古自治区政府关于加快推进蒙古语言文字信息化建设的意见》。设立了蒙古语言文字信息化专项扶持资金，扶持了一批蒙古语言文字科研项目，开展了蒙古语言文字信息化推广应用工作，启动了"蒙古语言文字数字资源建设与共享工程"，现在进入全面建设阶段。总之，自治区蒙古语文法制化进程稳步发展，蒙古语言文字标准化工作不断得到提升。

二、现有相关法律法规实施中存在的主要问题

自治区在蒙古语语言文字保护、发展和传承方面取得了有目共睹的显著成绩，但是也存在一些亟待解决的问题。主要问题如下：

（一）法规的细化规定迟迟不能出台

2005年5月1日实施的《内蒙古自治区蒙古语言文字工作条例》经历15年的经济社会发展，语言文字保护方面出现一些新的保护需求，但是法律法规没有及时回应，《内蒙古自治区蒙古语言文字工作条例实施细则》至今没有出台，尚在不断修改完善，很多原则性规定没有实施细则来落实，很大程度上影响了《条例》的实施。《内蒙古自治区社会市面蒙汉两种文字并用管理办法》也在不断修订，至今修订后的管理办法还没有出台。

已有的部分条款没有全面落实。《条例》第十七条规定，在各级国家机关、人民团体和企事业单位中，使用蒙汉两种语言文字开展工作并达到自治区规定标准的工作人员，享受蒙古语言文字津贴。具体办法由自治区人民政府制定。这条规定没有得到批准，《条例》的实施细则就此搁浅。蒙古语言文字津贴的具体办法无法落实,蒙古语言作为既是通用语言文字之一，又是蒙古民族行使自治权利的工具[1]的功能

---

[1] 《条例》第二条："蒙古语言文字是自治区的通用语言文字，是行使自治权的重要工具。自治区各级国家机关执行职务时，同时使用蒙汉两种语言的，可以以蒙古语言文字为主。"

也就难以体现。学习和传承蒙古语言文字基本上通过自愿学习和使用的方式来实现。

(二)《条例》的法律权威需要进一步加强

《条例》明确了蒙古语言标准[1]。标准是法律法规的组成部分,必须严格遵守。目前蒙古语标准编码每5年修改一次,广泛征求各方意见。如果现实使用中对具体语言标准有异议或有争议,制度设计应及时跟进加以解释。《条例》第三十六条规定,赋予各级语委执法权[2]。按照本条规定,要对社会市面用文没有使用蒙汉两种文字的情况加以处罚。但是现在市面用文的主要问题不是没有使用蒙汉两种文字,而是社会市面使用蒙古文不标准和不规范问题。其次是法律规定的权利应有相应的救济途径,例如复议、诉讼等,而《条例》却缺乏相关规定。如果法律法规赋予的权利没有相应的法律途径救济,该权利不是完整的法律权利。

(三)蒙古语言文字工作的相关政策需要及时调整

例如,蒙古文编辑中级职称的评定是通过全国出版专业技术人员职业资格考试,考题使用汉语命题,中文编辑都很难通过,对于许多的蒙古语编辑,即使是多年从事蒙古语言文字的优秀编辑,通过考试的难度可想而知。

三、蒙古语言文字标准化的发展状况

蒙古语言文字标准化包含三方面的主要内容:蒙古语名词术语、蒙古语标准音和蒙古文正字法。这三方面的内容直接影响着蒙古语言

---

[1] 《条例》第三条:"各级人民政府应当推广蒙古语标准音和统一蒙古文标准写法,自治区以正蓝旗为代表的察哈尔土语为蒙古语标准音。"

[2] 《条例》第三十六条:"违反本条例第二十二条第一款规定的,由旗县级以上人民政府负责蒙古语言文字工作的行政主管部门责令限期改正;逾期不改正的,处300元以上2000元以下罚款。"第二十二条:"自治区行政区域内的社会市面用文应当并用蒙汉两种文字。社会市面用文的具体管理办法由自治区人民政府制定。"

文字的规范化、标准化和信息化建设。

内蒙古自治区在名词术语工作方面，一是搜集整理并审定统一了1400多条新名词术语和专业名词术语，发布《蒙古语名词术语公报》14期，并在八省、自治区范围内推广使用；二是加强名词术语的科学研究，资助了"蒙古语教育技术名词术语标准化研究""蒙医传统内疗法学名词术语研究"等十多项课题，开展了《汉蒙英日大词典》机关名称类编纂工作，整理出版了《蒙古语名词术语论文集（三）》。

在蒙古语标准音工作方面，一是加强对各测试站点的指导和管理，组织举办蒙古语标准音培训班71期，培训测试近1.2万多人次；二是完善培训测试工作机制建设，建立了全区蒙古语标准音培训测试基地和全区蒙古语标准音西部培训测试基地，组织举办了3期蒙古语标准音水平测试员培训班，培养了83名新测试员，全区测试员总数现已达到200人；三是加强标准音的科学研究，资助了"科尔沁地区蒙古族中小学教师语言与标准音比较研究""内蒙古高校蒙古语标准音培训测试现状调查与策略研究"等十多项课题，多次组织召开专题研讨会和座谈会，整理出版了《蒙古语标准音论文集》；四是加强标准音的宣传工作，组织开展了"蒙古语标准音主题宣传素材征集活动"。

在蒙古文正字法工作方面，一是加强督促检查工作，会同全国蒙古文教材审查办，组织专家对义务教育阶段语文、数学等8类303种蒙古文教材进行了审查；二是加强调查研究工作，设立"《蒙古文正字法词典》新规范单词使用情况调查研究"委托课题，对12个盟市及自治区直属有关部门实施蒙古文正字法情况进行调查研究；三是加强科学研究工作，设立"蒙古文拉丁转写国家标准相关问题的研究"委托课题，并争取立项国家语委"十三五"科研规划2016年度委托项目。

四、蒙古语言文字标准化工作中需要加强的主要内容

世界上任何一种语言文字都存在多重含义的情形，具体含义需要在具体语境中体现。由于蒙古族语言使用地域较广，不仅仅在中国的八

省、自治区内使用，在不同地区还存在不同方言语义，在域外的蒙古国和俄罗斯还有大量使用蒙古族语言的人口。随着时代变迁，语言文字也会向不同方向发展演变。与其他语言相比较，蒙古语言文字的多样性尤其显得突出。虽然国家制定了个别的标准，但各地执行得并不统一，而且标准并不是非常严格，对于不执行的也没有相应的处罚措施。相较汉语而言，少数民族语言的规范程度比较低。到目前为止，还没有统一编撰的标准官方词典。随着时代的发展，少数民族语言文字的信息化要求也越发紧迫。蒙古语言信息化工作发展缓慢，究其原因主要在于对民族语言标准的法律界定比较模糊。

（一）需要设立完整和科学的标准，标准是规范化的基础

1.标准需要不断完善

标准是通过不断修订确立起来的。即使是已经建立的标准，由于各种原因也会引起不同人群的质疑。例如蒙古语言文字，在没有统一标准的情况下，部分人反对制定标准，认为自己习惯使用的是最好的；电台、报社和大学各自有自己的标准；字典有标准，被现在80%以上的人认可。已经出版的大辞典确定了标准，人们对其中5%的词汇有意见，对剩余95%是认可的。存疑的情况是必然存在的，因此，标准需要不断完善，逐渐趋向共识。标准形成的过程是随着经济社会发展而不断完善和发展的过程。

2.国家标准和地区标准都是法律的组成部分

标准是规范性文件之一，是为了在一定的范围内获得最佳秩序，经协商一致制定并由公认机构批准，共同使用的和重复使用的一种规范性文件。[1] 标准的制定和类型按使用范围划分为国际标准、区域标准、国家标准、专业标准、地方标准和企业标准；按成熟程度划分为法定标准、推荐标准、试行标准、标准草案。标准作为规范的组成部分，必须遵守现有标准。

---

[1] 信海红. 质量技术监督基础[M]. 北京：中国质检出版社，2014.

3.制定标准需要广泛征求意见

标准是由一些人或者部门制定的，广泛征求意见，达成共识后，就成为法规的组成部分。良法是善治的前提，如果是恶法，让人们普遍遵守是不对的。

（二）蒙古文编码的国家标准问题

在蒙古文编码研制过程初期，不同的软件开发机构在没有统一的协商、达成共识的基础上，各自采用了不同的蒙古文编码语言方式研发宽带古文编码和录入系统，不同软件之间蒙古文编码相互不兼容的情况，导致不同软件的使用者在使用过程中产生了一些技术问题，同时致使在不同国家或者同一国家使用不同软件的蒙古文的用户出现相互无法沟通的问题。这其实也是所有文字在信息化初期产生的技术性问题。关于国际社会对蒙古语编码的问题，后面部分做了专门研究讨论。在国家交流中信息化问题是专业问题，在现代化过程中是无法回避的。

（三）现有蒙古语标准文件

教育部语言文字应用管理司编写的《国家中长期语言文字事业改革和发展规划纲要（2012—2020年）》。

中国电子技术标准化研究院、全国信息技术标准化技术委员会编写的《信息技术标准化指南（2018）》。其中JB25914标准是强制性标准，必须执行。

内蒙古民族民间文化数据库，其中包括14条强制性标准，必须执行。

这些内容构成了国家对少数民族语言文字的标准化要件。《信息技术标准化指南（2018）》是针对少数民族电子信息技术所必需的标准，对于语言和文字的信息化是网络沟通交流的必备要件。

五、社会市面蒙古文使用不标准问题

《条例》第二十二条规定："自治区行政区域内的社会市面用文应当并用蒙汉两种文字。社会市面用文的具体管理办法由自治区人民政府制定。"相应的法律责任在《条例》的第三十六条加以规定："违反本条例第二十二条第一款规定的,由旗县级以上人民政府负责蒙古语言文字工作的行政主管部门责令限期改正;逾期不改正的,处300元以上2000元以下罚款。"

社会市面蒙古文使用问题一直以来是蒙古语言文字规范化工作中的重要内容之一,也是内蒙古自治区蒙古语文工作中的一项难题。《内蒙古自治区社会市面蒙汉两种文字并用管理办法》于1996年4月16日发布,这些地方性法规的诞生推进了蒙古语言文字规范化工作。但由于社会市面用文本身的一些特点和社会市面用文管理困难等原因,如今自治区社会市面蒙古文使用情况不尽如人意,存在错别字多、翻译不恰当等诸多问题。比如,2016年底,呼和浩特市4723家商业店铺牌匾上书写的蒙古文合格率只有58%,有错别字、翻译不恰当、没有蒙古文的牌匾竟占了42%。

如何才能长期有效地保证市面用蒙古文的规范和标准?众所周知,社会市面用文内容多、范围广,能够基本上反映出一个民族的语言文字发展及安全程度。社会市面用文不规范的问题在一定程度上影响了全区的文化建设。纠正语言文字使用中的错误是蒙古语言工作者的职责所在,但是要想从根本上解决社会市面蒙古文混乱的问题,需要从语言学的视角去发现、审视、指正商业店铺蒙古文名称中存在的错误,从而制定出社会市面蒙古文标准。制定标准,不仅需要明确规定牌匾蒙古文书写字号、颜色等内容,还要明确规定牌匾上的蒙古文必须完整表达出汉语内容、文字方向、文字分写标准等。当然相关标准的出台需要听取专家学者们的意见和建议。制定社会市面蒙古文标准,同时建立蒙古语专家库,不但可以推动蒙古文的规范化使用,而且有利于通过标准蒙古语言文字,为自治区改革开放和经济建设、社会发展服务。

六、修订市面用语的规章——地方立法的回应

内蒙古自治区市面用文的不规范问题一直存在,为了进一步改变市面用文不规范问题,自治区政府在2016年开始对《内蒙古自治区社会市面用文蒙汉两种文字并用管理办法(草案)》开展征求意见。各方面专家讨论后提出一些修改意见,主要有以下几个方面:

一是需要加强现有法规的执法力度,经常性检查市面用文的情况。例如,自治区语委也认识到蒙古语言文字在市面使用中尚存一些问题,因此2014—2016年在全区范围内开展社会市面蒙汉两种文字并用治理工作。各盟市政府有关部门成立户外广告牌匾专项治理工作领导小组,建立有效的管理机制明确责任,明确职责权限分工,签订承诺书,进行量化和目标管理。针对城市及公路沿线存在的广告牌匾标准不一、管理混乱等问题,全面规范社会市面蒙汉两种文字并用工作。即便经过这次大规模的治理工作,据相关专家反映,市面用的蒙古文仍旧存在不同程度的错误。

鄂尔多斯市成立蒙古语言文字工作执法监察大队,负责并指导旗县区治理整顿社会市面蒙汉两种文字管理工作;负责协助鄂尔多斯市民委开展蒙古语文市面用文管理、监督、检查工作;负责对社会市面用文蒙汉两种文字广告牌匾制作企业相关人员的培训、业务指导、监察、认定、管理和规范工作;负责监督检查市直党政机关、企事业单位重要文件的翻译工作;负责监督检查窗口单位用蒙古语开展各项服务工作。

二是需要建立第三方评估机制或评估体系。目前各级执法部门人员不足、工作多、任务重的现象普遍存在,集中整治市面用文需要大量专业人员开展工作。聘请第三方机构负责市面用文的监督工作,既可以解决人员不足、时间不够的问题,又可以由专业人员长期负责,做到经常检查。

三是针对目前各地市面蒙汉文两种文字并用中存在的蒙古文翻译

错误多、质量差等严重现象，建议在市面蒙汉文用文翻译方面建立专门的专家库，授权专家库的专家负责市面用蒙汉文翻译、审核、纠正等工作。

七、蒙古语标准化和编码立法方面的建议

在中国各民族文字信息化工作中，蒙古文是属于起步较早、成果体现较为完备、本民族技术力量雄厚、产业化较好的少数民族语言之一。但时至今日，一些应用方面明显落后于其他民族文字，甚至在一些研究领域也出现落后倾向。究其原因，非常错综复杂，但蒙古文编码问题显然是重点和热点问题。

部分人认为编码起草及修订人员在蒙古文编码制定过程中犯下严重错误且一意孤行，不广泛采纳建议，导致编码方式不合理、难以认同、难以实现等问题，必须由另一波人接管或重新修订，甚至推倒重来才能解决问题。而另一部分人则认为有一部分人不以推进蒙古文编码统一为目的，故意不执行已有标准规范和协定，利用人民群众的迫切应用心理，混淆视听和进行商业炒作等，使得原本非常专业的编码学问题，与文字规范、标准音推广、教育改革，甚至民生等众多问题混杂在一起，变得越来越复杂。经调研和多方讨论，相关机构和专业人员建议：

（一）尽快统一标准

就目前状况而言，完全推倒蒙古文编码国际、国家标准不现实且不可行，持续补充完善现有标准才是最好的途径。

因蒙古文编码标准的特殊性，编码标准、用户协定、转换规则"三位一体"的统一才是真正的统一，任何单独抽取一两个讨论都是不利于统一的。

标准的统一还需要兼顾国际标准、国家标准、地方标准和行业标准，任何层次上出现分歧都将严重阻碍应用。

（二）多策略延续标准和执行标准

统一标准后，执行标准、遵循标准显得尤为重要。单从技术角度而言，不管现在的参与者如何充分沟通和协商，也有可能会出现一个后者对其质疑并提出一系列修订意见，甚至是全盘否定意见。所以对标准的权威性、延续性要格外注重，学术争议不可以成为不遵循标准的理由。国家淡化和减少强制标准的当下，蒙古文标准的执行面临新的困难，需要多方位采取措施，确保行业规范和行业标准。例如，争取蒙古文编码标准保留为强制标准；国家和自治区重大信息化工程严格遵循相关标准，严格执行相关标准，示范和引导商家及用户使用和遵循标准；通过成立行业协会规范和约束厂家，等等。

（三）注重编码兼容和数据兼容

不同编码的出现有其历史的必要性。例如，完全不具备任何特殊编码条件下的拉丁字母替换字形的内大智能编码（早期的赛音编码和蒙古文文化编码也是类似思路），到目前为止还用于喷绘、刻章、视频字幕等软件中。我们不能因为广泛使用蒙科立编码软件和标准编码软件就直接将其说得一无是处，更不能一笔抹掉它在历史上发挥的作用。不仅是不同机构使用了不同编码，甚至一个公司在不同时期使用了不同编码。方正排版系统6.0版只考虑字形的形码，9.0版是基于标准编码的自定义编码，而后续版本变成完全符合国家标准的标准编码；前两个版本只能用于方正排版系统内，而后者完全具备了通用性。不是方正公司愿意这么折腾，而是一步一步改进和适应需求的过程。了解计算机系统的人都明白，英文、汉文等文字编码的混乱程度较蒙古文编码而言有过之而无不及，只是这些文字市场庞大，各大软件厂商注重这个市场，每一次更改编码都会做好编码兼容，让用户感觉不到编码变化而已。而蒙古文不是编码方式太多，而是编码兼容没有得到重视。

（四）重视人才培训

蒙古语言文字信息化相关企事业单位从业人员需要及时掌握蒙

古语言文字信息化相关的法律政策以及专业知识，继续进行学习和培训。

按照自治区《关于加快推进蒙古语言文字信息化建设的意见》《蒙古语言文字信息化建设中长期规划（2014—2020）》的部署，2019年12月4—23日，内蒙古自治区民委在锡林郭勒盟、鄂尔多斯市、呼和浩特市举办了4期蒙古语言文字信息化培训。培训主要包括语言文字信息技术标准化工作、信息技术前沿领域知识、蒙古语言文字数字资源建设与共享工程、蒙古语言文字信息技术处理及应用产品的推广普及等内容，从相关政策法规、专业知识、推广应用等方面进行全面培训，进一步提高了相关从业人员的政策理论水平和业务素质，达到预期目的。这些培训提高了全区民委系统蒙古语文工作者及相关专业人员的信息化工作水平，推进了自治区蒙古语言文字信息化建设发展，让相关人员主动适应了科技发展的新常态。

八、结语

总之，内蒙古自治区蒙古族语言文字保护和标准化工作中发现的问题具有一定代表性，反映了全国范围内少数民族语言文字的保护和标准化工作中存在的问题和不足，需要协同各方力量，共同推进少数民族语言文字的学习和传承。一方面需要自治区人大及时制定和修改相关地方性法规，各级政府采取相关措施推动蒙古语言文字标准化和规范化工作；另一方面需要各方充分地沟通协商，形成共识，发挥好各类专家的专业优势和专长，尤其是充分发挥蒙古语言文字和法律专家的作用。广大蒙古语言文字使用者也应积极参与蒙古语言文字的规范制定，协商标准，为蒙古语言文字的传承发展奠定基础。

作者单位：白永利　内蒙古自治区社会科学院政治学与法学研究所
　　　　　白双成　内蒙古自治区社会科学院蒙古语言信息技术研发中心

调查篇

推动现代马产业高质量发展的调查与思考
——以内蒙古锡林郭勒盟为例

包思勤 文 明 其其格

摘要： 通过对锡林郭勒盟现代马产业发展情况实地调研发现，我区现代马产业发展中存在着马产品缺少行业标准、马产业政策扶持和资金投入不足、市场推广和宣传力度不够、产业融合度和附加值不高、科技支撑不力等问题。建议从加强政策法规保障、制定产品地方标准、提升产业链水平等方面着手，进一步推动我区现代马产业高质量发展。

关键词： 现代马产业；科技支撑；产业链水平

内蒙古自治区是传统马业大区，拥有发展现代马产业的雄厚基础和独特优势，在全国现代马产业发展格局中占有重要地位，发挥着重要作用。大力培育和发展现代马产业，对于内蒙古调整优化产业结构，推动经济高质量发展具有重大意义。按照自治区党委宣传部工作部署要求，内蒙古自治区社科院课题组于2019年10月下旬赴"中国马都"锡林郭勒盟，就现代马产业发展进行了专题调研，现将调研了解到的情况及思考报告如下。

一、锡林郭勒盟现代马产业发展情况

作为我国现代马产业发展的重点区域之一，锡林郭勒盟是我区传统马业大盟，也是蒙古马饲养量最多的盟市。2010年，中国马业协会授予锡林郭勒盟"中国马都"荣誉称号。据2018年牧业年度统计，锡林郭勒盟马匹数量为21.8万匹，占全区总饲养量的15%左右，其中能繁殖的基础母马10.5万匹、种公马9786匹、运动马5277匹、娱乐骑乘用马3465匹，主要分布在东乌珠穆沁旗、西乌珠穆沁旗、阿巴嘎旗、锡林浩特市、苏尼特右旗、苏尼特左旗等北部牧区，其中阿巴嘎黑马存栏10389匹、乌珠穆沁白马存栏6184匹。

（一）现代马产业发展现状

锡林郭勒盟现代马产业主要集中在产品马业、马术赛事、旅游文化等方面，以产品马业为主。

1.产品马业以马奶产品开发为主，基本形成"企业+合作社+牧户"为主的生产链条

从调研情况看，现有马奶加工销售的合作社和企业，均立足当地马奶资源，研发生产酸马奶、马奶粉（马奶片）、马乳饮料、日化制品等，以及马生物制品、马医药用品、马文化产品等较完整的马产品品系，只是其面对的销售市场有所不同。比如，阿巴嘎旗岩画原生态游牧文化合作社注册商标"汗策格"，以合作社形式生产传统酸马奶，主要销售市场为本旗；阿巴嘎旗照富经贸有限公司注册商标"照富"，以"企业+合作社+牧户"的形式生产酸马奶，主要销往锡林浩特市、呼和浩特市等区内主要城市；内蒙古伊澌格生物科技有限公司注册商标"伊澌格"，以"企业+合作社+牧户"的形式生产马奶粉、马奶片，主要销往北京、天津、上海、海南等地；内蒙古中蕴马产业集团则是以马文化产业、马科学产业、马产品产业为一体的全产业链专业开发集团，目前在国内市场投放的产品有"中蕴马"牌马乳功能性饮料和啤酒，销往全国各地，其中以武汉市、呼和浩特市等十大城市为主要销售市场，同时积极拓展国际市场，在日本、法国、意大利、蒙古国等国家设立公司事业部，正在推出日化制品、生物制（药）品、文化产品。在产品销售方式上，以上经营主体均选择线上线下同时推进的方式。

2.马术赛事以承办大型赛事为龙头，带动发展育马业及相关服务业

锡林郭勒地区每年举行草原那达慕和草原赛马活动300多场次，比赛在传统赛马、马术活动的基础上，引入现代马术及国际马术赛事，把草原赛马扩展到速度赛、障碍赛、耐力赛、绕桶赛等现代马术赛事。截至目前，锡林浩特市马都核心区成功举办7届中国马术大赛、3届中国马都大赛马、2届中华民族大赛马、1届"中国马会杯"速度赛马大赛、1届北京马协速度赛马公开赛锡林浩特站等马术竞技比赛，以及挑战吉尼斯世界纪录的800匹蒙古马"阿吉乃"大赛、中国·锡林郭勒FEI国际马术耐力赛等大型马术赛事活动。同时开设马术俱乐部，并发展夏（冬）令营、马匹寄养等马术相关服务业。

3.文旅产业以草原旅游为载体，融入马文化元素，推动文化娱乐、休闲骑乘、观光体验一体化发展

2017年，"中国马都"核心区成为国家AAAA级旅游景区。2018年，该景区入选全国优选体育产业项目。"中国马都"核心区现已建成高标准的室（内）外赛马场及马术学校、马厩、马都俱乐部、大型停车场、综合看台、马文化演艺厅、马文化博物馆、马文化广场等设施，具备马匹饲养繁育、大型赛事举办、专业人才培养、马术骑乘体验、马匹交易等功能，是一个综合性的马业发展区。核心区与锡林郭勒职业学院合作制作的大型实景马剧《蒙古马》已成功上演212场，接待游客15万人次，成为继《千古马颂》之后又一马文化品牌。目前，锡林浩特市等地正在规划筹建"两都马道"（上都至马都）等一批以马文化为主题的休闲骑乘旅游线路。

4.把传统蒙医策格疗法引入正规医疗机构，并进行药物辅助治疗

如阿巴嘎旗蒙医医院自2015年开设策格疗法，把策格疗法纳入当地医保支付范围（自治区自2019年起将其纳入医保支付范围），极大地推动了策格疗法的传承和推广。

（二）蒙古马保护等保种繁育工作有序推进

目前，锡林郭勒盟正在承担自治区农牧厅下达的4500匹蒙古马保

护任务（2018—2022年），加强蒙古马核心群建设，对蒙古马保种核心群的基础母马进行鉴定和整群。对鉴定合格的基础母马植入电子芯片、登记造册和建立档案。据了解，纳入保护项目的每匹合格基础母马将获得每年1000元的补贴。

同时，锡林郭勒盟在东乌珠穆沁旗建立蒙古马种质资源保护场，通过选购基础优质种母马、优质种公马，建立蒙古马保种核心群和核心保护区。目前正在开展蒙古马品种资源普查、鉴定、登记工作，并植入电子芯片，建立蒙古马个体档案。

（三）马业人才培养与行业组织建设初见成效

在人才培养方面，一方面锡林郭勒职业学院设立马术学院，专门培养掌握马术运动知识、竞赛与管理知识，具备马术运动技能及运动指导、马匹管理能力的高素质技能型人才，同时与内蒙古中蕴马产业集团等企业建立合作培养项目，与锡林浩特马都核心区共同打造大型情景剧《蒙古马》等；另一方面，企业与高等院校的合作得到加强，内蒙古中蕴马产业集团、阿巴嘎照富经贸有限公司等企业与中国农业大学、内蒙古农业大学等高等院校建立研发攻关合作关系，充分利用高等院校人才优势。

在行业组织建设方面，截至2018年，锡林郭勒盟已组织成立马业协会（合作社）98个，协会会员3526人，其中农牧民马业协会（合作社）78个、马奶协会（合作社）9个，各类马业人才1771名，并围绕马都核心区成立了宾迪丽雅马术俱乐部、铁骑马术俱乐部等若干专业马术俱乐部。

二、现代马产业发展面临的主要矛盾和问题

（一）牧民的养马积极性有待提高

牧民是育马业和马文化传承的主体，是马产业链条中最低端的生产者。从调查情况看，受饲养投入产出比低等多重因素影响，牧民的养马积极性并不高。如1匹马驹的市场售价仅为3000多元，还不及1头

牛犊售价的一半。在严格的草畜平衡制度下，养马挤占养羊的生态指标，按目前1匹马折算为6只羊的标准，如果多养10匹马，就必须少养60只羊。在我们调研的传统马业大盟锡林郭勒盟，基层干部和牧民普遍反映养马不挣钱。近年来，阿巴嘎旗的黑马存栏明显下降。

（二）马产品缺少行业标准

我区马产品的生产、加工和销售已形成一定规模和市场。然而，包括策格在内的马产品还没有统一的行业标准和市场规范，生产工艺、出厂标准、市场流通、检验检疫等食品行业所必需的关键环节上依然存在不统一、不规范等问题。此外，奶源的检验检疫、储存、运输环节及马饲料的配方等多个领域尚未制定统一的行业规范和国家标准。

（三）政策扶持和资金投入不足

我国现代马产业属于新型朝阳产业，具有投入高、周期长、范围广等特点，市场化运作需要相关企业及专业合作社投入巨大的人力、财力、物力，企业和合作社在基础建设、生产运营、市场推广等方面依然需要政府部门的政策和资金上的扶持。但当前除了少数企业，大部分小微企业和牧民合作社很难得到足够支持。在农牧民层面上，现有的保种补贴等政策覆盖面窄、补贴额度较低，使牧民对产业发展持观望态度。

（四）市场推广和宣传力度不够

作为一项新兴产业，现代马产业的市场认可度和群众关注度、参与度都很低。大多数人对马产业、马文化等相关内容了解不深，尤其对马产品的品质、功效等还十分陌生。这对整体产业链的快速发展和相关产品的市场推广、品牌建设均不利。但当前媒体推广、广告宣传、市场开拓等方面的工作相对滞后，相关行业部门对发展马产业重要性的认识不到位。

（五）产品马业科技支撑不力

当前的马奶产品尚处于商品化、产业化初级阶段，生产规模小、产品档次低，多以小规模生产为主。以锡林郭勒盟最大的一家酸马奶

（策格）生产企业为例，2018年生产量仅为57吨。生产工艺、科技含量、品牌效益等尚未发展成熟，尤其在产品研发、工艺创新等方面缺乏科技支撑。马肉、马奶的深加工及孕马尿雌激素、孕马血清等生物制品研发和利用方面缺乏成熟的技术和市场化运作。虽然部分企业与高等院校已建立合作关系，但仍没有形成真正意义上的校企联合的研发团队。

（六）产业融合度和附加值不高

目前，现代马产业的产品研发及品牌建设，没能与民族文化传承、旅游资源开发、地域特色产业发展等做到深度结合，致使马产业难以实现与相关产业的融合发展，也很难体现其综合价值。赛马赛事、国际交流、人才培养、休闲娱乐、马文化的传播等高附加值产业尚处在起步阶段。

三、几点建议

（一）加强规划引领和政策法规保障

内蒙古有条件也应该把现代马产业培育成为特色优势产业。政府应积极营造良好的发展环境，大力推动科学养马、一二三产业融合、全产业链推进，提高产业链水平。现代马产业是一个新兴综合性产业，需要加强相关规划和政策法规的引导扶持。马产业发展和相关重大项目应纳入国民经济和社会发展规划，同时尽快制订自治区现代马产业专项规划。按照全产业链发展的内在要求，就马匹品种保护、繁育、训练、参赛、拍卖、产品开发、饲草料种植加工、民族马具服饰生产、民族文化旅游等方面，及时出台扶持政策，制定和完善相关法律法规。

（二）加快推进蒙古马保种工作

加大政府专项投入，扎实推进蒙古马保种工作。对尚未纳入保护项目的基础群，应做好登记造册工作，准确掌握我区蒙古马的基础数据，为下一步鉴定、建档工作打好基础。同时，在锡林郭勒盟加快推进蒙古马基因库建设，把握好蒙古马提纯复壮和品种培育改良的协调关系。

（三）尽早制定马产品地方标准

作为马业大区，内蒙古马产品标准化建设远远落后于相关省区。自治区应尽快制定地方标准，推动出台行业标准和国家标准，为组织生产、质量检验、市场推广提供依据。同时，还要积极申报注册地理标志产品和地理标志保护产品。

（四）提高马产业科技支撑水平

依托重点高校和科研院所等教学科研推广单位，加大马品种保护繁育、饲料营养、疫病防治及科学技术成果转化方面的工作力度。构建企业、科研推广机构及专业院校紧密结合的科研平台。加强马属动物疫情预警预报，支持马匹专门医疗机构发展。整合地方兽医队伍，配齐专业医疗设备，培养和建立全科马兽医临床诊疗队伍，提高兽医水平，为养马提供有效的技术指导服务。完善马匹检验检疫机制，为马匹跨区域流动开设绿色通道。依托高校和科研院所，建设科研实践基地，建立实验室，使其成为高层次人才创新创业的重要载体，加大专业人才培养力度。加快建设数据平台，打造人、马、技一体发展的数据载体。

（五）加快提高现代马产业链水平

现代马产业既涉及畜牧业，又涉及马产品、马文化商品等加工业，还涉及马赛事、马运动、马休闲、马研学、马交易等诸多服务业。要加快推动现代马产业全产业链发展，选择具有产业集群发展区位优势、市场优势、产业聚集优势的区域，集中投入，重点打造，加快突破，以点带面，推进现代马产业集中集聚集群式发展。务实推进马产业与文化旅游休闲产业的深度融合，在产业用地、基础设施建设、旅游产品推介等方面予以资金和政策支持，努力打造蒙古马文化旅游核心聚集区、主题景观带（马道）等，重点增强"中国马都"等品牌效应。着力提高赛马赛事举办水平，提升全方位配套服务能力。

（六）加强现代马产业的宣传推广和国际交流

在有条件的地区，通过举办策格文化节、马产品推介会等专业会展，做好马产品推广和宣介工作，让更多的消费者了解、接受、喜欢马产品及马主题文创产品，主动培育消费市场。建设群众身边的马术场馆、马术公园、马术小镇、马术基地等，推动马术运动的均衡普及和广泛发展。加强与现代马产业发达国家和地区的交流与合作，促进马产业发展标准、制度等与国际接轨。

作者单位：包思勤　内蒙古自治区社会科学院
　　　　　文　明　内蒙古自治区社会科学院牧区发展研究所
　　　　　其其格　内蒙古自治区社会科学院经济研究所

乡村振兴战略下持续增强脱贫内生动力问题调查研究

双 宝 武振国 苏 文 史主生 党敏恺

摘要：贫困地区和贫困人口既是脱贫攻坚的对象，更是脱贫致富的主体。扶贫不能扶懒、养懒、助懒，要坚持输血和造血相结合，提振贫困户信心决心，提升贫困户能力素质，同时健全社会支持网络，使脱贫内生动力有势可依、有力可借、有基可立，让贫困群众脱贫致富奔小康，赢在自我发展能力上。

关键词：贫困地区；内生动力；社会网络；脱贫致富

让贫困人口和贫困地区同全国一道进入全面小康社会是我们党的庄严承诺。经过六年精准扶贫、三年脱贫攻坚，这场硬仗已进入一手抓剩余贫困人口的减贫，一手抓已脱贫人口的巩固提升，"两手抓，两手都要硬"的关键阶段。2018年和2019年全国两会期间，习近平总书记在参加内蒙古代表团审议时，反复要求自治区打好脱贫攻坚战，特别是在2018年参加十三届全国人大一次会议内蒙古代表团审议时，对内蒙古提出了扎实推进脱贫攻坚的明确要求，为我们继续完成剩余贫困人口脱贫问题、不断巩固脱贫攻坚成果提供了根本遵循。牢记总书记嘱托，贯彻总书记重要讲话精神，解决"两不愁三保障"突出问题，必须坚持输血和造血相结合，鼓励"弱鸟先飞"，注重调动贫困群众脱贫致富的积极性、主动性和创造性，注重激发贫困地区和贫困群众脱贫致富的内在活力，注重培育贫困群众发展生产和务工经商的基本技能，引导和教育广大贫困群众脱贫致富奔小康，赢在自我发展能力上。

一、脱贫内生动力不足的表现与影响因素

（一）陈规陋习积重难返，贫困思维扼杀了内生动力的萌芽基础

内蒙古15个深度贫困旗县中，部分旗县集山老区、民族牧区、边境地区不同属性于一体，普遍具有地处偏远、生存条件恶劣的特点，发展落后、闭塞，长期与外界隔绝，囿于贫困之中。部分贫困人口受贫困环境的侵蚀，对贫困已经麻木，安于现状，一些消极的风俗习惯不同程度存在，婚丧嫁娶讲排场、搞攀比，贷款举债、人情消费的问题突出，对脱贫政策和帮扶缺乏积极认识，通过借力奋斗改善家庭生活的意识薄弱。再加上脱贫攻坚以来，政府输血式扶助为贫困农牧民提供了基本的生存资料，旱涝保收的生活状态致使部分贫困户形成安于当贫困户、乐于享受政府救济和扶持的贫困思维，进一步抑制了贫困农牧民主动脱贫致富自觉意识的萌芽。

（二）因病致贫返贫形势严峻，身体残弱阻碍了内生动力的发展意愿

农村牧区深度贫困家庭中缺乏劳动能力的老弱病残特殊群体占比持续加大，建档立卡贫困户中，低保贫困户和五保贫困户分别占到50.59%和2.5%，贫困人口中长期慢性病人群占26.68%、大病人群占8.29%、残疾人群占10.21%，该部分贫困人口很多都不具备自我发展能力和条件，无业可扶或没有产业能带动，面临"脱贫不解困""照看一个人，拖累一群人"等诸多困难。目前因病致贫返贫形势严峻，数据显示，因病致贫是贫困家庭致贫的最主要因素，全区建档立卡贫困人口中，因病致贫人口占比高达53.6%，减贫成本高、脱贫难度大、返贫风险高等诸多问题无法回避。而重大疾病、重度残疾、一户多残、以老养残的贫困家庭脱贫解困矛盾更加突出，脱贫内生动力的愿望完全湮没在矛盾中，亟须以更加精准的帮扶措施，加快培育内生动力。

（三）贫困农牧民受教育水平偏低，技术与能力不足抑制了内生动力的有效激发

内蒙古贫困旗县教育发展落后，群众文化水平低，人口受教育年限远低于全区平均水平。全区不含在校生和学龄前儿童贫困人口共30.11万人，受教育程度在小学及以下的贫困人口共20.02万人，占比高达66.5%，其中文盲半文盲占比10.79%。贫困户整体受教育水平偏低，限制了贫困人口的认知能力和自我发展能力。此外，在农村老龄化、空心化趋势下，贫困户中有脱贫技术和致富能力的非常少，自我发展能力不足，且后期技术培训不容乐观，缺少风险意识和市场意识，时有产业跟风扎堆、谷贱伤农等问题发生。从贫困户主要致贫原因和其他致贫原因分析，技术缺乏和自身发展力不足的分别占到11.47%和9.16%，本领与能力的欠缺使农牧民更加缺乏自我发展、自力更生的勇气和自信，进一步阻碍了脱贫内生动力的有效激发。

（四）基础服务设施建设滞后，发展环境不理想封闭了内生动力的成长空间

贫困地区是农村牧区生产生活条件最为孱弱的区域，尤其是深度贫困旗县农牧区科教卫生设施落后，乡村公路里程短、密度小等问题突出。深度贫困旗县每万人乡村人口享有2个卫生所；饮水困难户、无安全饮水户、未通生活用电户和住房是危房户比重占到全区困难户总数的50%以上；公路里程共计27852千米，公路网密度16.32千米/百平方千米，比全区旗县区公路网密度低了13%，部分旗县山路崎岖，与外界互联互通严重不足。而且，内蒙古贫困旗县分布着山地、丘陵、草原、沙漠、戈壁等多种地形，气候复杂多样，旱灾雪灾频发。从致贫原因数据来看，全区因灾致贫12560户，占比7.37%，其中锡林郭勒盟因灾致贫占比高达34.52%。特别是阴山北麓地区，荒漠化面积占国土面积比重较高，土地风蚀沙化严重，生态整体功能脆弱，农牧业抵御自然灾害的能力较弱。大兴安岭南麓处于农耕区向畜牧区过渡区域，地形高低起伏大，不利于耕作，水土流失严重，贫困人口生存发

展环境不理想。

二、健全并增强脱贫内生动力社会支持网络

（一）加大政策倾斜力度，让脱贫内生动力有势可依

政策与社会支持网络之间存在着紧密联系，适度的政策倾斜有利于贫困地区在短期内完善社会支持网络，从而为增强脱贫内生动力提供基本支撑。针对贫困地区基础设施与公共服务薄弱问题，要落实好中央关于稳定脱贫攻坚政策的要求，立足"三位一体"的大扶贫格局，继续加大财政和金融资金对深度贫困地区的支持力度。优先提高对学校、医院卫生室、水电路和通信设备的投入，实现义务教育、基本医疗、住房安全、饮水安全、生产用电等方面的"清零达标"，以满足群众生产和生活需要，适应现代化的发展形势。

（二）培育壮大扶贫产业，让脱贫内生动力有力可借

扶贫扶长远，长远看产业。要以因地制宜为主线，重点构建绿色和特色扶贫产业体系，通过农村牧区一、二、三产业深度融合，延伸扶贫产业链和价值链，完善利益联结机制，实现贫困人口稳定就业和持续增收。提高扶贫产业组织化水平，精准对接市场和技术，培育"生态+""集体经济+""旅游+"等新业态，推进生态扶贫、消费扶贫、电商扶贫、旅游扶贫和农牧业保险扶贫，增强产业带贫减贫效果。积极推行土地托管、牲畜托养、耕地草场经营权入股等方式，帮助空巢老人家庭、缺乏劳动力的贫困户分享产业扶贫红利。

（三）加强基层组织建设，让脱贫内生动力有基可立

基层党组织是党的全部工作和战斗力的基础，直接决定联系服务群众"最后一公里"是否畅通。切实做好"抓党建促扶贫"工作，推广新时代"枫桥经验"，以标准化、规范化建设作为基层党建工作的重要抓手，注重精气神、作风、效能的"软建设"，运用信息化手段提高党在基层的治理能力与服务群众能力。同时，要强化党建富民强村的引擎作用，加强资金、政策、项目等"硬落实"，构建以贫困村

党组织为核心,产业基地、龙头企业、合作组织等为支撑的"一核多元"的经济组织体系,为脱贫内生动力提供基层组织保障。

(四)突出扶志扶智相结合,让脱贫内生动力由内而生

建立扶贫扶志扶智的长效机制,大力推进自治、法治、德治相融合,开展文明创建和移风易俗活动,提高贫困群体思想文化素质,树立新时代新乡风、新民风、新家风,积极探索治理空心村的新途径和新模式。做实教育扶贫,注重发挥教育切断代际贫困的功能与作用,加大对贫困地区学前教育、义务教育、职业教育的校舍、师资、教学设备等的投入力度,构建"不要让孩子输在起跑线上"和"努力让每个人都有人生出彩机会"的社会支持网络。

三、相关政策建议

(一)制订出台增强脱贫内生动力行动方案

增强脱贫内生动力并非一蹴而就,需久久为功。建议自治区制订出台增强脱贫内生动力行动方案,从全局和长远的高度明确各级政府的目标、任务和责任,强化群众脱贫主体意识和作用,为如期完成脱贫攻坚任务和乡村振兴提供精神动力和内生力量。

(二)针对贫困户特征差异分类施策

在对贫困户基本情况进行精准摸底的基础上,因人因户施策。面向有劳动力且脱贫愿望强的贫困户,优先开展技能培训,通过资金、项目、就业支持,使他们如期摆脱贫困。对有劳动能力但脱贫愿望不强的贫困户,要在扶持上进行严格控制,通过引导和教育,改变他们想不劳而获的观念,督促其学一技之长,助推物质、精神双脱贫。将无劳动能力的残疾人、孤寡老人、长期患病户列为重点保障户,通过盘活其土地、草场等存量资源和低保兜底解决。对因病因学致贫户,加大综合扶持力度,帮助他们渡过难关。针对返贫和新发生贫困人口予以及时帮扶,防止畸重畸轻、顾此失彼。

（三）转变单方帮扶为帮扶、自主、参与并重

以提供环境和工具为导向，创新扶贫方式，多采取以工代赈、生产奖补、劳务补助以及消费扶贫店、爱心公益超市、孝扶共助等参与式帮扶措施，把扶持更多地转化为对贫困人口的激励，让扶贫福利变成脱贫红利，使内生动力更具可持续性。

（四）营造自力更生、勤俭节约、脱贫光荣的良好氛围

讲好脱贫攻坚故事，用身边人、身边事示范带动贫困群众的同时，引导贫困嘎查村党支部修订完善村规民约，破除陈规陋习，鼓励简化婚丧仪式，防止因婚丧致贫返贫。把扶贫领域诚信纳入信用监管体系，将懒贫、不履行赡养义务、虚报冒领扶贫资金、严重违反公序良俗等行为人员列入失信名单，相应减少其享受的优惠和资助。

（五）改变困难群众应对生活的固有思维方式

改变贫困户"习惯穷""争当穷""等靠要"等应对生活的固有思维方式，通过办讲习堂、评优树模、草原轻骑兵综合服务等赋能活动，加强思想、文化、道德、法律、感恩教育，补齐贫困群众的"精神短板"和"技能短板"，分阶段、分步骤、有侧重地引导贫困群众，让他们在改变的路上先迈出小小的一步，获得一次小小的新体验，让每一次的小体验成为下一次改变的基础，积跬步致千里。

作者单位：双　宝　　内蒙古自治区社会科学院社会学研究所
　　　　　武振国　　内蒙古自治区社会科学院科研组织处
　　　　　苏　文　　内蒙古自治区社会科学院公共管理研究所
　　　　　史主生　　内蒙古自治区社会科学院城市发展研究所
　　　　　党敏恺　　内蒙古自治区社会科学院社会学研究所

牧区发展中亟待解决的几个问题调查[1]
——以呼伦贝尔市牧区为例

额尔敦乌日图　图　雅　花　蕊

摘要："内蒙古社会科规划重大项目"内蒙古社会科学院课题组于2018年7月末赴呼伦贝尔市新巴尔虎旗、陈巴尔虎旗、鄂温克族自治旗，通过牧区田野调查，总结了当地牧民生产生活以及牧区社会管理中突出存在的牧民潜在贫困、专业合作社管理低效、牧区基层多头管理等问题，进行了成因分析并提出相应对策。

关键词：呼伦贝尔市；牧区；债款攀升；牧民专业合作社

课题组于2018年7月末赴呼伦贝尔市新巴尔虎右旗、陈巴尔虎旗、鄂温克族自治旗，围绕牧民生产生活问题进行为期2周的调研。通过走访一线牧民、合作社相关人员、贫困户，与农牧业局、扶贫办等部门座谈讨论，较全面地了解了牧区整体发展情况，下面围绕3个主要问题进行分析。

一、牧民潜在贫困问题较突出

调查中发现牧民债务问题较为严重。走访的牧户中只有1户没有贷款，其余牧户都有贷款。其中，贷款额度最少的5万元，最多的20万元，多数牧户贷款10万～20万元。

---

[1] 本文系内蒙古社科规划重大项目"农业供给侧结构调整改革背景下内蒙古农牧业面临的主要问题与提质增效绿色发展研究"项目（项目批准号：2018ZGH003）阶段性研究成果。

陈巴尔虎旗某嘎查书记对我们说:"全嘎查有70多户牧民,其中80%~90%的牧户有贷款。2018年,全嘎查牧户贷款合计约1000万元。然而在2010年左右,多数牧户都没有贷款,当时全嘎查贷款加起来70万元都不到。现在比当时高出10倍以上。周围几个嘎查的情况也和我们嘎查基本一样。因为贷款多了,一部分牧民已经麻木不仁,只要有地方贷款,他们就不计后果地贷款,从来不考虑还款的问题。"

调研组走访牧户时,每家每户拥有几百只绵羊、几十头牛,甚至有的家门口还停着小轿车,看似生活很富裕。不过交谈后发现,这些牧户实际上背负着巨额债务,而债务不是越来越减少,而是越来越增加,部分牧民已经到了"拆东墙补西墙"的地步。如果资金链断裂,资不抵债,生产瘫痪,很可能会出现新的贫困户。

下面分析2017年2户牧民家庭收支及债务情况。

A户收支及债务情况:

牲畜头数:牛21头、马4匹、羊168只、山羊30只。

债务累计:50000元。

总收入:出售牛犊收入6500元/头×14头=91000元;出售羔羊收入490元/只×100只=49000元;羊绒收入160元/千克×1.4千克/只×30只=1680元;跑出租车收入60000元;各种补贴收入13000元。总收入214680元。

总支出:打草、雇佣人工费等生产费用15000元;生活费用(吃穿、礼金等)20000元;全家通信费用6000元;房屋维修费用25000元;子女教育费用15000元;出租车费用及家人交通费用40000元;购买小轿车费用116000元。总支出237000元。

纯收入:214680元-237000元=-22320元。一年亏损22320元,无法偿还50000元的贷款。

B户收支及债务情况:

牲畜头数:牛85头、马15匹、羊78只。

债务累计:120000元。

总收入：出售活畜收入150000元；各种补贴18000元。总收入168000元。

总支出：购买草料、精饲料费用50000元；雇佣人工费用45000元；交通费用7000元；生活费用（吃穿、礼金、通信、看病支出等）30000元。总支出132000元。

纯收入：168000元－132000元＝36000元。无法偿还120000元的贷款。

债务增加的原因如下：

一是畜产品价格下降，导致牧民投资损失严重。活畜价格下降是牧民债务增加的最主要原因之一。牧民为了高额投资回报，在羊价高位时举债购买牲畜扩大生产，然而好景不长，2014年开始，活羊出售价格连续几年下跌，牧民资产大幅缩水，一时无法还清贷款，背负沉重的债务。

二是饲养成本增加。随着生态环境政策的实施，畜牧业生产方式逐渐向轮牧、半舍饲转变。半舍饲主要用草料和饲料来喂养，与传统自然放牧畜牧业相比饲养成本大幅度增加。另外，牧区家庭劳动力短缺，常年雇佣劳动力的费用高，从而也增加了生产成本。

三是传统消费意识被改变。随着牧区市场的逐渐开放，原有的自给自足的生产生活方式彻底被改变，牧民所需的生活用品几乎全部从市场购买。因畜牧业收入的季节性与消费品的常年性不同步，因而牧民不得不借贷消费。另外，一些牧民因受攀比心理影响，贷款购买奢侈品，从而欠下巨额债务。

四是使用资本的成本增加。牧区金融机构贷款利息普遍较高。牧区多数贷款为一年周期，到期还本付息。贷款到期时，牧民为了还款，不管羊价是否合理，基本都要出售还贷，甚至部分牧民借高利贷还贷，再从金融机构贷款还高利贷，这样的恶性循环导致牧民利用资本的成本增加。

目前，债务问题已经成为牧民返贫的"定时炸弹"，各级政府应高度重视，多措并举，阻止债务问题蔓延。

二、牧民专业合作社数量众多 经营效果不佳

自2007年《中华人民共和国农民专业合作社法》颁布以来，牧区合作社数量迅速增加。截至2017年，陈巴尔虎旗、新巴尔虎右旗、鄂温克族自治旗合作社数量分别达到183家、150家和538家。在实地调查中发现，3个牧业旗的871家合作社中正常运转的合作社为数不多，绝大多数合作社只是在工商管理部门登记注册，实际上根本没有开展工作。正常运转的合作社也存在社员松散、合作单一、资金短缺、管理混乱、利益分配不公等许多问题，与合作社的规范标准差距较大。虽然运转较好的合作社发挥了降低生产成本、增加规模效益的作用，但是整体发展状况不容乐观。其主要原因如下：

一是建立合作社的目的不纯。绝大多数合作社建社初期就是为了套取项目资金，根本没有科学规划未来发展。成立时积极申报项目，如果申请下来项目，合作社围绕项目能够正常经营几年；假如没有申请到项目，合作社就无法运转。

二是发起人获得的利益更多，无法调动合作社其他社员的积极性。目前，合作社发起人基本都是理事长，注册地址也多在理事长的草场上。假如获得项目支持（项目基本是以基础建设为主），也都建在理事长的草场上。如果合作社解散，受益的多是理事长，其他社员获得的利益并不多。

三是人才短缺。合作社需要高素质的管理、会计、营销人才，多数牧民还不具备这样的素质和技能，影响合作社发展。

四是社员之间缺乏信任，部分管理人员缺少诚信。管理层与管理层之间、社员与管理层之间缺乏信任，在重大问题上意见不统一，影响效率。有的管理人员借助合作社的名义使个人受益，辜负社员的信任，损害合作基础。

五是牧区畜牧业专业合作社的优越性尚未显现出来，部分牧民不

愿意参加合作社。

加快推进牧民专业合作社发展，应注意以下几点：

一是要注重市场规律。合作与否由牧民和市场自主选择。在多种经营模式并存的牧区，提倡和扶持优势并不明显的合作社，会导致拔苗助长的后果。所以要用市场引导合作，用合作促进发展。

二是在培养人才上下功夫。借助乡村振兴战略，出台一些积极政策，鼓励牧区毕业生返乡创业，参与合作社建设。同时对合作社社员进行培训，提高其经营管理合作水平。

三是改变合作社扶持方式，盘活合作社内部资金，增强流动性。目前，合作社的扶持项目仍然停留在基础建设层面，这种扶持已不符合牧区实际。通过多年基础设施建设，牧民生产设备基本更新完善，因而应减少设施建设投入，以贷款或银行贴息贷款的方式扶持，促进合作社资金流动。

三、多头管理导致基层负担增加

课题组在调研中与嘎查领导交谈时了解到，目前牧区基层管理中存在很多问题，主要有以下几点：

一是牧区嘎查领导层工作负担加重，扶贫、生态保护及各种项目下达等工作都由嘎查领导一一部署完成。

二是各种调查组、督察组、检查组频繁下牧区，既增加了基层工作量，又增加了基层的经济负担；因为不了解牧区情况，往往提出一些不符合实际的意见，给基层执行工作增加难度。

三是基层不同程度地存在形式主义现象，以会议落实工作、以报表来完成工作的现象较为普遍。

牧区嘎查是一个生产生活区域，包括嘎查领导在内的所有人都亲自参加畜牧业生产活动，因此上层过多地干预牧区基层工作，自然增加嘎查和牧民的负担。

针对以上问题应采取以下办法：

一是要统筹管理工作，从多头管理向一个部门专管转移。减少多个部门对牧区嘎查的管理，统筹部署集中到专管部门，协调嘎查各项工作。

二是减少嘎查的各项会议，简化各项考核办法。有必要的会议和考核事项集中到专管部门统筹安排，防止多个部门多头管理。

三是应增加嘎查管理人员的待遇和活动经费。目前，嘎查长、书记等基层工作人员的工资补助普遍低，同时基层运转经费偏少。嘎查领导及工作人员都是一线生产者，嘎查工作繁重影响其生产经营，所以整体提高待遇是非常有必要的。另外，上级各种考察、督察给基层增加不少经济负担，需要适当增加嘎查活动经费额度，以保证嘎查各项工作的正常运转。

四是上级管理部门应提高责任与担当意识。牧区嘎查委员会是基层群众性自治组织，在基层管理层与牧民之间起着重要的联系作用。但是，嘎查委员会不是行政管理部门，不能完全代替管理部门的责任与义务。目前，一些部门总把责任和义务转移到嘎查，从而增加了嘎查委员会的负担。如今嘎查文件多、会议多就是其具体表现，今后应杜绝类似做法。上级管理部门要明确自身的权力和责任，提升担当意识。

总之，上述问题是影响牧区未来发展的棘手问题，也是综合性问题，应跳出牧区，在更大的系统内化解这些矛盾和问题，加快推动牧区又好又快发展。

作者：额尔敦乌日图系内蒙古自治区社会科学院城市发展研究所研究员、副所长

图雅系内蒙古自治区社会科学院牧区发展研究所研究员、所长

花蕊系内蒙古社会科学院牧区发展研究所副研究员

锡林郭勒盟部分旗草原生态补奖政策实施情况调查[1]

文明 永海

摘要：中央自2011年启动草原生态保护补助奖励政策近10年，在草原生态恢复与改善、草原畜牧业结构调整与基础设施改善以及牧民收入提高等方面产生了积极影响。然而，从实地调研情况看，草畜平衡标准的制定与实施、禁牧区牧民生产生活的政策扶持、补奖政策未来预期等方面存在诸多问题。在第二轮草原生态保护补助奖励政策即将到期之际，应进一步完善草畜平衡制度，适度提高政策弹性，探索草原生态补偿机制和牧民收入补贴政策相配套的政策方案。

关键词：草畜平衡；禁牧区牧民；政策弹性；牧民收入补贴

草原生态保护补助奖励政策（以下简称"草原生态补奖政策"）实施近10年以来，给草原生态保护、草原畜牧业结构调整及当地牧民生活改善等带来了一定的预期效果。锡林郭勒盟作为我区重要的草原牧区，自2011年起按照中央和自治区统一安排部署，全面落实国家草原生态补奖政策，并从2018年起实施为期1个月的春季休牧。从政策实施效果来看，草原生态得到明显改善，草原畜牧业产业结构得以调整，牧民的生产生活得到一定改善，其组织化程度有所提高。然而，政策实施过程中也存在着一些问题和不足。为此，调研组分别于2019年6月、8月赴锡林郭勒盟东乌珠穆沁旗、锡林浩特市、正蓝旗等旗

---

[1] 本文系国家社科基金一般项目（项目批准号：17BMZ081）、内蒙古自治区社科规划重大项目（项目批准号：2018ZGH003）阶段性研究成果。

市，采取个别访谈、入户调查、实地考察等方式，听取基层干部及牧民的意见，并提出一些建议。

一、调研区域草原生态补奖政策实施过程中出现的问题和不足

（一）现行草畜平衡标准与基层工作者、牧民的期望值差距较大

比如，东乌珠穆沁旗草畜平衡标准是暖季12.87亩/羊单位，冷季30.10亩/羊单位。即承包草场面积为1287亩的一户牧民，暖季可以饲养100只羊，而到了冷季只能养43只，须出栏57只。然而，牧民的出栏率很难达到这么高。而且按照乌珠穆沁羊的繁殖率匡算，在不计入外调基础母羊的前提下，第二年暖季牧户羊群规模难以达到100只左右。要保持100只左右的暖季存栏，冬季存栏必须保持在50只以上，于是牧民或购置大量饲草料，或春季外调基础母羊，使养畜成本大幅上涨。对此，受访者认为，现行草畜平衡标准稍有偏高，而且冬季标准的确定缺乏合理性。同时，为了促进畜种结构调整，也有改良畜草畜平衡标准低于本地品种的做法。如一头本地牛按5个羊单位计算草畜平衡标准的话，一头改良牛可计算为2个或3个羊单位。显然，这种做法给牲畜品种保护、草原生态保护难以带来积极作用。

（二）春季休牧普遍受到牧民认可，但休牧补贴仍较低，牧民养畜成本增加明显

自2018年恢复春季休牧措施，并按0.75元/亩·月的标准提供补贴。牧民反映，春季休牧对牧草返青确有好处，尤其在干旱年份。部分牧民还表示自己有些年份也会自觉休牧。然而，与因休牧而增加的成本相比，补贴显得相对较低。据牧民测算，保证牲畜休牧期间不掉膘，每天至少要喂养1千克草和0.25千克饲料。如果按饲草1元/千克（实际1.0元/千克～1.4元/千克）、饲料1.6元/千克（实际1.6元/千克～2.0元/千克）匡算，一只羊一天的饲养成本约为1.4元，一个月一只羊的饲养成本至少42元。按冷季载畜量标准计算，30亩/羊单位，其补贴为22.5元/月·只，支出与补贴差额在19.5元以上，补贴金额不足以补

偿牧民因休牧而增加的草料成本（30元/月·只）。同时，牧民反映，春季休牧应该给牲畜留出足够的活动空间，以便有效防止牲畜疫病，有利于保膘，也可防止圈养区域的严重退化。

（三）禁牧区牧民生产生活仍然比较困难

据访谈了解到，草场被划入禁牧区后，牧民去向大致可分为3种。一部分人（占30%~50%）因无其他生存技能，只能留守在牧区从事畜牧业生产。这部分人主要以异地租用草场放牧养畜为主，即禁牧区的牧民拿9元/亩·年的禁牧补贴去租用8元/亩·年~10元/亩·年的草场。如果加上来回搬迁费用及新租用草场的临时基础设施建设和管护费用、原承包草场上的基础设施损耗等，这部分牧民往往入不敷出。另一部分人（约占30%）也因上述原因徘徊于牧区与城镇之间，以打零工、卖牧草为生。他们一般在建筑工地、环卫岗位、服务行业（如在饭店洗碗、打扫卫生）就业，或在牧区当羊倌、做零工。因为禁牧草场可以适当打草，他们还有一些卖牧草的收入。这部分人如果勤奋，收入尚可，但居无定所，就业无保障。还有一部分人（约30%或更少）在城镇就业创业，如开车（货车或出租车）及经营民族服装定制店、餐馆、民族手工艺品店等，就业相对稳定。然而，相比城镇居民、自愿进城务工者、大中专毕业生、高校毕业生等，禁牧后进城牧民的再就业压力更大，工作更不稳定，甚至有些人真正成为"坐吃禁牧补贴者"，缺乏上进心。

（四）不合理的打草行为给草原生态保护埋下隐患

近年来，由于牧草供需不平衡，牧草价格不菲，打草行为也从牧民自给自足的生产活动逐步转向市场，一部分人（包括企业）从牧民手中租赁草场，专门经营牧草买卖，使打草行为商业化。为了规范打草行为，锡林郭勒盟及各旗县先后出台《锡林郭勒盟关于加强天然打草场保护利用的指导意见》《东乌珠穆沁旗打草贮草管理办法》等规范性文件，每年也会发布做好天然打草场保护管理的公告。然而受到利益驱动，提前打草、不留茬超低打草、不遵守轮刈制度连续打草、过度搂耙等掠夺式生产经营行为屡禁不止，造成打草场退化、植物物种减少等严重后果。

（五）监督环节积压较多问题，影响政策实施效果

由于监管部门在职人数有限，即使加上临时雇佣的草原生态管护人员，往往是三四个人负责100万亩以上草原的监管工作，导致监管工作不到位等问题。其中比较突出的问题如下：

一是对禁牧户、草畜平衡户的监管不到位，即使监管部门的工作人员到现场发现禁牧区放牧或草畜平衡区超载问题，但处理不当容易引起干群矛盾，造成负面影响，或是政策难以落实，政策效果大打折扣。

二是禁牧区经常有非牧业人口采挖草药、抓捕野生鸟类等违法行为发生，但草原监管部门执法难度较大，导致牧民草场遭到严重破坏。相关法律法规虽有禁止乱采滥挖植物、禁止抓捕百灵鸟等明确规定并列出相应的处罚标准。但随着天然野生黄芪、防风等草药价格上涨，以及野生动植物资源匮乏，相比违法成本，这部分人的非法利润暴增。同时监管部门监管面积大、人员少、设备落后等原因，使其管控成本较高。据基层干部反映，曾因抓获、驱赶采挖草药违法分子，发生过监管部门车翻人伤等事故。

（六）部分牧民对草原生态补奖政策的未来走向缺乏预期，并对区域内出现的一些生态问题表示担忧

一些禁牧区牧户普遍关心禁牧政策是否仍然延续、未来5年是否可以放牧、草场上的房屋棚圈设施修缮管护，等等。而草畜平衡户则更关心草场建设和畜牧业基础设施的投资预期等问题。另外，部分基层干部及牧民对因乌拉盖河断流而导致的乌拉盖湿地消退，甚至影响整个流域、整个乌珠穆沁草原生态的问题，以及因不合理打草行为导致的草场退化、植物物种减少等问题表示担忧。

二、相关建议

（一）合理测定草畜平衡标准，适当完善核查方式方法

在确定草畜平衡标准时，地域范围应更加精细化和合理化，可适度缩小，完善单一的以行政区划为依据的划定标准。草畜平衡标准的确定在以科学数据为依据的同时，应适当听取和采纳当地牧民的本土性经验和数据。在标准执行和验收中，应以牧户所经营草场的生态状况为主要依据，而非以单一牲畜头数为主要依据。具体实施中，可以确定一个区间度和时间表，与草畜平衡奖励政策配套使用，比如3~5年为一个监测周期，期末在对牧户所经营草牧场的生态变化情况进行监测的基础上，发放部分草畜平衡奖励。草畜平衡标准为牧户提供一个准绳，牧户实际养畜规模根据年景、经验、饲草储备可以上下浮动。当然，浮动的上下值也应在区间度（最大值应小于该地区草地生态阈值）内。

不建议以结构调整之名，对草畜平衡标准的实施打折扣，对草原畜牧业的本质特征打折扣，而应在生态优先和保证区域特色双重前提下发展质量型草原畜牧业。

（二）增强春季休牧的灵活性，适当提高休牧补贴

春季休牧的合理性、实效性已得到牧民的认可。可根据前一年年景，合理确定当年春季休牧范围，而非草畜平衡区全境休牧。植被指数高的区域可自愿自行休牧，并将正常休牧补贴作为奖励资金；植被指数较低区域按要求休牧，提供休牧补贴。在未休牧和休牧区域之间进行适当调剂，提高补贴标准。

（三）对禁牧区牧户给予合理的心理预期并提供必要的政策保障

一方面，在政策实施过程中对禁牧区生态状况进行必要的监测，并根据监测结果给牧户提供一定的政策预期。比如，在现行政策延续的前提下，告知牧民该区域草场下一步被划入草畜平衡区或被划入禁牧区的可能性，并做好解释、引导工作。另一方面，对禁牧区牧户做

普查，掌握、分析其生产生活情况，并采取分类扶持措施。通过两轮政策实施，禁牧区牧户基本分化，为其提供差别化、针对性的扶持政策尤为重要。同时，还要做好禁牧区牧户的思想引导工作。

（四）进一步明确草原监护权限，补强草原监护工作队伍

一方面，应完善相关法律法规，进一步明确草原监督工作的权限范围，明确破坏草原植被、违反相关法律法规条款的法律责任，使得监管人员有法可依、依法监护、依法执法。从完善相关地方性法规入手，规范打草行为，并合理合法控制牧草外运行为，注重对干旱半干旱区水资源及物种的保护。另一方面，通过增加编制、借调公职人员、安排公益性岗位、聘请牧民管护员等形式增强草原监护力量。优先保障草原监护工作车辆、仪器设备等，适当提高外勤人员的工资待遇。

（五）下一轮草原生态补奖政策中可借鉴部分地区先行先试做法，可试行收入补贴和生态补偿的分置方法

比如，阿拉善左旗采取以人口为补贴对象的做法，消除承包草场面积大小、植被条件优劣的差距，保障了牧民收入的相对稳定；乌拉特后旗禁牧区采取留守户政策的做法，既照顾了没有能力、没有意愿离开牧区牧民的生计问题，又实现了牧民看护草场、恢复草原生态的目的；锡林郭勒盟对特殊生态功能区采取特殊的禁牧政策，在保障牧民生计的前提下，极大地改善了功能区的生态环境。总之，未来政策的设计和实施，既要重视政策对牧民收入的补贴作用，又要重视对草原生态的保护作用，可分别设置、配套实施。

作者单位：内蒙古自治区社会科学院牧区发展研究所

阿拉善地区岩画资源保护及研究利用存在的问题调查

杜 芳

摘要：内蒙古阿拉善地区得天独厚的岩画资源在中国乃至世界范围内具有特殊意义，其种类丰富，题材多样，品质一流，分布之广，密度之大，实属罕见，在地域文化历史研究及推动文化与旅游融合发展方面具有特殊意义。目前阿拉善岩画在资源保护中存在诸多亟待解决的问题，建议加大普查力度，摸清阿拉善岩画资源底数，加大立法和规划力度，编制实施岩画资源保护规划，进一步理顺岩画管理体制，积极向上争取项目支持，加大投入力度，引入先进技术，借鉴先进地区保护经验，全面提升阿拉善岩画资源保护水平。重视人才队伍建设，加强对外交流合作，全面提高阿拉善岩画资源系统性研究水平，以学术成果促进影响力提升，把阿拉善岩画打造成精品文化品牌。

关键词：岩画；阿拉善；保护利用；研究

内蒙古自治区是全国重点岩画分布地区，巴彦淖尔市、乌兰察布市、阿拉善盟等地均有大量岩画遗存。阿拉善盟的岩画不但在数量分布上居于全区前列，而且岩画资源风格独特、类型丰富，研究利用价值极高。

一、阿拉善地区岩画资源的基本情况

阿拉善盟全境目前共发现106处岩画点，5万余幅各类岩画。其中，阿拉善左旗有31处，共计2万余幅，主要分布在贺兰山西麓沿线、腾格里骆驼山一带、敖伦布拉格及罕乌拉地区、巴音诺尔公以南地区和银根等地；阿拉善右旗有72处，共计3万余幅，主要分布在曼德拉山及周边地区，雅布赖山脉、阿拉腾朝克地区，塔木素布拉格和阿拉腾敖包等地，统称为巴丹吉林沙漠岩画；额济纳旗有3处，共计50余幅，分布在达来库布镇温图高勒地区。在这些岩画遗存中，曼德拉山岩画、雅布赖山手印岩画、苏亥赛岩画、科学井岩画、巴彦浩特岩画等属于阿拉善岩画中的珍品，是阿拉善岩画的代表性作品。

曼德拉山岩画群位于阿拉善右旗曼德拉苏木境内。在18平方千米范围内分布着4000多幅岩画，分布密集且大部分集中在一条东西走向的山脊上，其中多幅岩画成为阿拉善乃至内蒙古岩画中的代表作和经典作品。有关专家对曼德拉山岩画的价值评价是"亚洲第一，世界第二"。岩画凿刻在栗黑色的玄武岩上，内容题材丰富，制作手法粗犷、自然、写实，善于以简单的线条描绘生动的形象和场景，内容涉及游牧、狩猎、舞蹈、祭祀、战争、娱乐、图腾崇拜、日月星辰、寺庙建筑、男女交媾、文字符号等，生动地记录了古代阿拉善地区经济文化、社会生活的形态和自然环境风貌。曼德拉山岩画堪称中国西北古代艺术的画廊，被著名岩画学者盖山林誉为"美术世界的活化石"。2013年，曼德拉山岩画被国务院列为全国重点文物保护单位。

雅布赖山手印岩画首次发现于1984年。目前，在雅布赖山共发现额勒森呼特勒、陶乃高勒等6处手印岩画洞窟，共发现可测量手印90枚。

手印岩画是一种世界性的岩画题材，也是所有岩画中最古老的一种形式。据有关资料记载，手印是原始人类最初产生的审美意识的形体化，是保留至今的人类最早的色彩图像。手印岩画是由制作者将赭石粉加上黏合剂及清水调制的液体颜料注入骨管中，之后把手贴于石壁，通过吹喷骨管，将颜料喷射在手和石壁上，将手移开，便形成洞壁上那些赭红色的阴文手印岩画。雅布赖手印岩画是我国现存最早的艺术品（在我国，最早的艺术，就是内蒙古雅布赖山洞中的手印岩画。——盖山林语），阿拉善右旗发现的洞窟手印岩画为国内仅有，十分珍贵。据有关专家和学者推断，雅布赖山洞窟手印岩画为旧石器时代作品，距今1.3万年，甚至更早。手印岩画在西班牙、法国和阿根廷亦有发现。

阿拉善右旗除了曼德拉山岩画，位于曼德拉苏木的苏亥赛岩画、夏拉木岩画、海日很岩画群，阿拉善左旗科学井岩画及腾格里经济开发区骆驼山岩画，均具有画面精美、题材丰富、分布密集、美学及科研价值高等特点。科学井岩画出现多幅制作精美的人面像，画面精致复杂，内涵丰富抽象，制作手法成熟独到，其复杂精美程度超过宁夏贺兰山东麓同一题材岩画。

二、阿拉善岩画资源保护利用亟待解决的问题

（一）受技术、资金、人力等因素制约，阿拉善岩画资源保护现状堪忧

对阿拉善岩画资源造成破坏的因素主要包括因风吹日晒雨水侵蚀造成的自然剥蚀，游人的滥刻乱画，文物贩子及"寻宝人"的偷盗行为以及矿山开发活动等。20世纪90年代，阿拉善岩画特别是知名的曼德拉山岩画曾遭到严重的人为破坏，令人扼腕叹息。阿拉善处于生态环境脆弱地区，风大、沙多、日照猛烈，对岩画保存产生很大影响，成为威胁阿拉善岩画资源保护最直接的环境因素。曼德拉山岩画自发现以来，始终处在长期风蚀、日晒、雨淋的自然环境下，造成石面剥蚀或脱落。同时，随着曼德拉山岩画知名度日益提高，采访拍摄的媒体和参观的游人日益增多，部分人随意踩踏、乱画乱刻甚至偷盗岩画，使岩画资源损失惨重。据粗略统计，自1989年以来，曼德拉山岩画流失数量2000余幅，现存的4000多幅岩画中部分遭到人为刻画损毁。同样遭到严重破坏的还有骆驼山岩画、科学井岩画，以及阿拉善右旗玛雅图、敖包图库容、塔塔勒呼都格等岩画。20多年来，虽然各级政府和文化主管部门逐步采取措施对岩画资源加以保护，但从政策和法律保障、技术手段、资金投入、执法队伍建设等方面看，这种保

护方式同科学化、系统化、精细化的保护管理要求还有很大差距,仅属初级的、基础性的保护。由于缺乏有效的保护措施,自然风化等外部环境因素对珍贵岩画资源的损坏仍在持续,矿产资源开发、偷盗、涂鸦等人为破坏仍时有发生。

(二)阿拉善岩画资源丰富而珍贵,但对其历史文化价值的系统性研究及成果利用较为滞后

一是全盟岩画资源普查比较粗略,未能完全掌握资源家底。

二是对现有资源的研究利用尚在初始阶段,目前只是一般的资源记录性整理,深入研究几乎处于空白。相比国内很多重要岩画分布地,阿拉善岩画科研投入小、研究成果少,知名度、影响力低。

三是岩画研究利用的对外合作交流明显不够。

(三)阿拉善岩画资源的保护理念和公众认知有待进一步提升

阿拉善地域广阔,岩画资源监测保护困难重重,岩画主管部门对岩画资源保护理念也存在偏差。在已发现的近百处阿拉善岩画分布点中,仍有很多处于无标志标牌、无保护设施和无监测网络的"三无"状态。为了减少破坏,有些分布点选择了不对外公布、不让人知晓、不对外开放的"隐蔽式"保护方法。而摒弃这种"隐藏就是最大保护"的错误认识,既要进一步加大资金、人力等基础保护的投入力度,又要大力宣传普及和树立"公众认知、社会参与"的正确的保护理念。

三、促进阿拉善岩画资源保护利用的建议

(一)加大立法和规划力度,编制实施全盟统一的岩画资源保护规划,使岩画保护管理和利用有法可依、有规可循

宁夏银川市早在2003年就公布实施了《银川市贺兰山岩画保护条例》,是国内颁布最早的岩画保护性法规。2009年,经国家文物局批准,《银川市贺兰山贺兰口岩画保护总体规划》颁布实施,成为贺兰山岩画保护管理和旅游开发的具体指南和行动纲领。广西崇左市在

《崇左市左江岩画保护管理办法》基础上，于2018年6月又启动了《左江花山岩画文化景观保护条例》的立法工作，拟在2019年颁布实施。

建议从自治区层面重视岩画资源的保护，由自治区人大对岩画保护实施地方立法，旗级人民政府均可依据自治区相关法规和自身实际，以规范性文件方式出台覆盖本行政区域的岩画保护办法，为岩画资源保护利用提供合法保障。盟级文化管理部门应尽快编制阿拉善岩画保护与利用总体规划。

（二）进一步理顺岩画管理体制

目前，国内各地的岩画保护管理均有专门机构承担岩画资源的规划、保护、开发、管理以及相关服务等工作。如宁夏银川市成立的贺兰山岩画管理处，广西崇左市宁明县成立的花山岩画管理局，均为全额拨款的事业单位。建议尽快成立盟级岩画保护管理机构，可单独设立或与盟文物局实行"一套人马，两块牌子"合署办公，根据需要增加相应的人员编制，明确职责权限，理顺管理体制，专门承担全盟岩画资源规划保护开发、管理协调、对外交流合作以及相关服务等职能，为统一保护管理和开发利用阿拉善岩画资源提供重要体制保障。

（三）积极争取项目支持，加大投入力度，引入先进技术，全面提高阿拉善岩画资源保护水平

目前国内部分地区的岩画保护管理，从技术手段到具体措施，已达到世界领先水平，值得借鉴运用。

一是在研究评估地质、水文、大气等自然环境因素对岩画的侵蚀和影响方面，江苏连云港将军崖岩画、广西崇左花山岩画等均走在前列。其具体做法是引入先进的监测预警系统，建立监测预警网络化体系，形成对重要岩画点及周边环境24小时监控，针对一定时期内各类环境因素对岩画的影响，及时采取相应技术手段和人工干预，从而起到有效保护岩画资源、为研究岩画与环境之间关系收集重要数据的目的。与专业研究机构、高等院校联合开展岩画剥蚀及病害治理试验研究，针对当地地质及环境实际形成保护技术成果，将自然环境因素对

岩画保护的影响降至最低。

二是在杜绝人为破坏岩画资源方面，各地均采取了综合性保护措施，归纳起来主要包括划定保护和开发建设控制范围，在岩画密集区设置防护栏，对重要岩画点实施封闭式管理；建设监测预警体系，安装监测系统，对重要岩画资源全天候实时监控。

三是在加大投入力度方面，各地均向国家文物局及省、自治区政府申请岩画资源抢救性保护修复工程、岩画监测站建设等项目资金，与国内知名文物保护和地质灾害研究防治机构、院校及专家合作，确保项目从评审到落地实施全过程的科学性、有效性。

建议自治区有关部门充分借鉴上述岩画资源保护的好经验、好做法，结合阿拉善地理特点和岩画资源分布的实际，在深入调研、科学立项的基础上尽快确定申报一批重点岩画资源抢救性保护及技术引进项目，努力解决目前资金缺乏、技术低端、保护乏力等关键问题，着力促进阿拉善岩画资源保护水平的全面提升。

作者单位：内蒙古自治区社会科学院阿拉善分院

加快甘其毛都口岸经济发展
推动中蒙合作交流[1]

王启颖

摘要：甘其毛都口岸是中蒙过货量最大的公路口岸，近年来，中蒙两国积极推动"一带一路"与蒙古国"发展之路"对接、蒙古国重视西部口岸发展以及内蒙古提出大力发展泛口岸经济等国际国内政策环境的变化，为甘其毛都口岸及口岸经济的发展注入了新的动力。甘其毛都应利用好当前良好的国内、国际环境，把握机遇、补齐短板，更好地参与和推动中蒙合作交流。

关键词：甘其毛都；口岸经济；中蒙合作

甘其毛都口岸位于内蒙古自治区巴彦淖尔市中蒙边境线703号界标附近，与蒙古国南戈壁省嘎顺舒海图口岸相对，是中蒙最大公路口岸。自口岸开放以来，累计完成货物吞吐量1.22亿吨，实现贸易总额1239亿元，特别是2011—2018年，口岸年均进出口贸易量达1319万吨，成为全国对蒙煤、铜贸易最大的口岸。"一带一路"及"中蒙俄经济走廊"建设的不断推进，为甘其毛都口岸及口岸经济的发展注入了新的动力，也使其成为中蒙合作新的支点。

---

[1] 本文系"内蒙古中长期经济社会发展研究工程"2018年度委托课题"内蒙古口岸经济的现状、问题与对策研究"阶段性研究成果。

一、当前甘其毛都口岸经济发展的新机遇

(一)中蒙两国积极推动"一带一路"与蒙古国"发展之路"对接

2015年,中国发布《推动共建丝绸之路经济带和21世纪海上丝绸之路的愿景与行动》时指出,"积极推进与沿线国家发展战略的相互对接",并在"一带一路"倡议框架下提出六大国际经济合作走廊建设,其中包括"中蒙俄经济走廊"。2014—2019年,中、俄、蒙三国首脑进行了5次会晤,就如何推动"中蒙俄经济走廊"建设进行磋商,这为"发展之路"与"一带一路"的战略对接提供了良好的区域环境。2017年,蒙古国将"草原之路"更名为"发展之路",并于同年5月"一带一路"国际合作高峰论坛期间,两国政府代表正式签署了《蒙古国"发展之路"计划与中国"一带一路"倡议对接谅解备忘录》,充分表达了两国在"一带一路"建设框架下互利合作的态度与决心。"一带一路"以政策沟通、设施联通、贸易畅通、资金融通、民心相通为主要目标和途径,"一带一路"与"发展之路"的对接必然会极大地促进两国的"五通",为甘其毛都口岸带来新的发展机遇。

(二)蒙古国开始重视甘其毛都—嘎顺舒海图这一口岸通道,并加强口岸到矿区的交通基础设施建设

甘其毛都口岸是距离蒙古国国家级战略矿山塔本陶勒盖(简称TT)煤矿和奥尤陶勒盖(简称OT)铜金矿最近的口岸,与塔本陶勒盖煤矿发展区相距190千米,与奥尤陶勒盖铜金矿发展区仅仅相距70千米,因此甘其毛都口岸最明显的区位优势为与蒙古国两大矿区距离最近,是矿区资源入境时运输成本最小的口岸。2018年,经甘其毛都口岸出口煤炭量、出口值分别占蒙古国煤炭出口的46.69%和69.17%,占自治区煤炭进口值的52.15%和67.32%;铜精粉出口值占蒙古国铜精矿出口总值的61.26%,占自治区铜精矿进口值的86.58%。

由于甘其毛都—嘎顺舒海图口岸通道在蒙古国矿产品出口及中蒙贸易中占有重要地位,蒙古国近年来也十分重视这一口岸通道的发

展。首先，政府层面给予高度重视。2018年4月，蒙古国总理乌·呼日勒苏赫结束对中国进行的正式访问后，在回国途中到访巴彦淖尔市及甘其毛都口岸，并考察口岸通关情况。2019年6月，内蒙古自治区党委副书记、自治区政府主席布小林访问蒙古国，蒙古国总理乌·呼日勒苏赫在与布小林主席会谈时特别提出，请内蒙古自治区人民政府多多关注蒙古国出口产品的主要通道嘎顺苏海图—甘其毛都口岸的通关能力问题，共同进行部分口岸基础设施建设，使其升级为24小时运营的国际口岸。其次，为了使矿产资源的出口更加便利，不断加强矿区到嘎顺苏海图口岸的交通基础设施建设。塔本陶勒盖—嘎顺苏海图267千米铁路建设工程于2019年9月重新启动，计划于2021年完工。目前通过塔本陶勒盖—嘎顺苏海图公路通道运输煤炭费用为30美元/吨~32美元/吨，铁路投入使用后，该成本会减少至14.9美元/吨，对蒙古国出口增长具有重大的意义。除了恢复修建铁路，蒙古国对公路也进行了修建。2019年7月，连接额登斯塔本陶勒盖国有公司矿和嘎顺苏海图公路的8.2千米沥青路投入使用，该公路是符合国际标准的重载公路。第三，不断推动升级口岸的基础设施建设。2019年10月，启动嘎顺苏海图口岸的改造建设工程，使用中国政府提供的1.48亿元人民币（约等于553亿图格里克），口岸将按照国际标准进行改造，以增强其通关能力。

（三）泛口岸经济的提出充分凸显甘其毛都口岸优势，为口岸经济高质量发展提供了契机

在2019年的内蒙古政府工作报告中，发展泛口岸经济成为2019年内蒙古重点工作之一。报告指出："提升甘其毛都、满都拉等口岸开放水平，支持建设泛口岸经济区（带）和国际产业合作园，把通道经济变为落地经济。"甘其毛都口岸独有的区位优势、交通优势、水资源优势等为其发展泛口岸经济提供了重要条件和保证。

第一，从区位优势来看，对外，甘其毛都口岸是距离塔本陶勒盖煤矿和奥尤陶勒盖铜金矿最近的口岸，资源进口运输成本较低；对内，甘其毛都口岸距离巴彦淖尔市临河区183千米，离距包头300多千米，距鄂尔多斯360多千米，距呼和浩特570千米，能够以巴彦淖尔市为腹地，联动呼包鄂经济圈，区域辐射作用明显。同时巴彦淖尔市耕地面积达1000多万亩，是国家重要的商品粮和绿色食品生产基地，甘其毛都口岸的发展可以依靠巴彦掉尔市的生产条件和农业农产品等资源优势，向蒙古国出口农产品。

第二，口岸已逐渐形成公路、铁路、航空三位一体的立体交通网络。公路方面，口岸经省道S212线与京藏高速G6、国道G110连接，经国道G242可直通广西钦州港；2018年，甘其毛都口岸至巴彦淖尔市临河区的一级公路全线建成，成为南北贯穿巴彦淖尔市以及连接蒙古国与中国内地的重要通道；此外，蒙古国塔本陶勒盖煤矿区至甘其毛都口岸建成了全长230千米的无卸载运煤道路，极大地提高了运输效率。铁路方面，甘泉（甘其毛都至包头万水泉）铁路于2012年建成启用（累计运量2235万吨），主要承担进口煤炭、金属矿石等货物运输。甘泉铁路与包神铁路、神朔铁路、朔黄铁路、黄骅港、天津港形成路港联网联运的资源运输大通道。此外，甘泉铁路与"北煤南运"新的国家战略运输通道蒙华铁路连接项目已经通过审查。航空方面，乌拉特中旗机场已于2016年1月31日正式通航，是国内7个新增的通勤通航机场项目之一，目前已与呼和浩特市、包头市、巴彦淖尔市等地通航。乌拉特中旗机场发挥通用航空本身具有的快速、通达优势，弥补了公路、铁路、水路等其他交通运输方式的不足。

第三，巴彦淖尔地区良好的水资源储备成为甘其毛都口岸发展泛口岸经济、提升自身在中蒙合作中地位的突出优势。内蒙古的中蒙口岸多处于水资源匮乏地区，水资源缺乏成为制约口岸进一步发展的重要因素。甘其毛都口岸以巴彦淖尔市为腹地，发展口岸经济的水资源得以保证。目前甘其毛都已建立口岸加工园区，园区引进发展煤焦化工、金属选矿、多晶硅、铬化工、镍冶炼等规模产业，以改变进口资源"穿岸而过"的局面。园区周边水利设施完善，可利用的地表水资源也较为丰富，其中主要是距园区13千米总排干沟，年平均径流量4.2

亿立方米~7亿立方米，日可供水量26万立方米~260万立方米。距园区11千米的牧羊海，总面积3.8万亩，补水水源全部通过水权置换由黄河水补给，年可供水量约1000万立方米。邻近甘其毛都口岸加工园区的德岭山水库有效库容8700万立方米，乌不浪口水库设计库容为937万立方米。以上两座水库以防洪为主，兼顾灌溉等综合利用，也可作为园区后备用水。园区规划工业供水能力10万吨/天，生活供水1万吨/天，目前已具备工业2万吨、生活1万吨的供水能力。

二、当前甘其毛都口岸经济发展现状

（一）通关核心能力不断提升

目前，甘其毛都口岸已建成投用了"五出五进"煤炭专用通道、"二出二进"旅检通道、出入境监管通道、联检大楼、海关卡口自动核放系统及限定区域周界预警系统、检验检疫煤铜化验室、通关服务中心、海关智能卡口、电子口岸三级视频指挥中心等一大批工程。年通关能力3000万吨，单日最大过货量11.6万吨，"单一窗口"申报业务应用率达83.62%，口岸进出口平均通关时间分别为2.24小时和1.09小时，进出口全程通关无纸化率为100%，电子支付占比达96%以上。2019年，正在实施的矿能通道"七进七出"卡口扩建工程建成后，口岸年通关能力达到5000万吨。

（二）资源落地加工条件完备

为承接甘其毛都口岸境外煤炭资源，推动口岸由"过道经济"向落地加工经济转变，巴彦淖尔市在甘其毛都口岸300千米辐射半径内规划建设了乌拉特中旗甘其毛都口岸加工园区、乌拉特后旗青山工业园区、杭锦后旗蒙海工业园区、乌拉特前旗黑柳子工业园区，形成的产能包括4150万吨洗煤、590万吨焦化、42万吨甲醇和8万吨合成氨。其中，甘其毛都口岸加工园区规划面积50平方千米，为自治区级加工园区，已建成12平方千米，形成2750万吨洗煤、120万吨焦化、12万吨甲醇焦化产能，已入驻神华、中铝等企业55家，建成并投产32家，2018

年入洗原煤647.45万吨,占口岸煤炭进口总量的35.70%。

(三)物流配套产业初具规模

甘其毛都口岸物流园区是内蒙古自治区唯一的公路口岸自治区级物流园区,于2012年经自治区人民政府批准成立,2014年又被认定为首批服务业集聚区。规划面积51.79平方千米,已建面积6平方千米,园区内入驻物流、仓储、维修企业120多家,固定投资7.8亿元,从业人员1400人,已建设加油、加气、餐饮等配套服务设施。2018年,口岸物流园区企业营业收入25亿元,实现利润1.4亿元,增值税收1.9亿元,所得税收7500万元。园区内已形成9.2千米和6.5千米空、重载换线公路,建成际誉、毅腾、华泰、华方、绅和、铎奕达6个海关监管场所,年仓储能力达2000万吨。2018年,开工在建的国家能源集团煤焦化公司公路、铁路综合环保监管区项目,占地面积5350亩,总投资8.4亿元,年仓储能力达1500万吨。

三、甘其毛都口岸经济发展中存在的问题

(一)贸易不平衡问题突出,贸易结构有待优化

近年来,甘其毛都口岸以建设"对蒙开放先行区"为目标,不断深化对外开放,口岸发展取得长足进步,成为内蒙古自治区乃至全国对蒙煤铜贸易量最大的口岸。但是,目前甘其毛都口岸过货量的增加或减少很大程度上取决于蒙古国进口的煤矿、铜矿,成为过分依赖资源型商品的贸易。进口商品以煤矿、铜矿、羊绒羊毛、皮制品为主,累计进口额占总贸易额的90%以上。而出口商品除了电力,只有少量的水泥、钢材、矿山机械、载重汽车、相关配件,累计出口额不到总贸易额的10%。此外,蒙古国经济总量偏小,市场规模不大,进口需求小,也是制约甘其毛都口岸经济发展的重要因素之一。

(二)口岸经济易受大宗商品价格变化的影响

甘其毛都口岸的经济发展很大程度上受进口煤炭的价格变动的影响,究其原因,还是因为口岸经济偏向于资源依赖型经济、主导产业

单一化、经济结构不合理。由于投入口岸的资金集中于资源进口，造成其他产业因投资匮乏而发展缓慢。另外，矿产资源具有有限性和不可再生性，随着资源被不断开采利用，终有一天将被耗尽，依赖资源而形成的产业链条就会断裂，并且对生态环境造成严重破坏。口岸经济发展方式将对原有模式产生路径依赖，导致忽视创新技术的培育，伴随着资源的耗尽，其发展模式的转型将更加困难。

（三）基础设施建设有待完善

虽然甘其毛都口岸已经建设了公路、铁路、航空等交通运输通道，但到目前为止仍未能与蒙古国互通铁路。蒙古国目前只建成甘其毛都口岸至塔本陶勒盖和奥尤陶勒盖矿区的公路运输线路，直通乌兰巴托的线路还未建，这导致甘其毛都口岸与蒙古国首都乌兰巴托难以互通互联，成为目前阻碍口岸贸易与口岸经济发展的一大障碍。蒙古国境内道路、物流功能区、口岸功能区等缺失或建设水平低，直接造成煤炭物流、贸易成本增加，事故风险增大，煤车在公路上滞留，影响了双边口岸通关效率的进一步提高。

（四）口岸旅游商贸业发展困难

甘其毛都口岸综合开发程度较弱，目前政府资金的投资更偏向于建设口岸的通关能力，且多数精力都投放在煤炭、铜矿资源的运输、仓储、加工上，而忽视了培育和发挥口岸的综合经济开发的功能。近年来，因甘其毛都口岸经济发展主要依靠煤、铜矿贸易，暂时关闭了果蔬、肉类等食品类小额贸易。甘其毛都口岸90%的投资都集中在煤炭运输业、仓储业、加工业，而对于金融服务业、国内物流业、国际旅游业、外向型农牧业的投资甚少。再者，口岸因煤炭粉尘导致口岸环境非常差，要发展口岸旅游业非常困难。若想发展跨境旅游，还需要蒙古国南戈壁省交通系统建设完善之后，才可实现跨境旅游的大步发展。

四、促进甘其毛都口岸经济发展，推动中蒙交流合作的对策建议

（一）立足甘其毛都口岸优势，发展特色产业

充分利用甘其毛都口岸的地缘和政策优势，以及巴彦淖尔市和南戈壁省互补性优势和良好的基础条件，利用支撑口岸的区域产业优势，大力发展适合口岸的特色口岸经济，形成有规模、有特色的边境口岸优势产业，并促进产业优化升级，使口岸产业趋于合理化。甘其毛都口岸在引进蒙古国资源方面的优势突出，而且所在地巴彦淖尔市也具有实现资源深加工和其他产业发展的资源条件。所以要加快进口资源落地加工产业的发展，并通过政府招商引资带来一些相关产业，形成较完整的产业链条和价值链增值体系，带动本地的农副食品、轻工业、第三产业等特色产业一同发展。

（二）进一步完善交通基础设施建设

便捷的交通条件是连通甘其毛都口岸发展口岸外向型经济的必要条件。虽然甘其毛都占据了开发能源的有利地势，但是口岸深处内陆，不断改善交通条件，才能更好地发挥甘其毛都口岸的通道功能。口岸的公路运输已经较为便利，但是铁路运输条件比较差，而且公路运输成本比铁路要高且运输速度慢。目前，甘其毛都口岸虽然在地理位置上距离自治区首府呼和浩特和我国首都北京具有近距离的优势，但直接通往这些地方的道路尚未建成，通往国内各大经济中心和内地的联系也不畅通，很难发挥其在区域经济中的桥梁作用，其对外贸易的优惠政策带来的利益往往被较高的运输成本、距离偏远等不利因素抵消，应尽快弥补在道路修建上的空缺。此外，还应加快与蒙古国联通公路、铁路线，从而促进贸易量与贸易商品种类的增多。

（三）促进旅游业等服务业的发展

从口岸经济多年发展的实践来看，服务贸易发展的快慢与货物贸易的发展息息相关。首先，积极创造条件简化边境贸易人员进出口手续和办理的手续，扩大并完善边境地区现有的金融网点和运输网点，

为服务贸易创造便利条件，带动货物贸易的进一步发展。其次，在现有基础上，与蒙古国合作开发旅游贸易的力度，进一步探讨贸易与旅游相结合的路径，通过发展旅游经济，促进口岸经济更快发展。旅游业可以带动整个口岸及口岸腹地的繁荣。目前甘其毛都口岸应加快国门界碑旅游专用通道建设，挖掘口岸文化潜力，振兴旅游产业。依托甘其毛都口岸边境优势，通过市场化、企业化运作发展集边塞文化、草原文化、鸿雁文化、奇石文化、蒙古国文化为一体的边境旅游产业；充分发挥沿线地区旅游资源优势，开通经甘其毛都口岸通往蒙古国和俄罗斯的大草原、大湖泊、大森林的跨境旅游线路，并大力发展跨境旅游购物产业。

（四）加强中蒙人文交流与合作

牢牢抓住中蒙双边居民的民族认同感，多渠道开展对蒙人文交流与合作，充分发挥中蒙沿边语言相通、习俗相近、文化相融等优势，积极开展民间文化交流活动，以促进经贸发展。例如可以成立中蒙民间交流促进会协会，推进中蒙共建蒙元文化研究工程，搭建国际文化交流合作平台，打造国际文化合作产业园区，服务于经贸合作往来，还可以积极争取承办中蒙经贸合作论坛、洽谈、博览会等会议或举办国际那达慕等，以促进开放和双边交流并提升口岸的知名度。此外，积极对接国内、国际市场，加强与周边省、自治区、直辖市和蒙古国、俄罗斯及东欧各国的外事往来，拓展各领域区域的交流合作，加快外向型经济发展。

作者单位：内蒙古自治区"一带一路"研究所

呼和浩特市县域就地城镇化问题调查与路径建议

史主生

摘要：相较于传统的异地城镇化，就地城镇化具有很多优势。它不仅有利于城乡融合发展、克服异地城镇化的某些困境，还是乡村振兴战略实施的落脚点。然而，呼和浩特县域就地城镇化面临小城镇人口规模小、人口分散、集聚能力差、工业基础条件差、产业薄弱等问题。呼和浩特要想实现就地城镇化，可以依托乡村旅游、产业园区、农业现代化、城区扩张蔓延等方式带动。

关键词：县域；就地城镇化；异地城镇化

城镇化是社会发展前进的方向，按照城镇化过程中农业人口是否在空间距离上发生一定程度的迁移，可划分为就地城镇化与异地城镇化。传统城镇化的表现形式主要为异地城镇化，其主要体现为农业人口大量、快速地向大中城市或发达地区城市迁移。这种农业人口快速、大规模地转移，导致大城市人口激增，对大城市的交通、教育、医疗卫生、社会治安等造成很大的压力，使得各种各样"大城市病"凸显。而与此同时，中小城市和小城镇却对人口的吸引力不足，人口流失、产业不兴等现象十分严重。相比异地城镇化，就地城镇化既有利于缓解"大城市病"问题，又有助于推进大中小城市之间、城乡之间均衡协调发展。因此，本文在阐释就地城镇化的内涵、指出实施就地城镇化的意义以及县域就地城镇化的困境的基础上，以呼和浩特为例，对县域就地城镇化的路径进行了研究。

内蒙古城镇化率一直高于全国平均水平，在全国各省、自治区、直辖市排名也位列前茅。2018年，内蒙古城镇化率达到62.7%。但这种城镇化率主要是农牧业人口向呼和浩特市、包头市、鄂尔多斯市等大中城市转移的结果，而像呼伦贝尔市、赤峰市、巴彦淖尔市、乌海市这样的地级市人口则在减少，一些小城市和小城镇人口流失则更严重。一方面，随着经济社会发展，仍然有相当比例的农牧区人口要向城镇人口转变；另一方面，又要防止人口不断向大城市集聚，造成"大城市病"的同时又导致小城镇的衰落。因此，根据我国新型城镇化的发展理念，实施就地城镇化将在保证农牧民获得城市美好生活的同时，减少大城市由于人口过量面临的各种问题。就地城镇化将是解决农牧区人口进一步城镇化与防止人口过度向大城市集中这一矛盾的有效举措。

一、就地城镇化的内涵

（一）就地城镇化的含义

对于就地城镇化的理解大致分为两种。一种理解认为，就地城镇化指农村的就地改造和农民在世代居住的乡村完成生产方式和生活方式的城镇化、现代化的过程；另一种理解认为，就地城镇化是农民在原住地一定空间半径内，依托中心村和小城镇，就地就近实现非农就业和市民化的城镇化模式。前一种理解将就地城镇化限定在了"农民世代居住的乡村"，过于机械且在具体实施过程中困难较大；后一种理解则对"就地"的理解更为灵活，也更具有操作性。因此，笔者将就地城镇化定义为农牧民在原住地一定空间半径内（县域尺度范围），依托小城镇或具有非农产业优势的中心村，就地就近实现非农就业和市民化的城镇化过程。根据就地城镇化的含义，笔者将县域就地城镇化定义为县域内乡村农牧业人口在本县内向非农就业和市民化转变的过程。

（二）就地城镇化与异地城镇化的区别

前文已经指出就地城镇化指的是农牧民在原住地一定空间半径内（县域尺度范围），依托小城镇或具有非农产业优势的中心村，就地就近实现非农就业和市民化的城镇化过程；异地城镇化则可视为农村人口大量集中向大中城市或发达地区城市流动、迁移的城镇化模式。就地城镇化与异地城镇化之间的本质区别为农牧业人口在向非农就业和市民化转移过程中空间半径的不同，在某一半径内的转移为就地城镇化，超过这一半径则为异地城镇化。本文中将这一半径限定在县域范围以内。

二、就地城镇化的意义

（一）就地城镇化有助于城乡融合发展

传统的城镇化一直以异地城镇化为主。随着我国人口数量增速急剧放缓、人口老龄化的到来，西安、成都、郑州、天津等大中城市纷纷出台政策吸引外地人口落户，再次回到了传统异地城镇化的老路。这种出台政策以吸引人口落户的方式无疑会解决当下一些大中城市劳动力短缺、产业不兴、经济下滑、财税减少的问题，但也进一步导致了县域内劳动力尤其是高素质人才的外流，进而导致县域经济和社会发展乏力。

大中城市发展需要人力资源，县域发展同样需要。若县域人口都向大城市迁移，乡村就难免衰败，更遑论发展，乡村所在小城镇的经济社会发展也不免停滞，城乡融合发展也就无从谈起。相反，乡村人口在县域内实现就地城镇化有助于实现城乡融合发展。就地城镇化促进农牧民在县域内进行兼业经营和职业经营，可以提高农牧民收入和农业收益率，还可以提升农牧民的家乡认同感。农牧民在居住地附近工作，既能照顾到农地和家庭，又能提高综合收益，不仅会减少留守老人、留守儿童现象的发生，还为农业生产保留了新鲜的血液。这些对于农村建设、发展新型现代农业、促进城乡融合发展都至为重要。

就地城镇化能够解决异地城镇化时工业和农业分离、城市和农村分离的弊端，促进工业和农业、城市和农村的结合，使得乡村人口的职业、收入、生活方式、思想观念、文明素质越来越接近于城镇市民，进而促进城乡融合发展。

（二）就地城镇化有助于克服异地城镇化的某些困境

在异地城镇化模式下，人口城镇化存在困境。在农牧民人口城镇化的制度融入与权利保障方面，进城农民工的城市落户遇到诸多困难，在就业和收入、社会保障、住房等方面仍然与原城市户籍人口存在巨大的差距。外来农牧民工的城市社会融合难题也较多，例如社会参与、交往和心理认同上都存在很多障碍。在城市自身的健康发展上，农牧业人口的大量迁入也带来诸多难题，大城市在环境、能源、交通、房价、安全等方面都面临着巨大的挑战。相对于异地城镇化，就地城镇化在解决上述难题上具有一定的优势。一方面，农牧民在县域内就地城镇化，无论是购房置业还是户口迁入，都存在限制少、成本低的优势；另一方面，县域内方言相似、文化接近，农牧业人口转移之后心理上较容易认同。

（三）就地城镇化是乡村振兴战略的落点

党的十九大报告中提出了乡村振兴战略，中共中央、国务院于2018年9月印发了《乡村振兴战略规划（2018—2022年）》，乡村振兴已成为当前或较长一段时间内我国经济社会发展的焦点。党的十九大报告中提出乡村振兴战略，是因为当前乡村人口流失，产业衰败，教育、卫生、医疗、文化等公共服务与城市的差距越来越大；其中指出的乡村振兴战略的目标包括农村一、二、三产业融合发展，城乡统一的社会保障制度，建立城乡融合发展机制等，实际上正是就地城镇化想要达到的目标。因此，从某种意义上而言，推进就地城镇化也就是推进乡村振兴战略。另外，根据国际经验，我国城镇化率在未来几十年还会不断提高，但达到一定水平后逆城市化现象也必然出现，即人口的转移不再只是单向地向大城市集中，也会出现大城市人口向县域城市甚至乡镇回流的现象。因此,当前依托乡村振兴战略努力实现就地城镇化属于未雨绸缪,具有前瞻性的意义。

三、呼和浩特县域就地城镇化面临的困境与难题

(一)小城镇人口规模小,人口分散,集聚能力差

大部分县域小城镇还处于准城镇化阶段,产业基础薄弱,基础设施不完善,人口分散的内蒙古地区集聚效应更难发挥。据中国社科院发布的《中国新型城镇化道路的选择》报告,我国20万以下的小城镇数量从2000年的353个下降至2010年的258个,吸纳转移人口的比重从18.52%下降至10.31%,而2011—2015年5年中,36%的新增城市人口是由100万以上人口的大城市吸纳的。2010年,小城镇人口占城镇总人口的比重为20.7%,约为1.38亿人,全国1.9万个建制镇建成区平均人口只有7000多人,还不如大城市社区的人口多。具体到呼和浩特下辖的5个旗县,2017年,武川县、托克托县、清水河县、和林格尔县、土默特左旗户籍人口依次为17.2万、20.2万、14.2万、20.2万、36.3万。这5个旗县土地面积15121平方千米,总人口仅有108.1万,而且人口自然增长率和机械增长率双双为负,分别为-5.8%和-0.4%,存在着严重的人口流失问题。

(二)工业基础条件差,产业薄弱

一般而言,在传统的社会分工中,乡村负责提供农产品,城市提供工业用品,这种分工的长期持续导致乡村工业基础条件差、缺乏多样化产业等问题。近年来,这种情况在东部发达地区有所改善,中部地区小城镇在承接产业转移后也有所好转,但是西部地区由于区位、人口、交通、气候等因素限制,大部分县域小城镇仍然以农业为主,非农产业发展严重不足。2016年,呼和浩特下辖的5个旗县,除了土默特左旗和托克托县,其他3个旗县居民收入的绝大部分依然来自第一产业,和林格尔县、清水河县、武川县居民来自第一产业收入的占可支配收入比重分别高达42.2%、49.8%、54.4%。正是由于这些旗县的工业

基础条件差、产业薄弱，导致当地居民在第一产业上获取的收入占比较高，阻碍了当地城镇化的发展。

（三）传统小农生产方式仍然占农业生产的较大比例

尽管国家一直在推进农业生产方式从传统的小农生产方式向现代化的农业生产方式转变，但在乡村，尤其是那些贫困的乡村地区，小农生产方式仍然占有很大比例。农业现代化的发展方式大致包含农业产业化、农业规模化、农业工业化、农业市场化、农业机械化。这5种发展方式中，农业规模化又可以视作其他4种发展方式的前提。但是长期以来，由于我国土地制度的限制及农牧民对未来利益损失的担忧，不愿意将土地进行集中、流转。这就限制了农业产业化、工业化、市场化、机械化的发展，造成农业生产效率的低下和劳动力资源的浪费。城市近郊乡村要实现就地城镇化，需要加速实现农业现代化，尽快将乡村劳动力从农牧业中解放出来，然后在当地从事二、三产业，在提高农业生产效率的同时，也能在二、三产业中创造更多的价值，进而实现乡村人口产业方式的转变，达到就地城镇化的目的。

四、呼和浩特县域就地城镇化路径选择

（一）呼和浩特县域就地城镇化的现实情况

1.从县域人口来看

表1　2014—2017年呼和浩特下辖旗县的户籍人口与年末常住人口

单位：万/人

旗县	人口类型	2014年	2015年	2016年	2017年
土默特左旗	户籍人口	37.03	36.58	36.59	36.27
	年末常住人口	31.78	31.99	32.25	32.88
托克托县	户籍人口	20.69	20.31	20.39	20.23
	年末常住人口	20.64	20.83	21.06	21.17

续表

单位：万/人

旗县	人口类型	2014 年	2015 年	2016 年	2017 年
和林格尔县	户籍人口	20.48	20.08	20.22	20.25
	年末常住人口	17.46	17.63	17.82	18.17
清水河县	户籍人口	14.42	14.20	14.25	14.20
	年末常住人口	9.26	9.22	9.19	11.00
武川县	户籍人口	17.55	17.30	17.36	17.19
	年末常住人口	10.67	10.61	10.57	12.12

从表1可以看出，除了托克托县，土默特左旗、和林格尔县、清水河县、武川县这4个旗县2014—2017年的年末常住人口都小于户籍人口，这表明多年来这些旗县人口的流出大于流入。以2017年为例，土默特左旗、和林格尔县、清水河县、武川县的户籍人口依次为36.27万、20.25万、14.2万、17.19万，常住人口依次为32.88万、18.17万、11万、12.12万。4个旗县常住人口比户籍人口依次减少3.39万、2.08万、3.2万、5.07万，减幅分别为9.35%、10.27%、22.54%、29.49%。人口流出最为严重的武川县，常住人口比户籍人口少了近1/3。而这些人口流入地多以地级以上城市为主，如2016年呼和浩特43.2%的农牧业转移人口流入呼和浩特市，17.3%的人口流向其他地级市。这也就意味着，流出的这些人口事实上进行了异地城镇化，被计入流入城市常住城镇人口的数据统计当中。因此，从人口的大量向外流失来看，这些旗县的就地城镇化进展并不顺利。

2.从就业情况来看

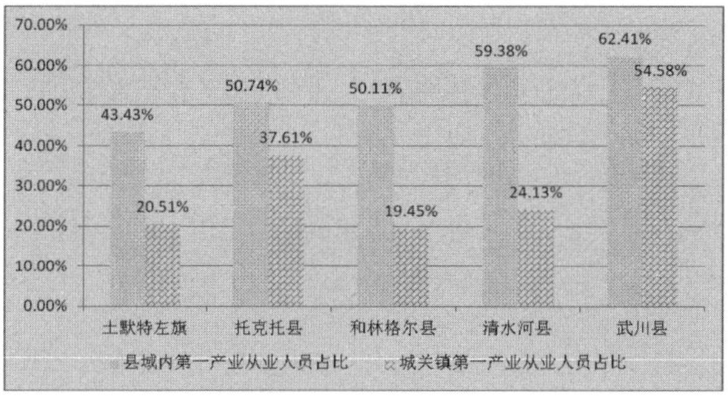

图1 2015年呼和浩特县域及城关镇第一产业从业人员占比[1]

如图1所示，在2015年，呼和浩特下辖5个旗县中，除了土默特左旗，其余4个县的县域内，第一产业从业人员在所有从业人员中的占比都高于50%，而自治区这一比值为39.1%，这说明呼和浩特各旗县第一产业从业人员占比都过高。即便是在旗县城关镇，第一产业从业人员占比也较高，基本都在20%以上，武川县城关镇甚至高达54.58%。非农就业占比是一个地区城镇化水平高低的重要衡量指标。从上述各旗县的数据，我们不难得到这样的结论：这5个旗县的非农就业占比仍然很高，当地城镇化依然处于较低水平。

无论是旗县人口的外流，还是第一产业就业人员的高占比，都在印证一个事实：呼和浩特县域内就地城镇化发展进程缓慢。

（二）呼和浩特近郊乡村的就地城镇化路径选择

学术界有不少学者对县域内实现就地城镇化提出了许多建议，主要集中在户籍制度的改革、土地制度的改革、促进产业发展等方面。近年来，我国户籍制度改革一直在稳步推进，在发改委发布的《关于实施2018年推进新型城镇化建设重点任务的通知》中，要求中小城市和建制镇要全面放开落户限制。2019年1月，自治区出台了《关于全面放开城镇落户限制、深化户籍制度改革的实施意见》，农牧区农业

---

[1] 资料来源：《内蒙古统计年鉴2016》《内蒙古城镇统计概要2016》

户籍人员只要凭合法稳定住所（含租赁）条件，就可以申请落户城镇，也可以凭合法稳定就业条件申请落户城镇，不再受参加城镇社会保险、居住年限等其他条件的限制。党的十八大以来，农村的土地制度改革也在稳步推进，比如建立农村土地"三权分置"制度，延长土地承包期，推进农村土地征收、集体经营性建设用地入市、宅基地制度改革，建立健全农村土地产权流转交易制度等。既然我国的户籍制度和土地制度正在逐步地、有条不紊地进行改革，那么促进农业现代化，发展第二、三产业，增加非农就业，提高农牧民收入就成为当前县域内实现就地城镇化的关键所在。

县域内乡村要实现就地城镇化，可以分为主动城镇化和被动城镇化两种形式。这里的主动就地城镇化、被动就地城镇化是按农牧业人口在就地城镇化过程中的主观意愿及村集体是否积极主动发展产业、改善公共基础设施等城镇化措施来划分。县域内乡村主动就地城镇化的路径包括依托乡村旅游带动、依托产业园区带动、引进外资推动；被动就地城镇化的路径可视为县城城区向外扩张导致的乡村人口从农业向非农产业的被动转化。

1.依托乡村旅游带动

乡村旅游是以特有的自然和人文景观为吸引物，以城镇居民为主要客源市场，通过满足旅游者休闲、求职和回归自然等需求来实现经济和社会效益的一种旅游形式。乡村旅游在满足广大城市游客观光旅游需求的同时，也促进了农村产业结构的调整，增加了农牧民的收入。近年来，呼和浩特下辖的和林格尔县形成农业观光体验型乡村游，土默特左旗与清水河县形成民族型乡村游，武川县五道沟、得胜沟形成依托型乡村游。2018年末，托克托县的郝家窑村，和林格尔县的台格斗村，清水河的老牛湾村，武川县的五道沟、得胜沟村被呼和浩特市旅游发展委员会批准为旅游示范村。这些乡村可以借助丰富的乡村旅游资源及靠近城镇的优势，吸引周边乡村及县城关镇人口来村旅游，发展旅游服务业，增加当地乡村农牧民收入，为就地城镇化创造条件。

2. 依托产业园区带动

呼和浩特下辖的县域城市周边近郊乡村面临着城镇人口规模小、集聚能力差、工业基础条件差、产业薄弱，传统小农生产方式占较大比例等问题。城市周边近郊乡村的就地城镇化建设要以产业发展为支撑。只有产业发展起来，才能创造大量的就业机会；只有产业兴旺，财政收入才能增加，政府才能为农牧民提供优质的教育、医疗和社会保障等公共服务，农牧民才能真正转化为市民。因此，依靠产业带动是促进城郊乡村就地城镇化的重要路径选择。产业园区是指以促进某一产业发展为目标而创立的特殊区位环境，是区域经济发展、产业调整升级的重要空间聚集形式，具有聚集创新资源、培育新兴产业、推动城镇化建设等一系列作用。呼和浩特下辖旗县中，和林格尔县的和林格尔经济开发区、托尔托县的内蒙古托克托工业园区、清水河县的呼和浩特清水河经济开发区、武川县的内蒙古武川经济开发区规划面积较大、工业产值和营业收入较高，涉及的产业包含绿色食品加工、林草产业、煤化工、建材、电力能源、生物制药、冶金、化工、水泥建材、有机肥业等。这些产业园区地理位置上靠近旗县城关镇，涉及产业较多，产值较高，能有效带动城市基础建设和近郊乡村居民就业增收，促使当地居民实现就地城镇化。

3. 依托农业现代化推动

农业现代化是指农业发展从原始农业、传统农业向现代农业的转变。现代农业的特点是用现代科学技术武装，用现代工业提供的物质手段装备，以现代经营理念和组织方式经营的规模化、集约化、市场化和社会化的农业。若要实现农业现代化，土地的流转经营和现代职业化农民的培养是关键。过去，由于土地制度的限制、职业农民培养机构的缺乏等因素限制，呼和浩特各旗县现代农业进展缓慢。现在，随着国家对新型职业农民培养力度的加大，随着土地制度的改革，"三权分置"，即所有权、承包权、经营权制度形成，必将为现代农业的规模化、集约化、市场化和社会化经营创造条件，铺平道路。城市周边近郊乡村的农民通过农业现代化的推动，一部分转变成农业工人继续进行农业生产，另一部分则可进入二、三产业，从而实现非农就业的就地城镇化。

4.依靠城区扩张蔓延带动

随着经济社会的发展，大中城市在向外扩张蔓延，县城关镇的建成区面积也在不断增大。2016年，内蒙古自治区20个城市、69个城关镇的建成区面积较2010年扩大了16.8%。伴随着城区的向外扩张及新城的建设，许多近郊的乡村被纳入城关镇。与此同时，这些农牧民的户口身份由农业户籍转换为非农业户籍，并获得城镇人口享有的公共医疗、教育、卫生、失业就业保障等权利，真正实现了就地城镇化。多年来，呼和浩特下辖的5个旗县的许多城市近郊乡村得益于城区的扩张，在实现了户籍身份转变的同时，还通过房屋出租、拆迁补偿等方式获得了不小的收益。但这其中有不少村民的职业并没有从农牧业转向非农产业，反而因为偶然获得的利益开始游手好闲，不再工作。然而，随着我国经济进入新常态，地方政府面临财政收入放缓和债务偿还等问题，将无力进行老城区的扩张或新城区的建设，城区的进一步扩张势必放缓或停滞。这也意味着以后城市近郊乡村的居民想要通过城市扩张蔓延实现城镇化的机会大大减少。

作者单位：内蒙古自治区社会科学院城市发展研究所

图书在版编目(CIP)数据

内蒙古发展报告.2019/包思勤主编.——呼和浩特：远方出版社，2020.1

ISBN 978-7-5555-1427-5

Ⅰ.①内… Ⅱ.①包… Ⅲ.①地区经济—经济发展—研究报告—内蒙古—2019②社会发展—研究报告—内蒙古—2019 Ⅳ.①F127.26

中国版本图书馆CIP数据核字(2019)第292947号

内蒙古发展报告（2019）

NEIMENGGU FAZHAN BAOGAO（2019）

主　　编	包思勤
责任编辑	杨　敏　云高娃　刘洪洋　王　叶
责任校对	云高娃　刘洪洋　王　叶
封面设计	晓　乔
版式设计	何乔颖
出版发行	远方出版社
社　　址	呼和浩特市乌兰察布东路666号　邮编 010010
电　　话	（0471）2236473 总编室　2236460 发行部
经　　销	新华书店
印　　刷	内蒙古爱信达教育印务有限责任公司
开　　本	175mm×255mm　1/16
字　　数	302千
印　　张	21
版　　次	2020年1月第1版
印　　次	2020年1月第1次印刷
标准书号	ISBN 978-7-5555-1427-5
定　　价	78.00元

如发现印装质量问题，请与出版社联系调换